中华经典藏书

水经注

陈桥驿 译注 王东 补注

中华书局

图书在版编目（CIP）数据

水经注/陈桥驿译注；王东补注. —北京：中华书局，2016.3
（2023.12 重印）
（中华经典藏书）
ISBN 978-7-101-11549-9

Ⅰ．水⋯　Ⅱ．①陈⋯②王⋯　Ⅲ．①古水道–历史地理–中国
②《水经注》–译文③《水经注》–注释　Ⅳ．K928.4

中国版本图书馆 CIP 数据核字（2016）第 035126 号

书　　名	水经注	
译 注 者	陈桥驿	
补 注 者	王　东	
丛 书 名	中华经典藏书	
责任编辑	刘树林	
责任印制	陈丽娜	
出版发行	中华书局	
	（北京市丰台区太平桥西里 38 号　100073）	
	http://www.zhbc.com.cn	
	E-mail：zhbc@zhbc.com.cn	
印　　刷	三河市博文印刷有限公司	
版　　次	2016 年 3 月第 1 版	
	2023 年 12 月第 10 次印刷	
规　　格	开本/880×1230 毫米　1/32	
	印张 11⅛　插页 2　字数 180 千字	
印　　数	68001–73000 册	
国际书号	ISBN 978-7-101-11549-9	
定　　价	23.00 元	

前　言

　　《水经注》是南北朝时期北魏郦道元的著作。从书名来看，此书是为另一种称为《水经》的书作《注》。事情确实如此，三国时期的一位已经不知姓名的作者写了一本名叫《水经》的书，内容非常简略，全书只有八千二百多字，每一条写上此书的河流，都是公式化的：发源、简单的流程、入海，或在何处汇入另一条大河。举条大河的例子，就说中国历史上四大河流之一的淮河吧，从发源、流程到结束，《水经》只写了一百九十多个字。再举条小河的例子，黄河中游古代有一条叫清水的小支流，对于此河的发源，《水经》只说："清水出河内修武县之北黑山。"但郦道元为这十二个字写了约一千八百字的《注》文。全书《注》文超过《经》文二十多倍。《水经注》是一部三十多万字的巨构，是一部独立的古典名著。

　　《水经注》的作者郦道元（？—527），在北魏服官多年。当时中国南北分裂，南方是宋、齐、梁、陈四朝相继；北方经过一场混战，最后由鲜卑族的一支称为拓跋的定局，建立一个王朝，史称北魏。但时局也并不太平，郦道元奔走四方，官事匆忙，却能写出这样一部大书，确实使人称奇。据专家们研究，他写成此书时当在公元六世纪初期。但他本人在北魏孝昌三年（527）被叛将萧宝夤杀害于阴盘驿（今陕西临潼附近），此书稿本他必不随身携带而是留在首都洛阳，但洛阳后来在北魏的灭亡中全城焚毁。洛阳在当时是北朝最大的城市，仅寺院建筑全城就有一千三百多座，都被烧得荡然无存。北魏朝廷当然有书库，收藏朝廷的档案文卷和文献，包括《水经注》在内，无疑也都化为灰烬。郦道元写作《水经注》在当时是人们都知道的，按《魏书》和《北史》中的《郦道元传》，说他的著作除了《水经注》四十卷外，还有《本志》十三篇和《七聘》等，而且是"皆行于世"。"皆行于世"，用今天的话来说，就是"都已公开出版"。不过当时尚无雕版印刷，只靠传抄流传。像他这样品位的官员，有资格传抄的，除了朝廷以外，也只有少数亲朋好友，所以为数必然极少。《水经注》即使有几部传抄本子，但在洛阳焚毁时，必然与都城同归于尽，如同他的其他著作《本志》、《七聘》等一样。

但奇迹却发生了，在郦道元的几种著作中，唯独《水经注》四十卷，竟完整地收藏在隋朝的皇家书库里，这是人们后来从皇家的藏书目录《隋书·经籍志》中得知的。皇家藏书，当然只能在皇家书库中束之高阁，人们无缘阅读，不知道郦道元是怎样说"水"的。但以四十卷之数忖度，则其书必然是部大书。隋朝藏书当然由下一个王朝接收，所以唐朝的皇家藏书目录《旧唐书·经籍志》和《新唐书·艺文志》，也都照录不误。而且与短促的隋朝不同，唐朝重视文化，《水经注》一书得以在某种机遇中受到重视。以唐玄宗署名修撰的官书《唐六典》中，记及了《水经》和《水经注》，说桑钦撰写的《水经》（这是误会，桑钦确写过《水经》，但已经亡佚），记载了全国河流一百三十七条，其中包括长江与黄河。郦善长（郦道元字善长）为《水经》作《注》，引及了支流一千二百五十二条。《唐六典》所记载的《水经》和《水经注》，都是完整的足本，但从河流的数量来说，《水经注》比《水经》就几乎多了十倍。可惜当时的朝廷书库不是公共图书馆，除非朝廷自己修书，外间人是无缘窥及的。唐朝官修的如《初学记》和《元和郡县图志》等之中，才让人们看到了若干《水经注》引用的词句。

有人认为此书在唐末已流入民间，理由是当时诗人陆龟蒙在他的《和袭美寄怀南阳润卿》诗中有一句"山经水疏不离身"

的话。但这个理由并不充分。第一，"山经"当然是《山海经》，但"水疏"并不一定是《水经注》。第二，陆龟蒙在当时是上层文化人，他假使通过什么关系从朝廷书库中录出一本，他也只能是"不离身"，无权让他人传抄。所以此书在唐朝末期已传入民间的话并不足信。

北宋初期，宋太宗赵光义很想发展文化事业，要朝中的文人学士用他的年号编纂了几部大书如《太平御览》、《太平寰宇记》、《太平广记》。在这几部近百卷或上百卷的大书中，引及了不少《水经注》的文字。特别是《太平寰宇记》，这是一部全国性的地理书，全国境域都写到了，而几乎各地都引用了《水经注》的文句，而且引用的文句中有泾水、（北）洛水、滹沱水等现在的本子上所不见的河流，说明当时朝廷收藏的是从隋唐流传下来的四十卷足本。但是到了宋仁宗景祐年间，朝廷整理藏书，编制《崇文总目》，发现《水经注》已经缺佚了五卷，只剩了三十五卷。现存的此书四十卷，显然是后来的学者在三十五卷中分析出五卷凑数的。所以在宋初编纂的几部大书中所引的不少大河和许多小河，现在的本子中都看不到了。人们有这样的猜测：宋初编纂几部大书，引用《水经注》很多，此书从朝廷书库里取出来，几种大书的编纂人员都要披阅引用，人多手杂，这五卷可能就是在那时遗失的。几部大书编成以后，参引书籍就收回书库，当时未曾清点，直到编制《崇文总目》时才发现缺佚之事，到此时已经无法弥补了。清代有些研究《水经注》的学者，就以宋初的这几部大书为主，再加上唐朝和以后元明各代引及有关今本不见的文句，补出《泾水》、《（北）洛水》、《滹沱水》等多篇在景祐缺佚以前的文字。这当然是件好事，但所辑的无非是几条字句，写不出郦道元的文采，不免枯燥乏味，令人遗憾。

朝廷藏书的《水经注》流入民间的较为可靠的时代是北宋。当然，初期获得传抄本的仍然是少数上层文化人，唐宋八大家之一的苏轼（东坡）就是其中之一。他在《寄周安孺茶诗》中说："嗟我乐何深，《水经》亦屡读。"把诵读此书作为他的一种享受。而在他写作的文章如《石钟山记》中，也引用了《水经注》的文句。苏东坡出生于景祐四年（1037），当时，朝廷收藏的《水经注》也已经只存三十五卷。而他出生后不久，《水经注》的第一种刊本"成都府学宫刊本"随即问世。这个刊本究竟刊于何年，因为本子早已亡佚，所以无法论定，但全书只有三十卷，无疑是个劣本，苏东坡当然不会用这样的本子吟诵取乐。在苏东坡五十岁那年（元祐二年，1087），一种到明代尚有流传的刊本即所谓"元祐刊本"刊成付印。这种刊本虽然以后也告亡佚，但明代学者有用此本作底从事校勘的，其中如吴琯刊本至今尚存，我们借此可见，"元祐刊本"已作四十卷，说明元祐年代的这位学者，已把三十五卷分析为四十卷。但苏东坡在《石钟山记》中引用的文句，是在《江水》（即长江）篇中的，并不在宋初缺佚的五卷之内，而这段三十多字的文句，从"元祐刊本"到现在流行的各种版本，都未曾收入。说明苏东坡当年所得的抄本，虽然也是景祐缺佚以后的本子，但比以后的本子更为完整。

从今天来说，《水经注》因为它的内容丰富，已经近乎一种百科全书，对许多行业的学者，如历史、地理、河川、水利，甚至动植物、矿物等方面，都有参考价值。但苏东坡不是一位河川水利学者，是个文学家，他之所以说出"乐何深"的话，显是欣赏此书的生动文字。例如在《石钟山记》中所引而为现在所失的一段："石钟山西枕彭蠡，连峰迭嶂，壁立峭削，而西、南、北皆水，四时如一，白波撼山，响如洪钟，因名。"（《太平寰宇记》、《舆地名胜志》等都引此一段，但以苏引最为完整）就是对此处山水的生动描写。因此说此书现在对学术界的许多行业都有价值，但此书的声名，开始无疑是从它的绝妙文章传播开来的。明末一位史学家张岱曾经说："古人记山水，太上郦道元，其次柳子厚，近时则袁中郎。"柳子厚即柳宗元，是唐宋八大家之一，他所写的游记文章《永州八记》擅名古今。袁中郎即明著名文学家袁宏道，也以写游记出名，有《袁中郎游记》流传，脍炙人口。但他们都在郦道元之下。著名如柳宗元，为什么在描写风景的功夫上不及郦道元，我在本书中已经举例说明。

自从明朝开始，《水经注》的本子，包括刊本和抄本纷纷问世，研究此书的学者也先后相继，从各个方面从事钻研，形成一门专门的学问——郦学，而且由于研究的内容和目的不同而出现了三个学派。第一个是考据学派。因为此书从南宋以来，经过多次雕版和辗转传抄，到了明代，许多流行的本子，已经到了错误百出、不堪卒读的地步。所以有许多郦学家都在考证校勘上下工夫，最后获得了万历四十三年（1615）以朱谋㙔为首校成的《水经注笺》，被清初学者称赞为"三百年来一部书"，也就是说在明朝一朝中一切著述中的唯一一部好书。但其实此书仍然存在许多缺陷。清朝初年，郦学家一时涌现，大家各找不同版本，各自深校细勘，特别是乾隆年间出现的郦学三大家：全祖望、赵一清、戴震。三人中以戴年龄最幼，得以因缘进入四库馆参与《四库全书》编修，从事《水经注》的考证校勘。他以全、赵成果为主要基础，参以其他各本，特别是当时只能在四库馆内见到的《永乐大典》本，于乾隆三十九年（1774）校定了一种受到爱好山水地理的乾隆称赞的版本，随即在皇家出版机构武英殿以活字排印出版，称为"武英殿聚珍本"（简称"殿本"）。此本除了宋初缺佚的五卷无法弥补外，显然是许多版本中首屈一指之本，以后各省纷纷翻刻重版。民国以后，各大书局又铅排出版，成为此书流行最广、印数最多的版本。虽然此本还存在若干可以继续校勘之处，但总的说来，考据学派的事业已经基本完成。

第二个学派是地理学派。早在明代，已有学者认为《水经注》是河川水利之书，也就是当时所谓的经世致用之书，其重要性首在河川地理研究。清代持这种观点的郦学家也有不少。最后由清末民初的杨守敬、熊会贞师生二人，以地理为主（当然也有校勘成果），编纂成《水经注疏》一书，是所有此书版本注疏量最大之本。他们师生并同时编绘了《水经注图》，书图二者，至今都是研究历史地理特别是古代山川水利的极有价值的版本。

第三派是词章学派。此派认为《水经注》之所以不同凡响，全靠郦道元的绝妙文章，尤其是其中的山水描写。有人竟对此着迷，认为此书除了引人入胜的生动描写以外，没有别的东西。确实，在历史上大量书籍亡佚的情况下，此书能够孑然独存，并且形成一门学问，其开端无疑是因为郦道元的文章出众。如大文豪苏东坡所说的"乐何深"，就是因为此书在词章上让人爱不释手的缘故。直到民国时代，中学教科书上还常常选载此书描写风景的若干片断作为教材，给学生欣赏享受，学习研究。

《水经注》是一部奇书，郦学是一门内容浩瀚的学问。现在除了国内以外，郦学研究早已流向国外，如日本和西欧，都有不少这门学问的研究者，研究的领域极广，课题很多。但是这些都是郦学家们的工作，不关一般读者的事。对于广大读者来说，还是苏东坡的那首诗："嗟我乐何深，《水经》亦屡读。"我应中华书局之邀写作此书，目标也是针对广大一般读者，因为此书可以为我们提供文学上的欣赏和享受。清代学者称赞此书的词章："片言只字，妙绝古今。"《水经注》不同于有些有争议的书，它可以稳稳当当地坐在历史名著的座位上，让读者在此书中获得文字咀嚼、风雅追求和情操陶冶的享受。或许也可以提高读者的写作能力，甚至吸引读者从事对此书某些专题的研究。

因为《水经注》有四十卷，其中所记的河流，有的一河分成数卷，有的一河独占一卷，但多数是几条河流合成一卷。从《河水》到《浙江水》（浙江水以下的不计），书中立为标题的河流共有一百二十二条。所以本书每卷都有一个"题解"，把该卷立题的河流是今天的什么河流作点说明。因为此书写作至今已逾一千四百年，除了名称的变化以外，河流本身的变化也很不小。这一百多条河流中，有的至今仍是全国大河，有的已经移动或消失，也有个别在写书时并不存在，所以必须让读者知道。此外就是"选文"，四十卷中，每卷都有几段入选的文章。其中选入最多的当然是"片言只字，妙绝古今"的山水描写。也有一些是以史为鉴，到今天仍然铿锵有声的词句。"选文"之下，我都做了一点"注释"加以说明，王东同志协助我另外做了语词上的"注释"。最后就是每段"选文"的"译文"，这是一项非常棘手的工作，我往年曾邀集几位在文学上很有造诣的朋友做了这项难事，现在还不得不仍然依靠当年所作的充数，郦道元的神笔，显然不是我们的语体文所能表达的，何况"选文"都是《注》文中的精华。对于这方面，尽管我们曾作了较大的努力，费了不少推敲工夫，但实在是力不从心，只好请读者原谅了。

陈桥驿

2008 年 3 月于

浙江大学地球科学系

目 录

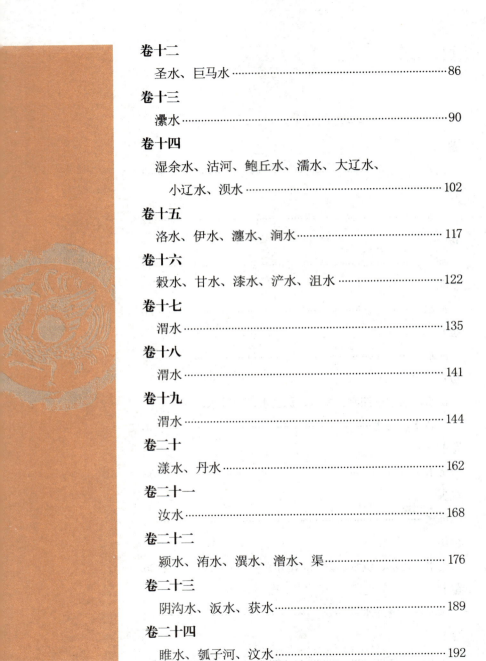

卷一

河水

　　《水经注》以《河水》开卷，河水就是黄河。上古的地名比后代简单，黄河就称"河"，长江就称"江"。秦始皇开创郡县制以后，一个地名普遍地分成专名和通名两部分，譬如"北京市"、"丰台区"，"北京"和"丰台"都是专名，"市"和"区"都是通名。行政区域的地名分成专名和通名两部分以后，自然地名也相继出现专名和通名两部分，譬如"燕山"和"八达岭"，"燕"和"八达"都是专名，"山"和"岭"都是通名。河流的通名早期称"水"，黄河称为"河水"，长江称为"江水"，直到《水经注》时代还是这样。到后来，"河"与"江"两个专名，也被人们当做河流的通名使用，如"永定河"、"松花江"等等，现在的"黄河"，"黄"是专名，"河"是通名。"河"与"江"，原是黄河和长江的专名，后来成为一切河流的通名，为时已经很久了。

三成为昆仑丘①。《昆仑说》曰②：昆仑之山三级，下曰樊桐，一名板桐；二曰玄圃，一名阆风；上曰层城，一名天庭，是为太帝之居③。

《水经》和《水经注》都以"昆仑"开始，卷一之中有"昆仑墟"、"昆仑虚"、"昆仑丘"、"昆仑山"等，而昆仑山至今仍是我国一条重要的山脉。"昆仑"是外来语，成书于战国前期的《山海经》中已有此词，所以这个外来语引入中国很早。因为是外来语，所以"昆仑"一词在各种古代文献中有许多不同的汉译，在《水经注》中，《河水》篇同卷又译"金陈"，卷三十六《温水》篇中译作"金潾"。上面各处的"昆仑"、"金陈"、"金潾"，都作为地名。但《温水》篇也有一个"昆仑"，却是作为族名的。由于《水经注》的《经》文和《注》文，都以"昆仑"开始，所以此词值得重视。不过因为是外来语，因而我们不懂它是什么意思。在《河水》篇同卷中也用梵语对"昆仑"作过解释。这是释氏《西域记》的话："阿耨达太山，其上有大渊水，宫殿楼观甚大焉。山，即昆仑山也。"说明"昆仑山"在梵语中称为"阿耨达太山"，但我们也查不出"阿耨达"在梵语中是什么意思。所以"昆仑"是一个已经消失的民族的语言。像"昆仑"这类已经消失的民族语言地名，在我国至今还有不少。

【注释】

①三成为昆仑丘：三级的土丘称为昆仑丘。出自《尔雅·释丘》："丘一成为敦丘，再成为陶丘……三成

为昆仑丘。"晋代郭璞注："昆仑山三重，故以名云。"意思是说：昆仑山有三级，所以叫昆仑丘。成，级，层。

②《昆仑说》：书名。不详。

③太帝：天帝。

【译文】

三级的土丘称为昆仑丘。《昆仑说》说：昆仑山有三级，最下一级叫樊桐，又叫板桐；第二级叫玄圃，又叫阆风；最上一级叫层城，又叫天庭，这是天帝居住的地方。

《山海经》称方八百里①，高万仞②。郭景纯以为自上二千五百余里③。《淮南子》称高万一千里百一十四步三尺六寸④。

因为"昆仑"是外来语，所以各种古代文献有各种不同的解释。《山海经》把"昆仑"作为一处"方八百里，高万仞"的仙境，《淮南子》居然写到这座仙境高度的尾数"三尺六寸"。这类现代人看来非常荒唐的神话，在古代却能够流行一时，但正统的历史学家像司马迁，他在《史记》中却指出，他不相信《禹本纪》(此书已亡佚)、《山海经》一类的神话。

【注释】

①《山海经》：我国古代历史地理名著，作者已不可考，内容包括山川、道里、鸟兽、祭祀、医巫、风俗等。方：方圆。

②仞：古时八尺或七尺叫做一仞。

③郭景纯：即郭璞（276—324），字景纯，东晋河东闻
　　喜（今山西闻喜）人，熟知五行、天文、卜筮之术。
　　自上：为"自此以上"的省略，从这里向上。

④《淮南子》：西汉淮南王刘安及其门客撰写的杂家
　　书，也称《淮南鸿烈》。步：古代长度单位，周代
　　以八尺为一步，秦代以六尺为一步，旧制以营造尺
　　五尺为一步。

【译文】

　　《山海经》说：昆仑山方圆八百里，高达万仞。郭景
纯以为向上两千五百多里。《淮南子》说：高一万一千里零
一百一十四步三尺六寸。

　　《山海经》曰①：南即从极之渊也②，一曰中极之
渊，深三百仞，惟冯夷都焉③。《括地图》曰④：冯夷
恒乘云车驾二龙⑤。河水又出于阳纡、陵门之山⑥，
而注于冯逸之山⑦。《穆天子传》曰⑧：天子西征，至
阳纡之山，河伯冯夷之所都居⑨，是惟河宗氏⑩，天
子乃沉珪璧礼焉⑪，河伯乃与天子披图视典⑫，以观
天子之宝器：玉果、璇珠、烛银、金膏等物⑬，皆
《河图》所载⑭。河伯以礼，穆王视图，方乃导以西
迈矣⑮。粤在伏羲⑯，受《龙马图》于河，八卦是
也⑰。故《命历序》曰⑱：《河图》，帝王之阶⑲，图
载江河、山川、州界之分野⑳。后尧坛于河㉑，受
《龙图》，作《握河记》㉒。逮虞舜、夏、商㉓，咸亦

受焉。李尤《盟津铭》㉔：洋洋河水，朝宗于海㉕，径自中州㉖，《龙图》所在。《淮南子》曰：昔禹治洪水㉗，具祷阳纡，盖于此也。高诱以为阳纡秦薮㉘，非也。释氏《西域记》曰㉙：阿耨达太山㉚，其上有大渊水，宫殿楼观甚大焉。山，即昆仑山也。《穆天子传》曰：天子升于昆仑，观黄帝之宫，而封丰隆之葬㉛。丰隆，雷公也。黄帝宫，即阿耨达宫也。

这一段以《山海经》为首，引了许多古代文献解释"昆仑"。并且说明黄河发源于昆仑山。这既是一种神话，也是古人对昆仑和黄河的一种想象。这一段以后，《注》文说："其山出六大水，山西有大水，名新头河。""新头河"就是"印度河"的别译。从此以下，《注》文所记的今印度境内的山川地理（印度古称天竺）和人文景观，当然也有许多以讹传讹的内容。

【注释】

①《山海经》曰：所引文字出自《山海经·海内北经》。

②南：即昆仑墟南边。从极之渊：古地名。今不详。

③惟：只有。冯夷：传说中的黄河水神，天帝赐封号为河伯。都：居住。焉：在那里。

④《括地图》：古代的地理书。时代、作者都不详。

⑤恒：常，经常。云车：传说中仙人的车乘，仙人以云为车，故名。

⑥阳纡（yū）、陵门之山：山名。古黄河水从此两山流过。今不详。

⑦冯逸之山：山名。不详。

⑧《穆天子传》：为晋武帝司马炎咸宁五年（279）在汲郡战国魏王古冢中出土的古书，书中有很多荒诞不经的记载。

⑨都居：居住。

⑩是：指河伯冯夷。惟：是，为。

⑪沉：古代祭川泽叫沉，因为要向水中投祭品，故名。珪（guī）璧：古代祭祀朝聘所用的玉器。礼：行祭礼。

⑫披：展开，翻开。

⑬玉果：形状像果实一样的美石。璇（xuán）珠：美玉珠。金膏：传说道教中的仙药。

⑭《河图》：儒家关于《周易》卦形来源的传说。《尚书·顾命》："大玉、夷玉、天球、河图，在东序。"伪汉代孔安国传："伏羲王天下，龙马出河，遂则其文以画八卦，谓之'河图'。"下文的《龙马图》、《龙图》都指的是《河图》。

⑮导：引导。西迈：向西行进。

⑯粤：发语辞。伏羲：古代传说中的三皇之一，相传其始画八卦，又教民渔猎，取牺牲以供庖厨，因称庖牺。

⑰八卦：《周易》中八种具有象征意义的基本图形：乾、坤、震、巽（xùn）、坎、离、艮（gèn）、兑，分别象征天、地、雷、风、水、火、山、泽。八卦相传是伏羲所作。

⑱《命历序》：即《春秋命历序》。

⑲阶：基础，阶梯。

⑳分野：古人把地理区域分别按照方位跟天上的星宿
　联系起来，叫做"分野"。

㉑尧：传说中古帝陶唐氏之号。坛：筑坛祭祀。

㉒《握河记》：即《尚书中侯·握河记》，谶纬之类的
　书，今已亡佚。

㉓虞舜：上古五帝之一，姓姚，名重华，因其先国在
　虞（故城在今山西平陆北），故称虞舜。

㉔李尤：东汉文学家，字伯仁，广汉雒（在今四川广
　汉）人。盟津：即孟津，古黄河渡口名。在今河南孟
　津东、孟州西南。铭：古代文体的一种。

㉕朝宗：本来是指古代诸侯春、夏朝见天子。《周
　礼·春官·大宗伯》："春见曰朝，夏见曰宗，秋见
　曰觐，冬见曰遇。"后来比喻小水流注大水。

㉖径自：从……经过。中州：指中原地区。

㉗禹：古代部落联盟首领，传说曾用疏导的方法治理
　洪水。有"八年于外，三过其门而不入"的故事。

㉘高诱：东汉末涿郡（在今河北涿州）人，现有《吕
　氏春秋注》和《淮南子注》传世。秦薮（sǒu）：秦
　地的湖泊。古代有九大湖泊，叫九薮，其中之一即
　秦之阳纡。

㉙释氏《西域记》：书名。不详。杨守敬认为是晋释
　道安的《西域志》。

㉚阿耨达太山：即今西藏的冈底斯山。一说即昆仑山。
　见于佛经。

㉛丰隆：古代神话中的雷神，即雷公。后多用作雷的代称。

【译文】

《山海经》说：南面就是从极渊，又叫中极渊，深三百仞，只有水神冯夷居住在那里。《括地图》说：冯夷经常乘坐云车，由两条龙驾着出行。黄河水又从阳纡山、陵门山流出，注入冯逸山中。《穆天子传》说：天子西征，到阳纡山，这是河伯冯夷居住的地方，冯夷即河宗氏，天子于是把宝玉珪璧投进水里礼祭河神，河伯才给天子打开图册典籍，让他观看天子应有的宝器：玉果、璇珠、烛银、金膏等神物。这些都是《河图》中所记载的。河伯以礼相待，等穆王看完图后，才引导他向西行进。所谓伏羲氏受《龙马图》于大河之源，《龙马图》就是八卦。所以《命历序》说：《河图》，是帝王的基础，记载着江、河、山川、州界的分野。后来尧在河边筑坛，接受《龙图》，写了《握河记》。直至虞舜、夏、商，也都接受过《龙图》。李尤《盟津铭》：浩浩荡荡的大河之水，终于流入大海汇成巨浪；它从中原经过，就是河伯献上《龙图》的地方。《淮南子》说：从前大禹治洪水，在阳纡祭祀祈祷，就是在这个地方。高诱以为阳纡就是秦薮，是不对的。释氏《西域记》说：阿耨达太山，山上有大渊水，宫殿楼台观阁非常宏大。这山就是昆仑山。《穆天子传》说：天子登上昆仑山，参观黄帝之宫，为丰隆墓葬封土。丰隆就是雷公。黄帝宫就是阿耨达宫。

《山海经》曰：河水入渤海①，又出海外，西北入禹所导积石山②。山在陇西郡河关县西南羌中③。余考群书④，咸言河出昆仑⑤，重源潜发⑥，沦于蒲昌⑦，出于海水。故《洛书》曰⑧：河自昆仑，出于重野⑨。谓此矣。迳积石而为中国河⑩。故成公子安《大河赋》曰⑪：览百川之宏壮⑫，莫尚美于黄河⑬；潜昆仑之峻极⑭，出积石之嵯峨⑮。释氏《西域记》曰：河自蒲昌，潜行地下，南出积石。而《经》文在此，似如不比⑯，积石宜在蒲昌海下矣。

　　《注》文在"新头河"下说了一大篇古天竺（在今印度）境内的山川地理和人物掌故。到此卷的最后一条《经》文"又出海外，南至积石山下，有石门"之下，才又以短短的一段《注》文回到黄河的本题上来，文字仍然引用《山海经》"河水入渤海，又出海外，西北入禹所导积石山"。《山海经》的文字很难理解，所以郦道元另外又参考了许多文献，即是他所说的"余考群书"。他经过考证，归纳为：黄河发源于昆仑山，流到蒲昌海（今新疆罗布泊）就潜入地下，从地下伏流到积石山再流出地面，然后东流入海。这里的"重源潜发"一句，意思就是黄河从蒲昌海潜流到积石山，又重新发源。这就是后来许多人都相信的"黄河重源"。直到唐朝，才有人指出"重源"的错误，但以后一直还为许多人所相信。现在当然没有人相信了。

【注释】

①渤海：即蒲昌海，今新疆东南部的罗布泊。汉、唐时称为蒲昌海，又名盐泽。

②积石山：即今阿尼玛卿山，在青海东南部，延伸至甘肃南部边境，为昆仑山脉中支，黄河绕流东南侧。

③陇西郡：秦朝所设置的三十六郡之一，王莽时期改名为厌戎。因为此郡在陇之西，故名陇西。大致在今甘肃南部和东南部。河关县：汉设晋废，治所不详，疑在今青海贵德西南。羌中：羌族人居住的地域中。

④考：考寻，考索。

⑤咸：都。

⑥重源潜发：这里是说黄河从蒲昌海潜流到积石山，又重新发源。

⑦沦：进入，流入。

⑧《洛书》：儒家关于《尚书·洪范》"九畴"创作过程的传说。据说大禹治水时有神龟出于洛水，背上有裂纹，纹如文字，禹取法而作《尚书·洪范》"九畴"。九畴就是传说中天帝赐给大禹治理天下的九类方法。

⑨重野：地名。不详。

⑩中国河：中原的河流。

⑪成公子安：成公绥，字子安，东郡白马（在今河南滑县）人。西晋文学家，以赋得名。

⑫宏壮：宏大壮阔。

⑬尚美：比······更美。尚，超越，超过。

⑭峻极：高峻，高耸。

⑮嵯峨（cuóé）：山高峻、耸立的样子。

⑯似如：好像。比：合适。

【译文】

《山海经》说：黄河入渤海，又出海外，向西北流入大禹所疏导的积石山。积石山在陇西郡河关县西南羌族人居住的地域中。我考证了许多书，都说河水发源于昆仑，潜流入地后重新冒出，到蒲昌又隐没了，然后再从内海中流出。所以《洛书》说：河水从昆仑发源，再从重野流出。说的就是这个意思。河水流经积石就成中原的河流了。所以成公子安《大河赋》说：总览百川的宏伟壮丽，没有任何河流可以比拟；在高峻的昆仑山底下潜流，又从耸立的积石山下重新发源。释氏《西域记》说：河水从蒲昌海开始，潜流于地下，向南到积石山才重新流出地面。然而《水经》把积石山放在葱岭、蒲昌海之上，这好像不合适，应在蒲昌海之下。

卷二

河水

　　这一篇的开头两条《经》文之下，《注》文所写的还是许多今中亚国家和我国新疆的山川地理。第二条《经》文："其一源出于阗国南山，北流与葱岭所出河合，又东注蒲昌海。"现代人一见便知，"出于阗国南山"的这条河流，显然是塔里木河的支流之一和田河（和田旧名和阗），绝非黄河。在第三条《经》文"又东入塞，过敦煌、酒泉、张掖郡南"下，《注》文所记的也不是黄河。这个地区现在称为河西走廊，这里的河流都是注入居延海的内陆河。第四条《经》文"又东过陇西河关县北，洮水从东南来流注之"下，《注》文虽然还有一些错误，但洮水确实是黄河上游的支流，所以从这里开始，《河水》篇才算名副其实，记叙黄河本题了。

敦煌索劢①，字彦义，有才略，刺史毛奕表行贰师将军将酒泉、敦煌兵千人②，至楼兰屯田③。起白屋④，召鄯善、焉耆、龟兹三国兵各千⑤，横断注滨河⑥。河断之日，水奋势激⑦；波陵冒堤⑧。劢厉声曰：王尊建节⑨，河堤不溢，王霸精诚⑩，呼沱不流⑪。水德神明，古今一也。劢躬祷祀⑫，水犹未减，乃列阵被杖⑬，鼓噪谨叫⑭，且刺且射，大战三日，水乃回减，灌浸沃衍⑮，胡人称神。大田三年⑯，积粟百万，威服外国⑰。

　　汉代对西域的经营，除了武力以外，主要屯堡。在这条《经》文下，曾记叙了一位担任搜粟都尉官职、名叫桑弘羊的大臣，对汉武帝提出在西域屯垦的建议。他说：轮台（在今新疆轮台东南）的东面，土地广大，水草丰富，可灌溉五千亩田以上，这个地方气候温和，土地肥沃，可以开凿一些沟渠，种植五谷，收获和中国内地一样。而这一段记叙的索劢，就是带了几千兵卒到楼兰（在今罗布泊一带）去屯垦的。屯垦当然要兴修水利，恰逢河流发了洪水，形势非常危险，于是就出现《注》文中的一番壮烈场面。其实，河流的洪水当然是用巩固堤防的手段治好的，要士兵"鼓噪谨叫，且刺且射"，这是他激励士兵修治水利的信心和勇气。"大战三日"，实在是用在修筑堤防的工程上。历史上常有用这种方法激励修治水利的事，后来吴越国的钱镠也是这样，他在钱塘江上修筑捍海石塘，由于浪潮汹涌，工程困难，他也派许多射箭能手向浪潮射箭，筑塘工人在这种激励下，精神振奋，终于筑成了一条捍海石塘。在《水经注》的这段记叙中，索劢的屯垦也是成功的，"大田三年，积粟百万，威服外国"。但对于索劢这个人，除了《注》文记载的籍贯敦煌和"字彦义"外，没有其他任何古籍记及他的行历。郦道元当然是从他所见的古籍中记下这段故事的，但这些古籍后来都已亡佚，所以就无法知道索劢的详细情况了。但从他当时提到的王尊和王霸两个人来推敲，王尊是西汉涿郡人，《汉书》中有他的传记，在《水经注》卷五《河水》中，也记载了他在黄河的一次洪水中，身为太守而勇敢治河的故事。王霸是东汉初人，《后汉书》中也有他的传记。索劢所说的"精诚"，指的是他随东汉光武帝征战，在滹沱河边长跪，河水竟冰冻封合，兵马得以在冰上过河的事。当然，王尊的"建节"和王霸的"精诚"，都还是一种传说，不过既然索劢提及王霸，他自己当然也是后时代人。

【注释】

① 敦煌：古郡名。西汉置，治今甘肃敦煌西，辖境相当于今甘肃疏勒河以西及以南地区。索劢（mài）：人名。具体不详。

② 刺史：古代官名。原为朝廷所派督察地方之官，后沿为地方官职名称。表：启奏，上奏章。行：兼摄官职。贰师将军：指李广利。酒泉：古郡名。西汉置，治今甘肃酒泉。

③ 楼兰：古西域国名。处在汉代通往西域的南道上，故址在今新疆若羌罗布泊西岸。屯田：利用戍卒、

农民或者商人垦殖荒地。

④白屋：以白茅覆盖的屋子。

⑤鄯（shàn）善：西域古国名。即古楼兰国。其国都扞泥城故址在今新疆若羌境。焉耆：西域古国名。都城员渠城故址在今新疆焉耆境内。龟兹（qiūcí）：西域古国名。国都治今新疆库车东皮朗旧城。

⑥横断：横着截断。注滨河：古黄河水经过扞弥（在今新疆于田）、且末（在今新疆且末）诸国后，与且末河汇合，通称注滨河。

⑦奋：涌起。激：激荡。

⑧陵：翻越。冒：上腾。

⑨王尊：字子赣（zhuàng），涿郡（在今河北涿州）人，汉元帝时为益州刺史。建节：建立勇节。《汉书》记载：黄河水泛滥，浸决瓠子金堤，王尊祭祷河神，请求以身填堤。大水猛涨，金堤决口，官吏和百姓都逃走了，王尊一直站立不动，后来大水渐渐回落。

⑩王霸：字元伯，颍川高阳（在今河南平顶山）人，东汉初为上谷太守、淮陵侯。

⑪呼沱：即滹沱（hūtuó）河，在今河北西部。

⑫祷祀：有事祈求鬼神而祭祀。

⑬被：握持。杖：枪棒。

⑭鼓噪讙（huān）叫：擂鼓呐喊。

⑮灌浸：灌溉。沃：肥沃。衍：低下而平坦的土地。

⑯大：竭力。田：屯垦。

⑰威：威名。服：使……慑服。

【译文】

敦煌的索劢，字彦义，颇有才能，刺史毛奕上表请求让索劢代贰师将军李广利率领酒泉、敦煌兵士千人，到楼兰屯田。索劢造了白屋，召集鄯善、焉耆、龟兹三国兵士各千人，兴修水利，横着截断注滨河。截断河水之日，水势涌起，相互激荡；波涛上腾翻越堤岸。索劢厉声高叫道：王尊建立勇敢的节操，河堤就不溢水；王霸怀着精诚之心，呼沱因而不流；水的德行神异圣明，古往今来道理该都是一样的。索劢亲自祈祷，水势还未减弱，于是摆开阵势，手握枪棒，擂鼓呐喊，边刺边射，大战了三日，水势才减退。堤坝筑成后，灌溉范围扩展到很广的平原一带，当地胡人都以为他是神人。全力以赴耕种了三年，积聚了一百多万斤粮食，索劢的威名使外国慑服。

河自蒲昌，有隐沦之证①，并间关入塞之始②。自此，《经》当求实致也③。河水重源，又发于西塞之外，出于积石之山。《山海经》曰：积石之山，其下有石门，河水冒以西流，是山也，万物无不有。《禹贡》所谓导河自积石也④。

前面已经提出了"黄河重源"的话，这一段《注》文对"黄河重源"作了具体的说明，还是引用《山海经》，说积石山下有"石门"，黄河经过从蒲昌海的长途伏流以后，从积石山的这个"石门"中重源再出。并引《禹贡》的"导河积石"为证。《禹贡》不同于《山海经》，是儒家宗奉的经书，所以在当时，"黄河重源"是不受怀疑的事实。

【注释】

①隐沦：潜流。

②间关：曲曲折折。

③《经》：即《水经》，当今学者认为是三国魏人所作的有关水道的专门著作，记载了当时我国境内的一百三十七道川流。实致：实际的事理。

④《禹贡》：《尚书》中的一篇，是我国最早的一部区域地理著作，历来被奉为我国"古今地理志之祖"。

【译文】

有证据表明，黄河在蒲昌海有一道潜流从这里开始，曲曲折折地流入塞上。从这里起，《水经》应该探求实际的情况了。黄河之水有几个源头，又发源于西塞之外，从积石山重新流出。《山海经》说：积石山的下面有石门，黄河之水冲出石门向西流，这座山上，万物无所不有。《禹贡》所说的疏导黄河是从积石山开始的。

卷三

河水

　　这一篇有《经》文十四条，郦道元按《经》文作《注》，内容主要是现在称为"河套"的部分，但也写及从"河套"南流，即今陕西和山西两省间的河段，属于黄河的中游。最后写到上郡高奴县。上郡是秦所置的郡，位于今陕北榆林一带。高奴县也是秦代所置，属于上郡，位于今陕西延安一带。所以《注》文所叙，大概属于今山、陕两省间的黄河北段。

河水又东北历石崖山西，去北地五百里^①，山石之上，自然有文^②，尽若虎马之状，粲然成著，类似图焉，故亦谓之画石山也。

《注》文记叙的地区在今内蒙古阴山一带，郦道元几次随帝北巡，所记是他的亲眼目击。他所见的"粲然成著，类似图焉"的画石山，其实是先古游牧人岩画。近年来有一位名叫盖山林的学者，经过在这一带的田野考察以后，撰写了《举世罕见的珍贵古代民族文物——绵延21000平方公里的阴山岩画》（《内蒙古社会科学》1980年第2期）一文，既证明了《水经注》记载的事实，又说明了这种岩画在今阴山一带有大量存在，是古代游牧民族遗留至今的宝贵文物。《水经注》全书中有关这方面的记载很多，值得连续研究。

【注释】

①北地：古郡名。相当于今陕西铜川耀州、富平地。

②自然：天然。文：纹理，花纹。

【译文】

大河又东北流经石崖山西面，石崖山离北地五百里，山上石头有天然花纹，都像虎、马的形状，非常鲜明，好像画的一样，所以也叫做画石山。

始皇三十三年，起自临洮^①，东暨辽海^②，西并阴山^③，筑长城及开南越地^④，昼警夜作^⑤，民劳怨苦，故杨泉《物理论》曰^⑥：秦始皇使蒙恬筑长城^⑦，死者相属⑧，民歌曰：生男慎勿举⑨，生女哺用脯⑩，不见长城下，尸骸相支拄⑪。其冤痛如此矣。蒙恬临死曰：夫起临洮，属辽东，城堑万余里⑫，不能不绝地脉，此固当死也。

　　秦始皇筑长城，其中有不少是把战国时代各国所筑的长城连接起来。同卷前《经》文"屈从县东北流"下，就记叙了战国赵武灵王也修筑过长城。战国与秦所筑的长城，到现在，今陕北韩城、黄龙一带还有几段保留着，是夯土筑成的泥城，宽度也不大。与今在八达岭一带所见的明代长城完全不同，显得十分简陋。这段话中所引蒙恬临死时的话"城堑万余里"，或许就是后来"万里长城"这个名称的来源。

【注释】

①临洮：秦长城的西端，治今甘肃岷县。

②暨：到。辽海：即辽东，泛指辽河流域以东至海地区，秦长城的东端。

③并：挨着，依傍。

④南越：古国名。在今湖南南部、两广及越南北部一带。

⑤昼警夜作：白天警戒，夜晚劳作。警，警戒。作，劳作。

⑥杨泉：晋朝人，字德渊，杂采秦汉诸子之说为《物理论》。

⑦蒙恬：秦始皇时的大将。秦并天下，秦始皇派遣蒙恬修筑万里长城。

⑧属（zhǔ）：连接，绵延。

⑨举：养育，养活。

⑩饷（bù）：可以用来喂养孩子的糖。

⑪支拄（zhǔ）：支撑。

⑫堑（qiàn）：挖壕沟。

【译文】

秦始皇三十三年（前214），起于临洮，东到辽海，西依着阴山，建造了万里长城；又开发南越，日夜劳作苦干，百姓困乏怨苦，所以杨泉《物理记》说：秦始皇派蒙恬筑长城，死尸相互连接，绵延不断。民谣唱道：生男慎勿举，生女哺用饷，不见长城下，尸骸相支拄。百姓的痛苦怨恨竟到了这种地步。蒙恬临死时说：从临洮开始，一直绵延到辽东，筑城掘壕一万多里，不能不把地脉弄断了，所以我本来就该死的。

《东观记》曰①：郭伋，字细侯，为并州牧，前在州，素有恩德②，老小相携道路，行部到西河美稷③，数百小儿各骑竹马迎拜④，伋问：儿曹何自远来⑤？曰：闻使君到⑥，喜，故迎⑦。伋谢而发去，诸儿复送郭外⑧。问：使君何日还⑨？伋计日告之。及还，先期一日⑩，念小儿，即止野亭⑪，须期至乃往。

郭伋是后汉人，《后汉书》有他的传记。《水经注》在这一段中所记的"数百小儿"的故事，无非是一件小事，却上了郦道元的文章。郦道元撰《水经注》，十分重视表彰好官好事。《注》文记叙的是郭伋和一群孩子说的话，他却为了说话算数，用今天的话来说，就是所谓"诚信"，所以他宁愿在野亭停息一天，如期而往。对孩子们所说过的话，尚且必须做到，由此更足以说明，郭伋的确是一位好官。这件事至今仍给人以启示。

【注释】

①《东观记》：即《东观汉记》，东汉官修的本朝纪传体史书，已亡佚。今本是后人辑佚之本，残缺甚多。

②素：平时。

③行部：巡行所管辖区域，考核政绩。美稷：汉县，属西河郡，治今内蒙古准格尔西北纳林村古城。

④竹马：儿童游戏时当做马骑的竹竿。迎拜：迎接礼拜。

⑤儿曹：儿辈。何自：为什么。

⑥使君：对州郡长官的尊称。

⑦故：特地。

⑧郭：外城，古代在城的外围加的一道城墙。

⑨还（huán）：回来。

⑩期：约定。

⑪野亭：野外供人休息的亭子。

【译文】

《东观记》说：郭伋，字细侯，担任并州牧，以前在并州时，平时对百姓颇有恩德，老老少少在路上相携送迎，巡视到西河美稷，有几百个小孩骑着竹马来迎接礼拜，郭伋问：孩子们为什么大老远地跑来？小孩们答道：听说使君到来，十分高兴，特地来迎接。郭伋道谢后让他们回去，众小孩又送他到城外。孩子们问：使君哪一天回来？郭伋计算了一下日期，就告诉他们。回来时，比约定的日期早了一天，郭伋想到对小孩们说的话，就停在野亭，等到约定时间才前往。

赫连龙升七年，于是水之北，黑水之南，遣将作大匠梁公叱干阿利改筑大城①，名曰统万城。蒸土加功②。雉堞虽久③，崇墉若新④。

赫连龙升（十六国夏年号）七年，东晋义熙九年（413），国君赫连勃勃在今陕西靖边以北兴建其国都统万城。因为北方天气寒冷，所以需要"蒸土加工"，工程浩大。《水经注》距其建城为时不久，但郦道元对"统万城"名称已无解释。到了唐朝初年修《晋书》，在《赫连勃勃载记》中解释"统万城"为："勃勃自言：朕方统一天下，君临万邦，可以统万为名。"实际上"统万"是西夏语言，有时也作"吐万"。郦道元时已不解其意，唐初所修《晋书》的解释显然是以讹传讹。我在《中国历史大辞典》（上下二册，中国社会科学出版社 2005 年出版）卷首《序》中已加以更正，此辞典"统万城"条下，编者也加以更正。

【注释】

①将作大匠：官名。职掌宫室、宗庙、陵寝及其他土木营建。梁公叱干阿利：阿利，是赫连勃勃的臣

子。梁公，是赫连勃勃建大夏国后给阿利的封号。叱干，复姓。

②蒸土：把土加热。加功：施工。

③雉堞：城上的女墙。雉，古代计量城墙面积的单位，长三丈、高一丈为一雉。堞，城上的矮墙。

④崇墉：高耸的城墙。墉，城墙。

【译文】

赫连龙升七年（413），在这支水的北面，黑水的南边，派将作大匠梁公叱干阿利改筑大城，名叫统万城。施工时泥土都蒸过。女墙虽然很长久了，但高耸的城墙却仍和新的一样。

故言高奴县有洧水①，肥可爇②，水上有肥，可接取用之。《博物志》称酒泉延寿县南山出泉水③，大如筥④，注地为沟，水有肥如肉汁，取著器中⑤，始黄后黑，如凝膏⑥，然极明⑦，与膏无异，膏车及水碓缸甚佳⑧，彼方人谓之石漆。水肥亦所在有之⑨，非止高奴县洧水也。

此处洧水是清水的支流，清水就是今陕西北部的延河，这一带至今仍存在规模不大的油田。《注》文说"肥可爇"，"爇"就是古文的"燃"，意思是说这种"水上有肥"的"肥水"可以燃烧。郦道元因为见到的文献很多，所以又提出了《博物志》记载的酒泉延寿县（在今甘肃玉门一带）也有这种可以燃烧的"肥"水。《注》文说："水肥亦所在有之，非止高奴县洧水也。"《注》文所记的当然是石油，而所记的这两处，确实都存在油田，说明《水经注》的记载，对当前矿物资源的研究很有价值。

【注释】

①高奴县：古县名。秦置，治今陕西延安东北延河北岸。

②肥：油脂。这里指石油。爇：燃烧。

③《博物志》：西晋张华所著。延寿县：古县名。东汉置，治今甘肃玉门南。

④筥（jǔ）：圆形的竹筐。

⑤著（zhuó）：放置。

⑥凝膏（gāo）：凝固的油脂。膏，油脂。

⑦然：后来写作"燃"，燃烧。

⑧膏（gào）：加油脂使润滑。水碓（duì）：东汉时期发明的利用水力冲击木轮舂米的器械。

⑨所在：到处，处处。

【译文】

所以说高奴县有洧水，油脂可以燃烧，水上有油脂，可以捞取使用。《博物志》说：酒泉延寿县南山有泉水流出，大如竹筐，注入地上成为沟，水中有油脂好像肉汁，取来放在容器里，开始时呈黄色，后来变成黑色，好像凝固的油脂，点着了非常明亮，简直和油脂没有两样，拿来润滑车具以及水碓缸效果极好，当地人称为石漆。水中油脂也是到处存在，不只是高奴县的洧水中才有。

卷四

河水

　　这是黄河的第四篇，从山、陕间的北屈县（在今山西吉县附近）写起，随着黄河南流东折，《注》文写到邓乡（在今河南洛阳附近）为止。其间经过龙门瀑布和砥柱三门峡，是黄河五篇之中，沿河自然景观最特殊的河段。

《淮南子》曰①：龙门未辟②，吕梁未凿③，河出孟门之上④，大溢逆流，无有丘陵，高阜灭之⑤，名曰洪水。大禹疏通，谓之孟门。故《穆天子传》曰⑥：北登孟门，九河之隥⑦。孟门，即龙门之上口也⑧。实为河之巨阨⑨，兼孟门津之名矣。此石经始禹凿⑩，河中漱广⑪。夹岸崇深⑫，倾崖返捍⑬，巨石临危，若坠复倚。古之人有言，水非石凿，而能入石，信哉！其中水流交冲⑭，素气云浮⑮，往来遥观者，常若雾露沾人，窥深悸魄。其水尚崩浪万寻⑯，悬流千丈⑰，浑洪赑怒⑱，鼓若山腾，浚波颓迭⑲，迄于下口⑳。方知《慎子》㉑，下龙门，流浮竹㉒，非驷马之追也㉓。

　　这一段描写龙门瀑布，是《水经注》全书中描写自然风景最精彩的片断之一。而且由于北魏原来建都平城（在今山西大同附近），后迁都洛阳，郦道元往返其间，龙门瀑布必是他多次亲见，与其他从他人著述中加工的不同，所以写得特别生动。

【注释】

①《淮南子》：西汉淮南王刘安（前179—前122）和他的门客撰写的杂家书，也称《淮南鸿烈》。

②龙门：即禹门口，在今山西河津和陕西韩城之间，黄河至此，两岸峭壁对峙，形如阙门，故名。相传为禹所凿。

③吕梁：山名。在今山西西部，位于黄河与汾水间，

主峰关帝山，海拔两千八百三十米。大禹治水，凿吕梁以通黄河，即指此。

④孟门：古山名。在今山西吉县西黄河河道中，为水中一巨石。

⑤高阜：高山。灭：淹没。

⑥《穆天子传》：晋武帝司马炎咸宁五年（279）在汲郡战国魏王古冢中出土的古书，记载周穆王巡游之事。

⑦九河：禹时黄河的九条支流，近人多以为是古代黄河下游许多支流的总称。磴（dèng）：登山的石级。

⑧上口：入口处。

⑨寔：同"实"，巨阨（è）：巨险。阨，险阻重地。

⑩经始：开始。

⑪漱广：因冲蚀而变得宽广。漱，冲刷，冲蚀。

⑫夹岸：两岸。崇深：高峻深邃。

⑬返捍：重叠捍护。返，用通"反"，反复，重叠。捍，捍护。这里指相倚相撑。

⑭交冲：交相冲激。

⑮素气：白色的水汽。

⑯崩：进溅。寻：古代长度单位，一般为八尺。

⑰悬流：这里指瀑布。

⑱浑洪：浑浊的洪流。贔（bì）怒：形容气势壮大。

⑲浚（jùn）：通"骏"，疾速，疾驰。

⑳下口：河的下游出口处。

㉑《慎子》：书名。战国时期法家代表慎到所著。

㉒流浮竹：漂流浮竹。古代有用水力运送竹木等的

方式。

㉓驷马：四匹马拉的车，一般用来指速度快。

【译文】

《淮南子》说：龙门尚未开辟，吕梁尚未凿通时，河水从孟门上流出，大水泛滥，逆流横溢，连丘陵、高阜都淹没了，名叫洪水。大禹疏通后称之为孟门。所以《穆天子传》说：北登孟门，这是九河的阶梯。孟门，就是龙门的上口。实际上是河上的巨险，兼有孟门津的名称。这里的岩石首先经过大禹开凿，又因河水冲蚀，河道逐渐变得宽广了。两岸高峻而深邃，斜敧的崖壁相倚相撑，巨石临近危崖，好像随时就要坠落下来似的，却又相互倚挂而悬在危崖边缘。古人有言：水虽不是凿石头的凿子，却能穿透岩石，确是如此呀！这里水流交相冲激，白色的水汽好像飘浮的云雾，来来往往遥远观看的人，常常会觉得仿佛被雾露沾湿似的；如向深处俯视，更加惊心动魄。而且河水在此迸溅万寻的浪花，千丈瀑布从高崖一泻而下，奔腾澎湃的浊流，狂暴地涌起如山的巨浪激荡腾跃，疾驰的洪波层层叠叠崩颓而下，直到下游出水口。这才知道《慎子》中所记载的：下龙门时，漂流浮竹，不是驷马所能追上的。

民有姓刘名堕者，宿擅工酿①，采挹河流②，酝成芳酎③，悬食同枯枝之年④，排于桑落之辰⑤，故酒得其名矣。然香醋之色⑥，清白若滫浆焉⑦，别调氛氲⑧，不与佗同⑨，兰薰麝越⑩，自成馨逸⑪。方土之贡，选最佳酌矣。自王公庶友，牵拂相招者⑫，每云：索郎有顾^⑬，思同旅语。"索郎"反语为"桑落"也，更为籍征之隽句^⑭、中书之英谈^⑮。

《水经注》记叙了许多事物，但很少记及酒。人们认为这或许是郦道元不好酒的缘故。确实，《注》文中仅卷四《河水》、卷三十三《江水》、卷三十九《耒水》三篇中有酒的记载，而其中以此篇所记的桑落酒最引人入胜。"然香醑之色，清白若滫浆焉，别调氤氲，不与他同，兰薰麝越，自成馨逸。方土之贡，选最佳酌矣。"写得让嗜酒的人垂涎欲滴，郦道元的妙笔，确实与众不同。

【注释】

①宿（sù）：一向。工：擅长。

②挹（yì）：酌，用瓢舀。

③酝（yùn）：酿造。酎（zhòu）：反复多次酿成的醇酒。

④悬食：难解。朱谋㙔认为"悬食"二字有脱误。枯枝之年：指秋冬之季。

⑤排：打开。桑落之辰：桑叶落的时候。

⑥醑（xǔ）：美酒。

⑦滫（xiǔ）浆：淘米水。

⑧别调（diào）：另外一种风味。氤氲（yūn）：香味很浓郁的样子。

⑨佗：同"他"，别的，其他的。

⑩薰（xūn）：发出馨香。麝（shè）：麝香。越：飘散。

⑪馨逸：飘逸的芳馨。

⑫牵拂：牵挽提携。相招：邀请。

⑬索郎：即桑落的反语。有拟人的意味。反语是魏晋南北朝时的一种隐语。以两个字先正着反切（用两个字拼合成一个字的读音：前一个字取声，后一个字取韵和声调），再倒着反切，成为另外两个字。顾：眷念。

⑭籍征：书籍征求。征，征求，寻找。隽（juàn）语：优美的语句。

⑮中书：官名。中书令之省称。汉设中书令，掌传宣诏令，多以名望之士担任。英谈：美谈。

【译文】

百姓中有一个姓刘名堕的人，一向擅长酿酒，取河水经多次反复酿成芳香的醇酒，存放很长的时间，然后在桑叶落时打开，所以这酒的名字就叫桑落。这芬芳的美酒，色清白如米泔水，别有一种香味，与其他的酒不同，既似幽兰发出馨香，又似麝香飘散，自成一种飘逸的芳馨。选择地方特产进贡给皇帝时，选择桑落酒作为最好的佳酿。从王公贵族到民间百姓，朋友之间牵挽提携相互邀请时，都要说：索郎很是眷念，想让同伴们一起说说话！"索郎"二字交互反切就是"桑落"，这更成为著写书籍而寻求的名句、中书令文人们的美谈。

左丘明《国语》云①：华岳本一山当河②，河水过而曲行，河神巨灵③，手荡脚蹋④，开而为两，今掌足之迹仍存华岩。

这一段描写黄河从今山、陕二省之界上南下，骤然在今河南省境东折的景观："河神巨灵，手荡脚蹋，开而为两，今掌足之迹仍存华岩。"虽然是个神话，但文字的气魄宏大，读了这几句，使人心胸为之开广。不过《注》文所说"左丘明《国语》云"，《国语》中并没有这一段话，所以有的版本如《水经注疏》已把这一句改为"古语云"。郦道元写文章常常引用当地流传的话，所以改作"古语云"是对的。

【注释】

①左丘明：相传为春秋时鲁国的史官，《国语》是否为其所作，至今尚无定论。

②华岳：即华山，五岳之一，在陕西华阴南，北临渭河平原，属秦岭东段。

③巨灵：神话传说中劈开华山的河神。

④荡：动摇，推荡。蹋：踢。

【译文】

左丘明《国语》说：华岳原来是一座大山，阻挡着黄河，河水经过这里只得转一个大弯，河神巨灵，他手推脚踢，把华岳劈成两半，他的手印足迹至今还在华岳的岩壁上。

戴延之云①：城南倚山原，北临黄河，悬水百余仞②，临之者咸悚惕焉③。西北带河，水涌起方数十丈，有物居水中，父老云：铜翁仲所没处④。又云：石虎载经于此沉没⑤，二物并存，水所以涌，所不详也。或云：翁仲头髻常出⑥，水之涨减，恒与水齐。晋军当至，髻不复出，今惟见水异耳，嗟嗟有声⑦，声闻数里。按秦始皇二十六年，长狄十二见于临洮⑧，长五丈余，以为善祥⑨，铸金人十二以象之，各重二十四万斤，坐之宫门之前⑩，谓之金狄。皆铭其胸云⑪：皇帝二十六年，初兼天下，以为郡县⑫，正法律，同度量⑬，大人来见临洮，身长五丈，足六尺。李斯书也⑭。故卫恒《叙篆》曰⑮：秦之李斯，号为工篆，诸山碑及铜人铭⑯，皆斯书也。汉自阿房徙之未央宫前⑰，俗谓之翁仲矣。地皇二年，王莽梦铜人泣⑱，恶之，念铜人铭有皇帝初兼天下文，使尚方工镌灭所梦铜人膺文⑲。后董卓毁其九为钱⑳。其在者三，魏明帝欲徙之洛阳，重不可胜㉑，至霸水西停之㉒。《汉晋春秋》曰㉓：或言金狄泣，故留之。石虎取置邺宫㉔，符坚又徙之长安㉕，毁二为钱，其一未至而符坚乱，百姓推置陕北河中，于是金狄灭。余以为鸿河巨渎㉖，故应不为细梗踬湍㉗；长津硕浪㉘，无宜以微物屯流㉙。斯水之所以涛波者，盖《史记》所云：魏文侯二十六年㉚，虢山崩㉛，壅河所致耳。

《水经注》记叙这个"铜翁仲"的故事，描写得非常详细生动，把历来各种以讹传讹的神异语言说得淋漓尽致。"嗟嗟有声，声闻数里"，难怪许多人都信以为真。但他最后还是把真实原因引《史记》的权威记载和盘托出。郦道元的书撰写于距今一千四百多年前，书中当然也夹杂着不少由于时代原因而存在的谬误，他的思想是实事求是的。所以撇开时代来说，此书的科学性也应忽视。郦道元说"盖《史记》所云"，指《史记·魏世家》"二十六年，虢山崩，壅河"，这是真凭实据。这一段开头"戴延之云"，指戴所撰《从刘武王西征记》。《水经注》引此书很多，但书名常简作《西征记》或《从征记》，只有在卷十五《洛水》篇中才写出此书全名。

【注释】

①戴延之：戴祚，字延之，东晋小说家，著有《从刘武王西征记》、《洛阳记》，俱亡佚。

②悬水：瀑布。

③悚惕（sǒngtì）：恐惧。

④铜翁仲：传说秦始皇初兼天下，有长人出现在临洮，其长五丈，足迹六尺，仿写其形，铸金人以象之，称为"翁仲"。后遂称铜像或石像为"翁仲"。

⑤石虎：羯族人，后赵石勒从子，字季龙，石勒死后，称赵皇帝，是十六国时期有名的暴君。

⑥髻（jì）：在头顶或脑后盘成各种形状的头发。

⑦嗟（jiē）嗟：象声词，流水的声音。

⑧长狄：春秋时狄族的一支，传说其人身材较高，故称。见（xiàn）："现"的古字，出现。

⑨善祥：吉祥的征兆。

⑩坐：放置。

⑪铭：雕刻。

⑫郡县：古代地方行政区划名。周制县大郡小，战国

时逐渐变为郡大于县。秦灭六国，正式建立郡县制，以郡统县。

⑬度量（liàng）：即度量衡，计量长短、容积和轻重标准的统称。度，计量长短。量，计量容积。衡，计量轻重。

⑭李斯：秦朝政治家、文学家，法家代表人物，楚国上蔡（在今河南上蔡西）人，辅佐秦王政统一中国。书：书写。

⑮卫恒：晋卫瓘（guàn）之子，字巨山，官至黄门郎，著名的书法家，作四体书势，并造散隶，著写《叙篆》。

⑯铜人铭：即秦始皇时所铸的十二金狄上的铭文。

⑰阿房：即阿房宫，秦始皇时修建的宫殿，在今陕西西安。未央宫：宫殿名。汉高祖时建，为朝见的地方，故址在今陕西西安西北汉长安故城内。

⑱王莽：西汉王禁之孙，字巨君，弑平帝，篡皇位，国号新。

⑲尚方：古代制造帝王所用器物的官署，秦置。镌（juān）：凿，刻。膺（yīng）：胸。

⑳董卓：东汉临洮（在今甘肃岷县）人，字仲颖。汉灵帝时拜前将军，废少帝，立献帝，弑何太后，拥帝入长安，自为太师。

㉑胜：力能担任，经得起。

㉒霸水：也作灞水，关中八川之一，源出陕西蓝田东倒谷中。

㉓《汉晋春秋》：晋习凿齿所著，五十四卷，《旧唐书·经籍志》有记载。

㉔邺（yè）：古地名。在今河北临漳。

㉕苻（fú）坚：氐族人，字永固。杀前秦皇帝苻健子苻生而登王位。于五胡中最为强盛。后与晋谢玄有著名的淝水之战。长安：古都城名。我国的七大古都之一，大致位于今陕西西安和咸阳附近的关中平原腹地。

㉖鸿：大。渎（dú）：江河大川。

㉗故应：本来应该。踬（zhì）：阻碍，牵绊。

㉘津：水流。硕：大。

㉙宜：应当。屯：堵塞。

㉚魏文侯：战国魏人，名斯（《史记》作都），周威烈王时与韩、赵列为诸侯，任西门豹守邺（在今河北临漳）。

㉛虢（guó）山：在今河南陕县西。

【译文】

戴延之说，这座城南靠高广平坦的大山，北临黄河，瀑布一百多仞，走到边上往下看去都会感到心惊肉跳。城西北有河水围绕着，河中水浪涌起几十丈高，有个什么东西沉在水中，父老传说：这是铜翁仲沉没的地方。又说：是石虎载经的船经过这里沉没了，两样东西都在这里，水浪所以涌得这么高，但实情未知。也有人说：翁仲的头髻常常露出水面，无论河水是涨是退，都与水齐平。晋军到了这里，头髻不再露出了，现在只能看见水流有些异样罢了，水声哗哗在几里以外都听得到。按秦始皇二十六年（前221），有十二个很长的狄人出现在临洮，身高五丈多，以为是吉兆，秦始皇模仿他们铸造了十二个铜人，各重二十四万斤，放置在宫门前，称为金狄。铜人胸前都刻着这样一些字：皇帝二十六年，刚刚兼并了天下，建立郡县，定正法律，统一度量衡。大人出现在临洮，身高五丈，足长六尺。文字为李斯所写。所以卫恒《叙篆》说：秦代的李斯，有擅长篆书的美称，众山石碑及铜人的铭文，都是李斯所写。汉代把这些铜人从阿房宫迁移到未央宫前，俗称翁仲。王莽地皇二年（21），王莽梦见铜人在哭泣，于是非常厌恶，想到铜人的铭文中有皇帝刚刚兼并天下的字样，就叫尚方官署的工匠把做梦所见到的铜人胸前的铭文凿掉。后来董卓毁掉九个铜人，把它们铸为钱币。还存有三个，魏明帝想把它们迁到洛阳，因太重无法搬运，到霸水西边就停下了。《汉晋春秋》说：有人说因金狄哭了，所以留下来。石虎搬取放置在邺宫前，苻坚又迁到长安，把两个铜人毁了铸成钱币，还有一个没有运到，苻坚就发生内乱，老百姓把铜人推进了陕县北边的河中，于是金狄全都没有了。我认为这么巨大宽广的河流，本来就不会因这么一个细小的东西而阻塞，长河巨浪也不应当因这么一个微不足道的东西而不流的。这里之所以会激起这么大的波涛，大概如《史记》所载：魏文侯二十六年（前420），虢山崩颓，阻塞了黄河河道所导致的吧。

卷五

河水

　　这是《河水》的最后一篇，从洛阳一直写到黄河入海。洛阳以下有一小段尚属此河中游，以下就都是黄河下游，河道在《水经注》以前已经多次决口改道，以后又决徙多次。所以此篇所记叙的，只是黄河在北魏一个时期的概况，以后已有很大改变。

汉明帝永平十二年，议治汳渠^①，上乃引乐浪人王景问水形便^②，景陈利害，应对敏捷，帝甚善之，乃赐《山海经》、《河渠书》、《禹贡图》及以钱帛^③。后作堤，发卒数十万，诏景与将作谒者王吴治渠^④，筑堤防修墕^⑤，起自荥阳^⑥，东至千乘海口^⑦，千有余里，景乃商度地势^⑧，凿山开涧，防遏冲要^⑨，疏决壅积，十里一水门，更相回注^⑩，无复渗漏之患。明年渠成，帝亲巡行，诏滨河郡国置河堤员吏^⑪，如西京旧制^⑫。景由是显名，王吴及诸从事者^⑬，皆增秩一等^⑭。

　　这一段记叙黄河的堤防，王景是当时熟悉黄河水情的专家，所以受到汉明帝的召见，最后筑成了一条称为"金堤"的黄河大堤，是历史上著名的黄河堤防。不过学者们虽然并不否定王景的才能，但对于这条记载中的"十里一水门，更相回注，无复渗漏之患"等记叙，感到很难理解。而且从荥阳到千乘海口的千有余里，堤防的长度很大，虽然"发卒数十万"，但只花一年就能造成，也很难想象。估计沿河原来已经修筑了不少堤防，王景的工程是改造、连接、加固，或许更近于事实。

【注释】

①汳（biàn）渠：古水名。自今河南荥阳东北接黄河，东南经今开封南、民权与商丘北，复东南经今安徽砀山、萧县北，到江苏徐州北入泗水。汳，后来写作"汴"。

②引：招引，召见。乐浪：古郡名。汉置，治今朝鲜平壤。王景：东汉人，字仲通，汉明帝时治水有功。形便：便利的地理形势。

③《河渠书》：即西汉司马迁《史记·河渠书》。《禹贡图》：即《尚书·禹贡》。

④将作谒者：官名。派往地方主管水利的官员。

⑤堨（è）：遏水的土堰。

⑥荥阳：古郡名。三国魏置，治今河南荥阳东北。

⑦千乘（shèng）：古县名。西汉置，在今山东高青。

⑧商度（duó）：斟酌。

⑨防遏：修建堤防和土堰。冲要：即"要冲"，处于交通要道的形胜之地。

⑩更相：交相，互相。回注：倒流，回流。

⑪滨：接近，临近。郡国：郡和侯国。河堤员吏：管理河堤的官吏。

⑫西京：古都名。西汉都长安，东汉改都洛阳，因称洛阳为东京，长安为西京。这里指代西汉时期。旧制：以往的制度。汉成帝时黄河大堤决口，泛滥于青、徐、兖、豫四州，于是以校尉王延世领河堤谒者，俸禄千石，有的称其官名为护都水使者。

⑬从事：官名。汉以后三公及州郡长官皆自辟僚属，多以从事为称。

⑭秩：官职。

【译文】

汉明帝永平十二年（69），商议治理汳渠之事，明帝向乐浪人王景询问因地制宜的治水方法。王景陈述利弊，应答敏捷，明帝十分赏识，于是赐给他《山海经》、《河渠书》、《禹贡图》及钱帛。后来筑堤，发动了几十万人，下令王景与将作谒者王吴一道治渠。建筑堤岸修筑水坝，从荥阳开始，东到千乘海口，计一千多里。王景于是斟酌地势，凿山开涧，在交通要道的形胜处修筑堤防和土堰，把淤塞处疏浚通畅，十里设一水门，使河水可交互回流，以调节水量，才不再有渗漏的祸患。次年渠成，明帝亲自巡查，下令沿河王侯属国及郡县都设置管理河堤的官吏，如西京旧制一样。王景因而扬名，王吴以及许多下属，都加官一等。

　　《风俗通》曰①：河，播也②，播为九河③，自此始也。《禹贡》沇州④：九河既道。谓徒骇、太史、马颊、覆釜、胡苏、简、洁、句盘、鬲津也⑤，同为逆河。郑玄曰⑥：下尾合曰逆河。言相迎受矣。

　　"九河"是《禹贡》的话，《禹贡》有"九河既导"、"九江孔殷"等语句，其实，《禹贡》的这个"九"字，乃是多数的意思，并不是确实有九条河流，正如《禹贡》所说的"三江既入"一样，也不一定是三条江，而是数条江的意思。因为《禹贡》是经书，是儒家所宗奉的至高无上的经典，所以后来的不少文献，都以九条河流的名称凑足《禹贡》的"九河"之数。从现代自然地理学的观点解释，黄河尾闾从由黄河冲积而成的三角洲入海，入海之处，河流分成若干支流入海，这是一种河口三角洲的自然现象，而且这些分支入海的支流并不稳定，时分时合，时多时少，所以具体的"九河"名称，实在是一种凑合，其中有的并不存在。

【注释】

①《风俗通》：一名《风俗通义》，东汉应劭著，主要收录有关古代历史、风俗礼仪、山河泽薮、怪异传闻等内容。

②播：分散。

③九河：《尚书·禹贡》记载当时黄河流至河北平原中部后"又北播为九河"，今已不能确指。

④沇（yǎn）州：即兖州，古"九州"之一，古代指济水和黄河之间的地域。

⑤徒骇：与太史、马颊（jiá）、覆釜、胡苏、简、洁、句（gōu）盘、鬲（gé）津诸河今已不能确指，故九河地名及具体地址均不详。

⑥郑玄：东汉著名的经学家，字康成，北海高密（在今山东高密）人，自成学派，被后世称为"郑学"。

【译文】

《风俗通》说：河就是播，播为九河，就从此开始。《禹贡》"沇州"中记载：九河已经疏通。名为徒骇、太史、马颊、覆釜、胡苏、简、洁、句盘、鬲津，都是逆河。郑玄说：下尾汇合的叫逆河。是互相迎受的意思。

粤在汉世①，河决金堤②，涿郡王尊，自徐州刺史迁东郡太守③，河水盛溢，泛浸瓠子④，金堤决坏，尊躬率民吏，投沉白马，祈水神河伯，亲执圭璧⑤，请身填堤，庐居其上⑥，民吏皆走，尊立不动，而水波齐足而止。公私壮其勇节。

王尊的故事，在卷二《河水》关于索劢的一段选文中已经作了注释，这一段文字就是索劢所说"王尊建节"的具体事实。

【注释】

①粤：发语辞。

②金堤：今西起河南卫辉、滑县，经濮阳、范县，山东阳谷，东至张秋镇东，有古金堤，相传宋时所筑，一说为东汉王景治河所修。

③徐州：汉武帝所置十三刺史部之一，辖境相当于今江苏长江以北和山东东南部地区。东汉治今山东郯城。东郡：古郡名。战国秦王政时置，治今河南濮阳西南。太守：古代官名。秦置郡守，汉景帝改名太守，为一郡最高行政长官。

④瓠子：古堤名。故址在今河南濮阳南。

⑤圭璧：古代帝王、诸侯祭祀或朝聘所用的玉器。

⑥庐居：搭建草庐而居住。

【译文】

在汉代，黄河在金堤决口，涿郡人王尊，从徐州刺史调任东郡太守，河水暴涨，泛滥到瓠子，金堤被冲塌，王尊亲自率领吏民，把白马投进河里，向河伯祈祷，又亲自捧着玉圭、玉璧，要用自己的身体来填堤，搭建草棚，住在河边，吏民都逃跑了，独有王尊却站着不动，水波漫到他的脚上也就停止了。朝廷和百姓都十分称赞他勇敢的气节。

河水又东北流迳四渎津①，津西侧岸临河有四渎祠，东对四渎口。河水东分济②，亦曰济水受河也。然荥口石门水断不通③，始自是出东北流，迳九里与清水合④，故济渎也。自河入济，自济入淮，自淮达江⑤，水径周通，故有"四渎"之名也。

我国文化界一般以隋炀帝开凿运河作为南北各河流沟通的开端。这是公元 7 世纪初期的事。但《水经注》中已有"四渎津"地名，而且说明这个地名的来源是："自河入济，自济入淮，自淮达江，水径周通。"说明在南北朝时期，从黄河到长江之间，已经"水径周通"了。也说明，这些大河之间，已经开凿了规模不大的沟通渠道。所以南北各流域的沟通，其实并不始于隋炀帝，由于隋炀帝是以皇帝的名义大张旗鼓地兴工开凿的，所以特别出名。

【注释】

①四渎津：在今山东茌平东南古黄河上。

②济（jǐ）：水名。故道在今山东。

③荥口石门：杨守敬认为，此石门汉阳嘉三年（134）立，在敖山（在今河南荥阳）东。

④清水：济水自巨野泽北纳汶以下的别名。

⑤江：水名。即长江。

【译文】

黄河又向东北流经四渎津，津西侧临河有四渎祠，东对四渎口。黄河向东流分出支流叫济，也说济水是由黄河给水的。然而荥口石门水断不通，才从这里流出向东北流去，经九里与清水汇合，就是以前的济渎。从黄河入济水，从济水入淮河，从淮河到长江，水道都相通，所以有"四渎"的名称。

漯水又东迳汉征君伏生墓南①，碑碣尚存②，以明经为秦博士③。秦坑儒士④，伏生隐焉。汉兴，教于齐、鲁之间⑤，撰《五经》、《尚书大传》⑥，文帝安车征之⑦。年老不行，乃使掌故欧阳生等受《尚书》于征君⑧，号曰伏生者也。

这一段其实是写秦始皇这个大暴君痛恨儒家（当时的知识分子）而发动的"焚书坑儒"的残酷暴行。他满以为儒学文化从此可以绝灭无存，却料不到独裁者的这种暴行不仅没有摧毁中国文化，却反而促使儒学文化成为中国的文化传统。因为对于他的残暴行为，当时的人民其实是痛恨的，只是敢怒而不敢言而已。所以会有人冒险把儒家学者和经籍保护下来，《注》文记叙的伏生（又称伏胜）就是其中之一。他在秦时已为博士，躲过了暴君的浩劫，并把《尚书》藏在壁中。西汉文帝得知他精治《尚书》，但家居齐鲁之间（济南，在今山东章丘附近），年迈不能远行，所以派专人前往聆听他的讲授，使《尚书》又得到流传。郦道元所记的这段文字，说明历史上的一切暴君，可以毁灭许多人的生命，但毁灭不了我们的传统文化。《注》文记及去聆听伏生教诲的是"欧阳生"，但按《史记·伏生传》及《汉书·儒林传》都作"朝错"（"朝"，以后通作"晁"），所以后来有些《水经注》版本如《水经注疏》等，都作"朝错"（或"晁错"）。

【注释】

①漯（tà）水：水名。故道在今山东。征君：征士的尊称，不接受朝廷征聘的隐士。伏生：汉时济南（在今山东章丘附近）人，名胜，原秦博士，治《尚书》。

②碑碣（jié）：坟墓前的刻石。碑，方形刻石。碣，圆形刻石。

③经：经书。博士：古代学官名。六国时就有博士，秦因之。

④秦坑儒士：秦始皇三十五年（前212），因为儒生是古非今，在咸阳坑杀四百六十多人，史称"坑儒"。

⑤齐：古地区名。在今山东泰山以北黄河流域和胶东半岛地区。鲁：古地区名。春秋时鲁国故地（在今山东兖州东南至江苏沛州、安徽泗县一带），秦汉以后仍沿称这些地区为"鲁"。

⑥《五经》：为伏生所作，具体不详。《尚书大传》：据唐初陆德明《经典释文》记载，三卷，为伏生所作。

⑦安车：古代可以坐乘的小车。古车立乘，此为坐乘，

故称安车。高官告老还乡或征召有重望的人，常赐乘安车。

⑧掌故：官名。汉置，太常属官，掌管礼乐制度等的故实。欧阳生：西汉千乘（在今山东高青）人，字和伯，事伏生受《尚书》。后世世相传，于是《尚书》有欧阳氏学。

【译文】

漯水又东北流经汉征君伏生墓南边，碑石还在，伏生因通晓经书在秦代为博士。秦始皇坑儒时，伏生躲藏起来。西汉兴起，在齐、鲁之间教书，撰写了《五经》、《尚书大传》，汉文帝备安车征召他。因年老不能前往，于是派掌故欧阳生等来向他学习《尚书》，号称伏生。

卷六

汾水、浍水、涑水、文水、 原公水、洞过水、晋水、湛水

　　这一卷列名的河流共有八条。其中最大的是汾水，今称汾河，全长近七百公里，是黄河的第二大支流（仅次于渭河）。其余涑水（今称涑水河）在今永济附近单独注入黄河，是仅长二百公里的小支流；湛水是一条从今山西南流到河南注入黄河的小支流，现在的地图上虽仍绘有此河，但已不记河名；其余浍水（今称浍河）、文水（今称文峪河）、原公水（今称禹门河）、洞过水（今称蒲河）、晋水（实即晋祠泉水），都是汾水的支流。

《十三州志》曰①：出武州之燕京山②。亦管涔之异名也。其山重阜修岩③，有草无木，泉源导于南麓之下④，盖稚水濛流耳⑤。又西南，夹岸连山，联峰接势。

　　这一段描写汾水发源的燕京山（管涔山的别名）。黄土高原上的山，植被稀少的甚多，所谓童山濯濯（"有草无木"）。全文甚短小，但描写汾水发源的情况，很生动实际。

【注释】

①《十三州志》：北魏时人阚骃（kànyīn）所著。阚骃字玄阴，敦煌（在今甘肃敦煌）人。

②武州：东魏置，治今山西繁峙东。燕（yān）京山：即管涔（cén）山，在今山西宁武西南。

③修：长，高。

④导：发源。麓（lù）：山脚。

⑤稚：小。濛（méng）：小雨的样子，引申有"小"义。

【译文】

　　《十三州志》说：汾水源出武州的燕京山。燕京山也就是管涔的异名。这座山峰峦重叠岩石很高大，只有杂草没有树木，泉源从南麓流出，只是小水细流罢了。再向西南，两岸连山，山峰绵延不断。

　　后立屯农①，积粟在斯，谓之羊肠仓②。山有羊肠坂③，在晋阳西北④，石隥萦行，若羊肠焉，故仓坂取名矣。汉永平中，治呼沱、石臼河⑤。按司马彪《后汉郡国志》⑥，常山南行唐县有石臼谷⑦，盖资承呼沱之水⑧，转山东之漕⑨，自都虑至羊肠仓⑩，将凭汾水以漕太原⑪，用实秦、晋⑫。苦役连年，转运所经，凡三百八十九隘，死者无算⑬。拜邓训为谒者⑭，监护水功⑮。训隐括知其难立⑯，具言肃宗，肃宗从之，全活数千人。和熹邓后之立，叔父陔以为训积善所致也。

　　这一段记叙"治呼沱、石臼河"的故事，为政者为了官粮的运输和贮藏，竟想从今海河水系大支流滹沱河上游开凿一条与汾河水系沟通的运河，因为羊肠仓就在那里。这条运河要经过太行山地，地形崎岖，施工难度极大，所以"苦役连年"，"死者无算"。幸亏后来邓训接替这项任务，他知道这项工程的困难，奏请东汉肃宗，肃宗诏准了邓训的主张，停止了这项工程，所以"全活数千人"。全文以"和熹邓后之立，叔父陔以为训积善所致也"结尾。这两者之间当然没有直接关系，但《水经注》写入此文，说明了"善有善报"的传统思想。郦道元写这几句话，显然有劝人为善之意。

【注释】

①屯农：犹屯田。

②羊肠仓：东汉永平中在此屯田积粟而建造的粮仓，在今山西交城东北。

③羊肠坂（bǎn）：在今山西交城东北。坂，山坡，斜坡。

④晋阳：古县名。秦置，治今山西太原西南。

⑤石臼河：又叫行唐水，在今河北保定。

⑥司马彪：西晋史学家，字绍统，河内温县（在今河南焦作）人，撰《续汉书》。《后汉郡国志》：司马彪《续汉书》中的内容，五卷。今传世的范晔所撰《后汉书》中的"志"均为司马彪撰叙。

⑦常山：古郡名。西汉置，在今河北正定。南行唐县：本战国赵之南行唐邑，汉初割真定地置为县，今属河北。

⑧资：蓄积。承：接纳。

⑨漕（cáo）：水道运输。

⑩都虑：地名。不详。

⑪汾水：水名。即汾河，源出山西宁武管涔山，在河津西入黄河。

⑫秦：今陕西之地。晋：今山西之地。

⑬无算：不计其数。

⑭邓训：东汉邓禹之子，字平叔。谒者：官名。使者的别称。汉哀帝时置河堤谒者，即派往地方主管水利的官员。

⑮监护：监督，监管。水功：兴修水利之事。

⑯隐括：审度核查。

【译文】

后来在这里屯垦，积聚粮食，称为羊肠仓。山上有羊肠坂，在晋阳西北，石阶弯曲盘绕，好像羊肠似的，所以粮仓和山坡都取这名字。东汉永平年间（58—75），浚治呼沱、石臼河。按司马彪《后汉书·郡国志》：常山南行唐县有石臼谷，大概蓄纳呼沱河的水，转运山以东的谷物，从都虑到羊肠仓，将凭汾水运谷物到太原，用来供给秦、晋。水运所经河道，共有三百九十八个险隘，连年苦役，死的人不计其数。肃宗封邓训为谒者，监护河道。邓训审度核查后知道这条水道的艰难，详细报告肃宗，要求停止运输，肃宗听从了他的报告，使几千人免于死亡。和帝邓熹后立为皇后，叔父邓陔认为是邓训做了好事积善的结果。

汾津名也，在界休县之西南^①，俗谓之雀鼠谷。数十里间道险隘，水左右悉结偏梁阁道^②，累石就路^③，萦带岩侧^④，或去水一丈，或高五六尺，上戴山阜^⑤，下临绝涧，俗谓之为鲁般桥^⑥，盖通古之津隘矣^⑦，亦在今之地险也^⑧。

这一段文字短小，但对界休县雀鼠谷汾河地区的险峻形势写得十分生动，说明黄土高原上也有山丘峡谷的所谓"鲁般桥"一类的地形，也说明了前面"治呼沱、石臼河"的困难工程为邓训所奏止确实是一种功德。

【注释】

①界休县：古县名。秦置，治今山西介休东南。

②偏梁阁道：即栈道。偏梁，临近水边的一头的木梁。

③就：成。

④萦带：缠绕。

⑤戴：顶着。

⑥鲁般：亦作鲁班，我国古代杰出的建筑工匠，姓公

输，名班，后世尊为建筑工匠的祖师。

⑦通古：整个古代。津隘：关津要隘。

⑧在今：当今。地险：险要的地方。

【译文】

　　冠爵津是汾水上的渡口名，在界休县的西南，俗称雀鼠谷。山谷有几十里深，道路非常狭隘艰险，水的左右都垒建着栈道，垒石成路，盘绕在山岩的一侧，有的离水一丈，有的高出五六尺，上顶高山，下临深涧，俗称鲁般桥，这是古代的险要渡口，在今天也算得上是险要的地方了。

　　其水又迳安邑故城南①，又西流注于盐池②。《地理志》曰③：盐池在安邑西南。许慎谓之盬④。长五十一里，广七里，周百一十六里，从盐省古声⑤。吕忱曰⑥：夙沙初作煮海盐⑦，河东盐池谓之盬。今池水东西七十里，南北十七里，紫色澄渟⑧，潭而不流。水出石盐，自然印成，朝取夕复，终无减损。惟山水暴至，雨潦潢潦奔泆⑨，则盐池用耗⑩。故公私共竭水径，防其淫滥，谓之盐水，亦谓之为竭水。《山海经》谓之盐贩之泽也。泽南面层山，天岩云秀⑪，地谷渊深，左右壁立，间不容轨⑫，谓之石门，路出其中，名之曰径⑬，南通上阳⑭，北暨盐泽⑮。池西又有一池，谓之女盐泽⑯，东西二十五里，南北二十里，在猗氏故城南⑰。《春秋》成公六年⑱，晋谋去故绛⑲，大夫曰：郇、瑕⑳，地沃饶近盬。服虔曰㉑：土平有溉曰沃，盬，盐池也。土俗裂水沃麻㉒，分灌川野，畦水耗竭，土自成盐，即所谓咸鹾也㉓，而味苦，号曰盐田，盐盬之名，始资是矣。本司盐都尉治㉔，领兵千余人守之。周穆王、汉章帝并幸安邑而观盐池。故杜预曰㉕：猗氏有盐池。后罢尉司，分猗氏、安邑，置县以守之。

　　这一段记叙安邑盐池，即所谓"解池"。盐是人民的生活必需品，在古代，特别具有重要意义。汉族人民开始在黄河中游一带发展，沿海地区非汉族势力所及，所以主要依靠池盐。黄土高原上大大小小的盐池不少，但安邑盐池显然是其中最大和产盐是最多的："长五十一里，广七里，周百一十六里。"今在山西运城，所产盐常称"河东盐"。对于这种国计民生的大事，《水经注》作了详细记叙，对于研究历史上的盐业生产，是很有价值的资料。

【注释】

①安邑：古都邑名。在今山西夏县西北禹王城。

②盐池：亦称河东盐池、解（xiè）盐池、盐贩之泽，在今山西运城南境。

③《地理志》：班固《汉书》中的内容，两卷，是第一部以"地理"命名的著作，也是历代记述疆域政区的始祖。

④许慎：字叔重，东汉时汝南召陵（在今河南郾城）人，他撰写的《说文解字》是我国第一部系统完备的字典。盬（gǔ）：盐池，今名解（xiè）池，在今

山西运城南境。

⑤从盐省古声：从盐省形，从古得声。省形，省略形声字意符的笔画。

⑥吕忱：晋时的文字学家，字伯雍，任城（在今山东济宁）人。有文字学著作《字林》七卷，今只有辑本。

⑦夙沙：古部落名。在今山东胶东地区。该部落的百姓讨伐其国君，而归顺神农炎帝。

⑧澄渟（chéngtíng）：清澈平静。澄，清澈。渟，静止。

⑨澍（shù）：降雨。潢（huáng）：积水池。潦（lǎo）：路上的积水。奔泆（yì）：奔流。

⑩用：因为。

⑪云：高。秀：高耸。

⑫轨：车子。

⑬曰径：似为"白径"，为中条山一条南北通道，在今山西运城南十五里。

⑭上阳：古邑名。在今河南三门峡境内。

⑮盐泽：在今山西运城。

⑯女盐泽：在今山西运城解（xiè）州西南。

⑰猗（yǐ）氏：在今山西临猗南。

⑱成公六年：前585年。

⑲故绛（jiàng）：古邑名。在今山西。

⑳郇（xún）：周朝国名。在今山西临猗西南。瑕（xiá）：在今山西临猗。

㉑服虔：东汉河南荥阳（在今河南荥阳）人，字子慎，汉灵帝时官至九江太守。

㉒裂：分。沃：浸泡。

㉓鹾（cuó）：盐。

㉔都尉：官名。辅佐郡守并掌管全郡的军事。

㉕杜预：西晋文学家，字元凯，京兆杜陵（在今陕西西安）人，著有《春秋左氏经传集解》传世。

【译文】

盐水又经安邑故城南边，又向西流注入盐池。《地理志》说：盐池在安邑西南。许慎称之为盬（盐池）。盬长五十一里，宽七里，周围一百十六里，从盐省形，古声。吕忱说：炎帝的诸侯夙沙氏最初发明煮海盐，河东的盐池称为盬。现在池水东西长七十里，南北宽十七里，水色清澈平静，很深但不流动。水中出产石盐，是自然形成的，早上采盐到晚上又结起来了，一点儿也不会减少。只有山洪暴发，大雨如注，池水暴涨奔流，盐池就会因之而消耗。所以官民都协力筑堤阻断水路，防止泛滥，所以称水为盐水，也称为喝水。《山海经》称为盐贩之泽。泽南对着层层的山峦，高岩耸立，山谷深深，两边巨石壁立，中间狭窄得不能通车，称为石门，小径从其中通出，称作白径，南到上阳，北达盐泽。池的西边还有一池，称为女盐泽，东西二十五里，南北二十里，在猗氏故城的南边。《春秋》成公六年（前585），晋谋划离开原来的绛邑，大夫说：郇、瑕，土地肥沃富饶，接近盬。服虔说：土平有水可以灌溉的称沃，盬，就是盐池。当地习惯分水来浸泡麻，把水分别灌满田野，畦中的水干后，泥土上就结出盐来，叫做咸鹾，但有苦味，号称盐田，盬的名称由此而来。本是司盐都尉的治所，领兵千余人镇守此地。周穆王、汉章帝都到过安邑来看盐池。所以杜预说：猗氏有盐池。后来撤销了尉司建制，分设猗氏、安邑两县来镇守这个地方。

卷七

济水

　　济水现在已经不存在了，但在《水经注》中占了七、八两卷。《河水》篇中称"江、河、淮、济为四渎"，济水是中国古代的四条大河之一。经书《禹贡》说："济、河惟兖州。"所以早在战国时代，济水在北方就是与黄河并列的大河。济水在古籍中有两种写法：《禹贡》、《水经》等作"济水"，《职方》、《汉书·地理志》等作"沇水"。中国古籍都以《禹贡》为宗，所以对济水的记载，在当时就存在错误。《禹贡》说："导沇水，东流为济，入于河，溢为荥。"《汉书·地理志》河东郡垣县下说："《禹贡》，王屋山在东北，沇水所出，东南至武德入河。"《水经》承《禹贡》和《汉书·地理志》的说法："济水出河东垣县东王屋山，为沇水。"晋郭璞对此的解释是："泉源为沇，流去为济。"说明济水和沇水不过是异名同水而已，中国河流中，同一条河流有几种名称的很多，不足为怪。《禹贡》的前几句"导沇水，东流为济，入于河"，说明济水（或称沇水）是黄河的一条支流。但错就错在最后的"溢为荥"三字上面，所谓"溢为荥"，其实是黄河南岸的另一条支流，这条支流最后在今郑州西北形成一个湖泊，古称荥泽，它与从王屋山发源注入黄河的这条济水（沇水）毫无关系，但由于《禹贡》的这一句"溢为荥"，后人就把另一条黄河南岸溢为荥泽的支流合起来作为同一条河流，称为济（沇）水。近人地质学家翁文灏在其《锥指集·中国地理学中的几个错误的原则》中批判了这种错误："夫济水既入河而混于河水矣，又岂能复出？即使入地下，而其皆冲积层，水入其中，百流皆合，济水又何能独自保存？"《禹贡》之说当然错误，宗奉经书的儒家学者曾用各种牵强附会的解释为《禹贡》圆场，其中很荒谬的如济水的"三伏三见"之类。由于时代的原因，《水经注》卷七、八两篇中，也多有附和《禹贡》之说。不过郦道元显然也已经见到《经》卷七中"与河合流"这一句，明明是济水（沇水）已经注入了黄河，所以他在《注》文中采用"北济"、"南济"加以区分，但毕竟由于《禹贡》是当时必须遵循的经典，所以《济水》这两篇，特别是卷八，还是相当牵强的。

　　战国之世，范蠡既雪会稽之耻①，乃变姓名寓
于陶②，为朱公。以陶天下之中，诸侯四通，货物
之所交易也。治产致千金，富好行德，子孙修业，
遂致巨万。故言富者，皆曰陶朱公也。

　　《水经注》虽然是一部以记叙中国河流水利为主要内容
的书，但其中有许多人文掌故，包括评论人物的内容。对
于历史人物，郦道元非常重视表彰好官、鞭挞坏官的春秋
笔法，前面已经有过例子。全书之中，他特别尊敬赞赏的
是范蠡，在《水经注》各卷之中，曾经出现过赞扬范蠡的
文字达十三次，或许是全书表彰次数最多的人物。这一段
之所以比较重要，因为内容既称赞范蠡是一位"雪会稽之
耻"的好官，又功成身退，成为一位积财散财的好商。好
官好商，不仅有历史意义，而且有现实意义。

【注释】

①范蠡（lǐ）：春秋时期楚三户（在今河南淅川）人，
　字少伯。辅佐越王句践灭吴，报会稽之耻。后浮海
　适齐，治家产数千万，自号陶朱公。雪：洗刷，昭
　雪。会稽之耻：吴王夫差困句践于会稽，句践以美
　女宝器贿赂吴太宰嚭（pǐ）而免难。

②陶：古邑名。在今山东定陶西北。

【译文】

　　战国时期，范蠡雪了会稽之耻，就改名换姓侨居于陶，
称为朱公。因为陶在天下的中央，能通达四方诸侯，货物
都在这里交易。他经商得利，富有千金，很喜欢做好事，

子孙继承发扬他的事业，就成为家财巨万的大富豪。所以
人们谈富时总要说到陶朱公。

卷八

济水

　　上篇的《题解》中已经指出，卷七、八两卷，虽然都以"济水"为题，但实际上是两条不同的河流。江、河、淮、济为"四渎"，济水是古代中国的四条大河之一，当然都是独流入海的河流。但由于黄河的河性特殊，经常决溢改道，所以北方的水系常因黄河的干扰而改变它们的流路，有的甚至湮废消失。此卷的最后一句《经》文是："又东至下邳睢陵县南，入于淮。"《注》文则说："济水与泗水，浑涛东南流，至角城，同入淮。《经》书睢陵，误耳。"从《经》、《注》文字研究，说明在三国时代撰《水经》时，济水已经不独流入海，而是淮河的支流。《注》文说《经》文的差异，只是入淮的地点问题。《注》文说《经》文"误耳"，或许是从三国到北魏之间这两百多年中的河道变化，不一定是《水经》的错误。所以到了《水经》和《水经注》时代，济水已经不是一条独流入海的大河，"四渎"一词已经时过境迁了。

济水东北至甲下邑南①，东历琅槐县故城北②，《地理风俗记》曰③：博昌东北八十里有琅槐乡④，故县也。《山海经》曰：济水绝钜野注渤海⑤，入齐琅槐东北者也。又东北，河水枝津注之⑥。《水经》以为入河，非也。斯乃河水注济，非济入河，又东北入海。郭景纯曰：济自荥阳至乐安博昌入海⑦。今河竭，济水仍流不绝。《经》言入河，二说并失。然河水于济、漯之北，别流注海。今所辍流者⑧，惟漯水耳。郭或以为济注之，即实非也⑨。寻经脉水⑩，不如《山经》之为密矣。

这一段的《经》文是："又东北过甲下邑，入于河。"而上述全卷的最后一句《经》文则又说"入于淮"，说明济水到三国时代，已经流路紊乱，不存在古代"四渎"之一的济水了。这段《注》文引了《山海经》，而且与其他说法比较，最后说："寻经脉水，不如《山经》之为密矣。"《山海经》是战国前期的著作，当时济水是"四渎"之一，是一条独流入海的大河，而到了《水经》和《水经注》时代，济水已和黄淮平原上的许多河流交错混杂，不再是"四渎"之一的一条大河了。

【注释】

①甲下邑：熊会贞认为在利津县（在今山东济南）东南。

②琅（láng）槐县：古县名。西汉置，在今山东广饶东北。

③《地理风俗记》：应劭所作。应劭，字仲远，东汉学

者，汝南南顿（在今河南项城）人。

④博昌：古县名。汉置，故城在今山东博兴南。

⑤钜野：古县名。汉置，故城在今山东巨野南。

⑥枝津：支流。

⑦乐（lè）安：古县名。西汉置，治今山东博兴。

⑧辍（chuò）流：断流。辍，停止。

⑨即实：依照实际情况。

⑩脉：探察，寻察。

【译文】

济水东北流到甲下邑南边，东经琅槐县故城北边，《地理风俗记》说：博昌东北八十里处有琅槐乡，是原来的县名。《山海经》说：济水穿过巨野注入渤海，注入齐国琅槐东北。又向东北流，有河水支流注入，《水经》以为注入大河，这是不对的。实际上是河水注入济水而不是济水注入河水。又向东北流注入大海。郭景纯说：济水从荥阳至乐安博昌才入海。现在河水干涸了，而济水仍奔流不绝。《水经》说注入河水，也说错了。河水在济水、漯水的北边，分流注入大海。现在断流的只有漯水，郭景纯以为济水注入，依照实际并非如此。探究经书，寻察水流，不如《山经》来得周密。

卷九

清水、沁水、淇水、荡水、洹水

　　清水原是黄河北岸的一条支流，东汉建安九年（204），曹操为了进攻北方的袁尚，在淇水入黄处以大枋木筑堰，遏淇水东入白沟，以资军运。从此，清水和淇水均称白沟，它们与黄河分离，成为海河水系卫河（即南运河）的一段。《水经》记清水的最后一句为"又东入于河"，这就是曹操开白沟以前的情况。这里同时也说明《水经》一书撰于建安九年以前。郦道元在《注》文中说："曹公开白沟，遏水北注，方复故渎矣。"因为到了北魏时代，清水早已不注入黄河，所以《注》文作此说明。沁水今称沁河，从今山西流入今河南注入黄河，入河处在今武陟附近。淇水今称淇河，原为黄河支流，建安九年以后成为海河水系的卫河支流，在河南淇县附近注入卫河。荡水今称汤河，是卫河的一条小支流，在内黄附近注入卫河。洹水今称洹河，也是卫河的一条小支流。

黑山在县北白鹿山东^①，清水所出也^②。上承诸陂散泉^③，积以成川。南流西南屈，瀑布乘岩^④，悬河注壑二十余丈，雷赴之声，震动山谷。左右石壁层深，兽迹不交。隍中散水雾合^⑤，视不见底。南峰北岭，多结禅栖之士；东岩西谷，又是刹灵之图^⑥。竹柏之怀，与神心妙远^⑦，仁智之性，共山水效深^⑧，更为胜处也。其水历涧飞流，清泠洞观^⑨，谓之清水矣。

清水、沁水和淇水，都是发源于太行山地的河流，但源头的情况各不相同，这一段《注》文描述清水的发源情况，是"诸陂散泉，积以成川"。以后形成二十多丈的瀑布，"雷赴之声，震动山谷"。又描述了上游"南峰北岭"的不同人文景观。生动细致，是一篇好文章。

【注释】

① 黑山：在今河南浚县西北。白鹿山：在今河南辉县西北。

② 清水：清水原是黄河北岸的一条支流，后来与黄河分离，成为海河水系卫河（即南运河）的一段。

③ 陂（bēi）：池塘，湖泊。

④ 乘（chéng）：凌越。

⑤ 隍（huáng）：护城的壕沟。这里指沟壑。

⑥ 刹（chà）灵之图：有旛（fān）柱的佛塔。图，即浮图，指佛塔。

⑦ 神心：神灵之心。妙远：高远。

⑧效深：同深，等深。

⑨清泠（líng）：清凉。洞观：清晰明澈。

【译文】

黑山在修武县北白鹿山东边，是清水的发源地。清水上流承接各陂塘散流的水，汇积成一条河川。南流再向西南转弯，瀑布从岩上凌空飞泻而下，注入二十多丈的深壑，声如奔雷，震山动谷。深壑左右石壁层层叠叠，鸟兽也难以到临此地。溪谷中水花喷溅，雾气弥漫，一片迷蒙。峰岭上栖居着不少修禅隐逸之士，岩谷间常可见到些刹柱浮图。在这样清幽绝俗的环境里，高洁的情怀就变得和神灵之心一样高远，仁智的天性也同高山流水一样博大渊深了，这是多么美妙的境界！这支水经历了深山幽谷千溪万涧，清泠明澈，所以称为清水。

《山海经》曰：淇水出沮洳山①。水出山侧，颓波瀄注②，冲激横山。山上合下开，可减六七十步③，巨石磈砢④，交积隍涧⑤，倾澜漭荡⑥，势同雷转，激水散氛⑦，暖若雾合⑧。

淇水同样也是从太行山区发源的原黄河支流，但发源地的地貌形态与清水不同，所以它的发源情况不是"诸陂散泉，积以成川"，而是"颓波瀄注，冲激横山"，也就是发源之处就是一种瀑布式的水势，与清水不同，因为源头的地形是"山上合下开"。这些地区，显然都是郦道元亲自考察过的。正是因为目击，加上他的文字功夫，所以能写出"倾澜潒荡，势同雷转，激水散氛，暧若雾合"这样令人百读不厌的生动文章。《水经注》的文字，当然出于郦氏天赋，但是他观察事物的细致深入，也是一个重要因素。

【注释】

①淇（qí）水：即淇河，在河南。沮洳（jùrù）山：在今河南辉县。

②颓波：倾泻的水波。漰（pēng）：水流激荡。

③可减：大约。

④礧砢（lěiluǒ）：多而错杂的样子。

⑤隍涧：沟壑溪涧。

⑥倾澜：倾泻的大浪。潒（mǎng）荡：广大无边的样子。

⑦氛：这里指水汽。

⑧暧（ài）：昏暗，幽暗。

【译文】

《山海经》说：淇水出于沮洳山。山侧有瀑布奔流而下，冲激横山。这座山上合下开，山洞长度大约六七十步。巨石垒垒错杂，交积溪间，倾泻的泉水激腾浩荡，声势如同奔雷，浪花飞溅，水汽氤氲，仿佛云雾，迷离幽暗。

洹水出山①，东迳殷墟北②。《竹书纪年》曰③：盘庚即位，自奄迁于北蒙④，曰殷。

这一段文字引用《竹书纪年》，此书到晋代才出土，是古代史籍中唯一不受儒家影响的史书，所以其中的不少记载，有不少与儒家传统不同，也有不少比儒学书可靠。虽然短短几句，但说明了中国的历史，殷应该是信史之始，因为除了青铜器以外，从此开始有了文字。在此以前，不过都是传说。

【注释】

①洹（huán）水：今名安阳河，在今河南北境。

②殷墟：在今河南安阳小屯及其周围，商君盘庚自奄（在今山东曲阜）迁都于此。

③《竹书纪年》：晋武帝时出土的写在竹简上的战国古书，是完成于战国末年的魏国史书。

④奄（yǎn）：古都邑名。在今山东曲阜旧城东。北蒙：在今河南安阳小屯及其周围。《汲冢古文》曰：盘庚迁于北蒙，曰殷墟。

【译文】

洹水出山后，东流经殷墟北边。《竹书纪年》说：盘庚即位，从奄迁到北蒙，称为殷。

卷十

浊漳水、清漳水

浊漳水今称浊漳河，实际上是漳河上游河段的名称。此河从今山西南部，南流经黎城、潞城、平顺等地，至河南林县附近汇合清漳河，称为漳河，全长不过二百公里，是海河水系五大支流之一子牙河的上源。此篇中记及的如滏水（今称滏阳河）、隅（湡）水、泜水等，也都是子牙河上游的支流。

魏武又以郡国之旧①，引漳流自城西东入②，迳铜雀台下③，伏流入城东注，谓之长明沟也④。渠水又南迳止车门下⑤，魏武封于邺为北宫，宫有文昌殿⑥。沟水南北夹道，枝流引灌，所在通溉，东出石窦堰下⑦，注之隍水。故魏武《登台赋》曰：引长明，灌街里。谓此渠也。石氏于文昌故殿处⑧，造东、西太武二殿，于济北谷城之山采文石为基⑨，一基下五百武直宿卫⑩。屈柱跌瓦⑪，悉铸铜为之，金漆图饰焉。又徙长安、洛阳铜人，置诸宫前，以华国也⑫。城之西北有三台，皆因城为之基，巍然崇举，其高若山，建安十五年魏武所起，平坦略尽。《春秋古地》云⑬：葵丘⑭，地名，今邺西三台是也。谓台已平，或更有见，意所不详。中曰铜雀台，高十丈，有屋百一间，台成，命诸子登之，并使为赋。陈思王下笔成章⑮，美捷当时。亦魏武望奉常王叔治之处也⑯。昔严才与其属攻掖门⑰，修闻变，车马未至，便将官属步至宫门⑱，太祖在铜雀台望见之曰：彼来者必王叔治也。相国锺繇曰⑲：旧京城有变，九卿各居其府⑳，卿何来也？修曰：食其禄，焉避其难，居府虽旧，非赴难之义。时人以为美谈矣。石虎更增二丈，立一屋，连栋接榱㉑，弥覆其上㉒，盘回隔之，名曰命子窟。又于屋上起五层楼，高十五丈，去地二十七丈，又作铜雀于楼巅，舒翼若飞。南则金虎台，高八丈，有屋百九间。北曰冰井台，亦高八丈，有屋百四十五间，上有冰室，室有数井，井深十五丈，藏冰及石墨焉。石墨可书，又燃之难尽，亦谓之石炭。又有粟窖及盐窖，以备不虞㉓。今窖上犹有石铭存焉。左思《魏都赋》曰㉔：三台列峙而峥嵘者也。城有七门：南曰凤阳门，中曰中阳门，次曰广阳门，东曰建春门，北曰广德门，次曰厩门，西曰金明门，一曰白门。凤阳门三台洞开，高三十五丈，石氏作层观架其上㉕，置铜凤，头高一丈六尺。东城上，石氏立东明观，观上加金博山，谓之"锵天"。北城上有齐斗楼，超出群榭㉖，孤高特立。其城东西七里，南北五里，饰表以砖。百步一楼，凡诸宫殿、门台、隅雉㉗，皆加观榭。层甍反宇㉘，飞檐拂云，图以丹青，色以轻素。当其全盛之时，去邺六七十里，远望苕亭㉙，巍若仙居。魏因汉祚㉚，复都洛阳，以谯为先人本国㉛，许昌为汉之所居，长安为西京之遗迹，邺为王业之本基，故号五都也。

　　这一段文字较长，内容也较多，但主要是两个方面。其一是记叙了一个中国古代的大都城，三国魏时期所称的全国"五都"之一。"五都"之中，长安和洛阳当然是从历史上延续下来的大都城，其余三处，"谯"（在今安徽亳州）只是曹操的故乡，许昌是汉献帝所都，而邺（在今河北临漳）是曹操被封之地，所以都是曹魏的称谓。但其中邺城由于从战国到秦汉都是一个有名的大城，曹操受封于此，经过大量修建，成为一座规模很大的都城，这段《注》文中记叙得相当详细，对中国历史都城的研究很有价值。这段《注》文另一重要内容是所谓"邺西三台"的记叙，即《注》文所说的："城之西北有三台，皆因城为之基，巍然崇举，其高若山。"三台之中，居中的称铜雀台，南面是金虎台，北面是冰井台。各台都附有其他许多亭台楼榭。《注》文所记："当其全盛之时，去邺六七十里，远望苕亭，巍若仙居。"由此可以研究从三国魏晋到十六国时代邺城的繁华盛况。《水经注》成书距这个时代不远，当时的邺城，虽已不比前代，但规模必当存在，是郦道元的目击记载。

【注释】

① 魏武：即曹操，三国魏政治家、军事家、文学家，字孟德，沛国谯县（在今安徽亳州）人。

② 漳（zhāng）：漳水，发源于山西，至河南林州附近汇合清漳河，称为漳河。

③ 铜雀台：汉末建安十五年（210）冬，为曹操所建，故址在今河北临漳西南古邺城的西北角。

④ 长明沟：杨守敬认为即"白沟"。清水和淇水均称白沟，它们与黄河分离，成为海河水系卫河（即南运河）的一段。

⑤ 止车门：在文昌殿前正对着的端门周围。

⑥ 文昌殿：曹操用于朝会宾客、宴请四方的场所。

⑦ 石窦堰：在今河北临漳西。

⑧ 石氏：这里指石虎，是十六国时期有名的暴君。

⑨ 谷城之山：即谷城山，在今山东平阴西南。

⑩ 武直：禁卫宫殿的值班武士。宿卫：在宫禁中值宿

守卫。

⑪趺（fū）瓦：今筒瓦，其形半圆。趺，同"跗"，脚背。因脚背是弯曲的，故称弯曲的瓦为趺瓦。正与上文"屈柱"相对。

⑫华国：光耀国家。

⑬《春秋古地》：杨守敬认为当是晋时人京相璠的《春秋土地名》，三卷。

⑭葵丘：在今河北临漳西，即下文的"三台"。

⑮陈思王：曹植，字子建，曹操第三子，曹丕同母弟。封陈王，谥号思，后世习称为陈思王，是当时最负盛名的作家之一。

⑯奉常：秦官，九卿之一，掌管宗庙礼仪。王叔治：王修，字叔治，三国魏北海营陵（在今山东昌乐）人，曹操辟为司空掾，徙奉常。

⑰严才：三国魏时人。其余不详。掖（yè）门：宫殿正门两旁的边门。

⑱官属（shǔ）：属吏。

⑲相国：古官名。春秋、战国时，诸侯国设相，称为相国，为百官之长，秦及汉初，位尊于丞相，后为宰相的尊称。锺繇（zhōngyóu）：字元常，三国魏颍川长社（在今河南长葛）人，官至太傅，封定陵侯，善书法。

⑳九卿：古代中央政府的九个高级官职。各朝名称和司职略有不同，如汉朝以太常、光禄勋、卫尉、太仆、廷尉、大鸿胪（lú）、宗正、司农、少府为九卿。

㉑栋：脊檩，正梁。榱（cuī）：椽子。

㉒弥覆：布满。

㉓不虞（yú）：不测，意料不到的事。

㉔左思：西晋文学家，字太冲，齐国临淄（在今山东淄博）人，著有《三都赋》，名重一时，"洛阳为之纸贵"。《魏都赋》：《三都赋》之一，另外两赋是《蜀都赋》和《吴都赋》。

㉕观（guàn）：楼台。

㉖榭（xiè）：建在高台上的木屋。

㉗隅雉：城墙的角落。

㉘层甍（méng）：高楼的屋脊。反宇：屋檐上仰起的瓦头。

㉙苕（tiáo）亭：高峻的样子。

㉚祚（zuò）：帝位。

㉛谯（qiáo）：古县名。在今安徽亳州。本国：祖籍所在的都邑。

【译文】

魏武帝又凭借此处郡国的旧地，引漳水从城西向东注入，流经铜雀台下，暗流入城中往东流去，称为长明沟。渠水又南流经止车门下，魏武帝封于邺建造北宫，宫中有文昌殿。沟水南北夹道，导引支流可供灌溉，因此到处都得以灌溉，东出石窦堰之下，注入护城河。所以魏武《登台赋》说：引长明沟之水，来灌注街里。说的就是这条渠。石虎在文昌殿故址处，建造东、西太武殿，在济水以北的谷城山上采纹石为殿基，每座殿基下有五百名武士值班宿卫。弯曲的柱子和屋瓦，都用铜铸成，并用金漆绘画装饰。又把长安、洛阳的铜人，移来放在两殿之前，以增国光。城西北有三台，都是借城墙为基础的，所以巍峨高峻，好像山一样。这是汉献帝建安十五年（210）魏武帝建造的，现在变得十分平坦，以前的巍峨丧失殆尽。《春秋古地》说：葵丘是地名，就是现在的邺西三台。有人说台已平，或另有所见，详情不知。中间一座叫铜雀台，高十丈，有房屋一百零一间，建成后，叫儿子们登台作赋。陈思王曹子建下笔成章，速度既快写得又美，被时人称赏。这也就是魏武帝望奉常王叔治的地方。从前严才与其部属攻打掖门，王修听到有变故，车马未到，就率领官属步行到宫门，魏武帝在铜雀台上望见，说：那个来的人一定是王叔治。相国钟繇说：按惯例，京城有变故，九卿各守在自己的官府，你为什么到这里来呢？王修说：享用人家的俸禄，有祸时怎能逃避，守在官府中虽是惯例，但不是赴国之难的大义。时人以为美谈。石虎再增高二丈，造了一座房屋，连栋接椽，把台全都盖住，曲折盘回地隔开，取名为命子窟。又在屋上建造五层楼，高十五丈，离地二十七丈，又在楼顶上造了一只铜雀，展开翅膀，像是在飞翔的样子。南边有金虎台，高八丈，有房屋一百零九间；北边称冰井台，也高八丈，有房屋一百四十五间，上有冰室，每室中有几口井，每口井深十五丈，藏冰及石墨。石墨可以写字，点燃了不容易烧完，也称为石炭。还有粮食窖及盐窖，以备不测之需。至今窖上还有石刻留存。左思《魏都赋》说：三座台成排高高耸立。城墙开七座门：南边的是凤阳门，中间的叫中阳门，其次叫广阳门，东边的叫建春门，北边的叫广德门，其次叫厩门，西面叫金明门，又叫白门。凤阳门三座台都洞开着，高三十五丈，石虎在城门上增筑了四层楼，并放置了一只铜凤，凤头高一丈六尺。东边城上，石虎又筑东明观，在这座城楼上加建了镀金的博山香炉，称之为"锵天"。北城上有齐斗楼，比其他的台榭都要高，独自高耸着。此城东西七里，南北五里，表面都用砖装饰。百步一楼，所有的宫殿、门台、女墙，都加建台榭。高楼的屋脊，仰起的瓦头，飞举的屋檐高耸入云，素色作底，画上丹青。在那全盛之时，离邺城六七十里，远远就看得见凌霄的亭台观阁，高耸有如仙宫。曹魏继汉而立，又以洛阳为都城，以为谯是祖先的本国，许昌是汉代所居之地，长安是西京遗迹，邺城是帝王事业的根本，所以号称五都。

漳水又北迳祭陌西，战国之世，俗巫为河伯取妇[1]，祭于此陌。魏文侯时，西门豹为邺令[2]，约诸三老曰[3]：为河伯娶妇，幸来告知，吾欲送女。皆曰：诺。至时，三老、廷掾赋敛百姓[4]，取钱百万，巫觋行里中，有好女者，祝当为河伯妇[5]，以钱三万聘女，沐浴脂粉如嫁状。豹往会之，三老、巫、掾与民咸集赴观。巫妪年七十，从十女弟子。豹呼妇视之，以为非妙，令巫妪入报河伯，投巫于河中。有顷，曰：何久也？又令三弟子及三老入白，并投于河。豹磬折曰[6]：三老不来，奈何？复欲使廷掾、豪长趣之[7]，皆叩头流血，乞不为河伯取妇。淫祀虽断⑧，地留祭陌之称焉。

《水经注》很重视地名，因为地名常常包含着地方的自然景观和人文景观。这一段内容当然是记叙西门豹的故事，但郦道元是以祭陌这个地名开篇的。西门豹的故事在我国长期传扬，不少历史小品、人物故事甚至教科书都常常编入其中，因为这个故事具有很扣人心弦的教育意义。其实地方官吏勾结当地恶势力残害老百姓而从中敛钱的事，古今都有，只是形式不同而已。在同卷中还记及："昔魏文侯以西门豹为邺令也，引漳溉邺，民赖其用。"同卷还写了魏文帝在其《述征赋》中为西门豹祠所作的赞语："羡西门之嘉迹，忽遥睇其灵宇。"西门豹确实是一位值得后世敬仰的好官。

【注释】

①巫：古代从事祈祷、卜筮、星占，并兼用药物为人求福、却灾、治病的人。下文的巫觋（xí）是男巫师，巫妪（yù）是老巫婆。

②西门豹：战国魏文侯时为邺令。

③三老：古代掌教化之官。

④廷掾（yuàn）：县令的属吏。赋敛：征收赋税。

⑤祝：祝祷。

⑥磬折（qìngzhé）：弯腰，表示谦恭。

⑦豪长：乡豪里长。趣（qū）：前往。

⑧淫祀：不合礼制的祭祀。

【译文】

漳水又北流经祭陌西边，战国时，当地有巫师为河伯娶妇的风俗，在这陌上祭祀。魏文侯时，西门豹担任邺令，与三老们相约道：为河伯娶妇时，希望来告诉我，我也要送给他女子。三老都说：好的。河伯娶妇的时间到了，三老、廷掾向百姓征收赋税，聚集钱财至百万，男巫师巡视乡里之中，看到漂亮的女子，就祝祷说应作为河伯之妇，用三万钱为聘金，沐浴并涂上脂粉妆扮得好像要出嫁的样子。西门豹前往会见他们，三老、巫师、廷掾与百姓也都聚集赶去观看。老巫婆已有七十岁了，后边跟着十个女弟子。西门豹叫新妇出来看看，认为不够漂亮，叫老巫婆到河里去告诉河伯，就把老巫婆投入河中。过了一会儿，他说：为什么这么长时间不回来呢？又叫三个弟子及三老到河里去告诉河伯，把他们都投入河里。西门豹弯着腰恭恭敬敬地说：三老也不回来了，这怎么办呢？又想叫廷掾、豪长前往，豪长、廷掾们都伏在地上叩头流血，请求不再为河伯娶妇了。这种荒唐的祭祀仪式虽然已断绝了，然而这里却留下了祭陌的名称。

卷十一

易水、滱水

　　易水今仍称易水，又名中易水，是海河支流拒马河的支流，不过是条长仅五十公里的小河。或许是因为其间有荆轲刺秦王的故事，才小河而写成大篇。易水注入拒马河，而拒马河则是海河五大支流中的大清河支流。滱水今称唐河，是从山西恒山山区发源的海河水系较大支流。在今安新境注入白洋淀，也是大清河的支流。

濡水又东南迳樊於期馆西^①，是其授首于荆轲处也。濡水又东南流迳荆轲馆北^②，昔燕丹纳田生之言^③，尊轲上卿^④，馆之于此。二馆之城，涧曲泉清，山高林茂，风烟披薄^⑤，触可栖情^⑥，方外之士，尚凭依旧居，取畅林木。

　　这一段前面几句写了荆轲刺秦王的故事。《注》文涉及的樊於期，原是秦的将领，因得罪于秦王政（后来的秦始皇）而逃到燕国。秦杀其父母家族，并悬赏千金杀樊於期，樊得知燕太子丹正在策划派荆轲刺秦王政，于是自刭其首，让荆轲以其首级献秦，乘机行刺，所以樊於期当然为燕国所崇敬。这一段文章在"二馆之城"下，寥寥几句，把这个地方的自然风景描述得秀美动人，是一段好文章。

【注释】

①濡（rú）水：即今源出河北易县西北，东会南易水注
　　入拒马河的北易水。樊於期馆：在今河北易县西南。
②荆轲馆：在今河北易县西南。
③田生：田光，战国燕处士，为太子丹谋划刺秦王政
　　之事。
④上卿：古官名。周制天子及诸侯皆有卿，分上、中、
　　下三等，最尊贵者谓上卿。
⑤披薄：弥漫。
⑥触：到处。栖情：寄托情志。

【译文】

濡水又东南流经樊於期馆西边，这是他把自己的头交

给荆轲的地方。濡水又东南流经荆轲馆北，从前太子丹采纳田光的意见，尊荆轲为上卿，在这里设馆安置他。这两个馆所在的城中，有曲涧清泉，高山茂林，轻风吹拂烟雾缥缈，到处都可寄托情怀，那些超脱红尘的人，尚且凭依旧居，寄情林木以畅怀。

阚骃称太子丹遣荆轲刺秦王，与宾客知谋者，祖道于易水上①。《燕丹子》称②，荆轲入秦，太子与知谋者，皆素衣冠送之于易水之上③，荆轲起为寿④，歌曰："风萧萧兮易水寒，壮士一去兮不复还。"高渐离击筑⑤，宋如意和之，为壮声，士发皆冲冠；为哀声，士皆流涕。疑于此也。

这一段描写荆轲离燕入秦行刺，"太子与知谋者"在易水上送行的场面。"风萧萧兮易水寒，壮士一去兮不复还"，此歌当是《易水歌》，是千古传诵的悲壮歌辞。历来在《燕丹子》卷下，《史记·刺客列传》《战国策·燕策》及《乐府诗集》卷五十八等都收入，足见其悲壮动人。郦道元所叙"为壮声"、"为哀声"，描摹当时易水上送行场景，令人感动。

【注释】
①祖道：古代为出行者祭祀路神，并饮宴饯行。
②《燕丹子》：《隋书·经籍志》"小说"部始著录，一卷。
③素衣冠：穿着白色衣服，戴着白色帽子。

④为寿：祝寿，祝福，多指奉酒祝人长寿。
⑤高渐离：战国燕人，善击筑。以筑扑秦王政，不中，
　　被杀。筑：古弦乐器，战国时流行。

【译文】

阚骃说：太子丹派遣荆轲刺秦王，与宾客中知此密谋
的人，在易水上祭祀并饯行。《燕丹子》说：荆轲即将进入
秦国，太子丹及知谋者，都白衣白冠送到易水边上，荆轲
起身祝酒，唱道："风萧萧兮易水寒，壮士一去兮不复还。"
高渐离击筑，宋如意和之，奏慷慨壮烈之音时，送行者都
怒发冲冠；再奏悲伤哀愁之曲时，大家热泪纵横。这事可
能就发生在这里。

　　浞水自倒马关南流与大岭水合①，水出山西南
大岭下，东北流出峡，峡右山侧，有祇洹精庐②，
飞陆陵山③，丹盘虹梁④，长津泛澜⑤，萦带其下，
东北流注于浞。浞水又屈而东合两岭溪水，水出恒
山北阜⑥，东北流历两岭间，北岭虽层陵云举，犹
不若南峦峭秀。自水南步远峰，石磴逶迤，沿途九
曲，历睇诸山，咸为劣矣。抑亦羊肠⑦、邛崃之类
者也⑧。

　　这一段描写浞水上游与大岭水汇合地区的自然风景。
由于山岭重叠，地形崎岖，既要写山势，又要叙水流。但
在郦道元笔下，"石磴逶迤，沿途九曲"，几句话把山水的
奇异秀美，写得惟妙惟肖，引人入胜。

【注释】

①滱（kòu）水：今称唐河，是从山西恒山山区发源的海河水系较大支流，在今安新境注入白洋淀，也是大清河的支流。倒马关：在今河北唐县西北，亦名常山关。

②祇洹：梵言，舍卫国大臣须达长者以藏金向逝多太子购得园地，为释迦牟尼佛建此精庐。精庐：亦称精舍，即佛寺，塔庙，息心精练者所栖，故称。

③飞陆：似为"飞陛"之讹，谓阁道阶除，凌空直上，不着地，故称飞陛。

④虹梁：高架拱曲如彩虹一样的屋梁。

⑤津：水流。泛澜：泛起波澜。

⑥恒山：在今河北曲阳西北。

⑦羊肠：一说羊肠山，在今山西晋城南。一说羊肠坂，在今山西平顺东南。

⑧邛崃（qiónglái）：山名。在今四川西部，都江堰至天全一线以西、大渡河以东。

【译文】

　　滱水从倒马关南流与大岭水汇合，大岭水出自山西南的大岭下，向东北流出山峡，峡右山侧，有一座祇洹寺，阁道阶除，凌空直上，比山峰高耸；画栋雕梁，装饰得如同彩虹一般艳丽。一道长河泛着波澜，从下面流过，向东北流注入滱水。滱水又弯过东边汇合两岭溪水，两岭溪水出于恒山北阜，向东北流经两岭之间，北岭虽然高峰入云，还不如南峰耸立峻峭，从水南走上远峰，有弯弯曲曲的石级，沿途九大弯，看遍周围群峰，都显得逊色了。或者也像羊肠、邛崃一类高山。

卷十二

圣水、巨马水

　　圣水是今拒马河的支流，但当今是什么河，已经无法考实。有人认为是白沟河，却也并无确证。因为历史上这个地区河流交错，海河水系的支流很多，而且常有变迁，北魏距今一千多年，所以很难落实。谭其骧主编的《中国历史地图集》第四册南北朝图上绘有圣水，但也只能作为参考。巨马水今称拒马河，发源于河北涞源以西的山西境内，上游分南、北二支，由于此河流经郦道元家乡，所以注文写得特别细致。涿州为了纪念郦道元，于1995年在此河流域的郦道元村修建了一座郦道元纪念馆。

涞水又北迳小黉东①，又东迳大黉南②，盖霍原隐居教授处也③。徐广云④：原隐居广阳山⑤，教授数千人，为王浚所害⑥，虽千古世悬，犹表二黉之称。既无碑颂，竟不知定谁居也⑦。

　　郦道元出身世代书香门第，尊崇儒学，所以《注》文中表现了他的尊师重教思想。霍原隐居广阳山教授生徒，他当然崇敬有加。按霍原事见于《晋书·隐逸传》，但《传》中只说"门徒百数"，此处说"数千人"，当得自其他资料。

【注释】

①涞（lái）水：古水名。即今拒马河，在河北西部。小黉（hóng）：似在今河北涞水周围。黉，古代的学校。

②大黉：在今河北涞水。

③霍原：晋燕国广阳（在今北京）人，字休明，山居积年，门徒数百。

④徐广：东晋学者，字野民。

⑤广阳山：《日下旧闻考》引《舆地名胜志》：原大房山（在今北京房山）南，晋霍原隐居处。

⑥王浚：晋散骑常侍王沉之子，字彭祖，附贾后，与孙虑合谋害愍怀太子。

⑦定：究竟。

【译文】

　　涞水又北流经小黉东边，又东经大黉南边，这是霍原隐居教学的地方。徐广说：霍原隐居广阳山，教授数千人，被王浚所害，虽然相隔的时代久远，还有二黉（学校）的称呼，但没有碑石，不知道究竟是谁的居处。

　　巨马水又东①，郦亭沟水注之②。水上承督亢沟水于逎县东③，东南流，历紫渊东④。余六世祖乐浪府君⑤，自涿之先贤乡爰宅其阴⑥，西带巨川，东翼兹水⑦，枝流津通，缠络墟圃⑧，匪直田渔之赡可怀⑨，信为游神之胜处也⑩。其水东南流，又名之为郦亭沟。

　　在《水经注》全书中，郦道元仅在此处记叙了他的家乡，并写明是他的六世祖从乐浪移居到这里的。所以他的家乡在今拒马河的支流郦亭沟水之南。在他的笔下，这是一个自然风光非常优美的地方。在北魏时代，这个地区的水环境显然比现在美好，而他对家乡的感情，也有助于对这个地方的记忆和描写。但现在的情况，实在已经今非昔比了。1995年农历开年后，涿州为了纪念郦道元，在其故居所在地（称为郦道元村）建纪念馆，派专人南下邀请我们夫妇参与盛典。我们元宵节下午到达涿州，晚上观灯和焰火，次日上午座谈，下午去到郦道元村。郦亭沟水已经不存，拒马河也岸高水浅，景观与郦氏所记已不大相同。纪念馆于这年年底前落成，可惜当时我在北美讲学，我们夫妇奔走于加拿大及美国，未能应邀参与开馆盛典。不过从《水经注》的这一段记叙中，说明由于气候和水文的变化，南北朝时期今海河流域的自然景观与现代已有很大变化，"枝流津通，缠络墟圃"的水环境，已经不再存在，整个地区的水环境都发生了变化，非特郦亭沟水而已。

【译文】

　　巨马水又东流，有郦亭沟水注入。郦亭沟水上口在逎县东边，承接督亢沟水，向东南流，经紫渊东面。我的六世祖是乐浪郡的太守，从涿郡的先贤乡迁居到这里，于是就住在水南，西面环绕着巨马大河，东面分列着这沟水，支流贯通，缠绕田园，不仅有丰富的农产品和水产品令人怀恋，实在也是遨游嬉娱的佳境。这支水东南流，又名为郦亭沟。

卷十三

㶟水

　　㶟水不同于漯水，但在《水经注》的不同版本中也有作"湿水"的。此水发源于今山西宁武以南的管涔山，即《注》文所说的累头山，发源处今名阴方口。从山西流入河北，上游今名桑乾河，经近代修造的官厅水库，下游称为永定河，是海河水系的五大支流之一。但《水经注》时代的㶟水与今永定河的河道并不完全一致。《注》文记叙的河道，在今永定河河道以北，东南流至渔阳郡雍奴县西（在今山西武清附近）注入潞河（《经》文称笥沟，是潞河的别名），也就是今北运河。永定河全长近六百公里，是海河的一条较大支流，但《水经注》以它发源时的一条小河㶟水作为篇名，而且一条小河而单独立卷，这无疑是因为此水流经北魏故都平城（在今山西大同）的缘故。

桑乾枝水又东流①，长津委浪②，通结两湖，东湖西浦③，渊潭相接，水至清深，晨凫夕雁④，泛滥其上，黛甲素鳞⑤，潜跃其下。俯仰池潭⑥，意深鱼鸟⑦，所寡惟良木耳⑧。

这一段描写桑乾枝水上游两个山间小湖的自然风景。这当然是他亲自目击的地方，黄土高原上的这类湖山，风景虽属一般，但在他笔下，仍能写得栩栩如生。不过他最后还是指出"所寡惟良木耳"，黄土高原上童山濯濯的情况，自古存在，所以他只好从实落笔，不能在植被上做文章。

【注释】

①桑乾枝水：今称黄水河，发源于山西朔州南，至应县西北入桑乾河。

②委：弯曲，曲折。

③浦（pǔ）：这里指湖泊。

④凫（fú）：野鸭。

⑤黛甲素鳞：代指鱼鳖等水族。黛，青黑色。素，白色。

⑥俯仰：低头和抬头。这里指观望。

⑦意深鱼鸟：寄深意于鱼鸟，物我交融。

⑧寡：少。良木：美木。

【译文】

桑乾枝水又东流，长河巨流，连通两湖泊，东湖西浦，一水相连，潭水极清且深，早晚有凫雁在湖上浮游，青甲白鳞潜游于水下。观望池潭，寄深意于鱼鸟，物我交融，美中不足的只是缺少美木而已。

　　魏天兴二年，迁都于此。太和十六年，破安昌诸殿①，造太极殿②，东、西堂及朝堂，夹建象魏③，乾元、中阳、端门、东西二掖门，云龙、神虎、中华诸门，皆饰以观阁。东堂东接太和殿，殿之东阶下有一碑，太和中立，石是洛阳八风谷之缁石也④。太和殿之东北，接紫宫寺，南对承贤门，门南即皇信堂，堂之四周，图古圣、忠臣、烈士之容，刊题其侧。是辩章郎彭城张僧达、乐安蒋少游笔⑤。堂南对白台，台甚高广，台基四周列壁，阁道自内而升，国之图箓秘籍⑥，悉积其下。台西即朱明阁，直侍之官⑦，出入所由也。其水夹御路，南流迳蓬台西。魏神瑞三年，又建白楼，楼甚高竦，加观榭于其上，表里饰以石粉，皓曜建素⑧，赭白绮分⑨，故世谓之白楼也。后置大鼓于其上，晨昏伐以千椎⑩，为城里诸门启闭之候⑪，谓之戒晨鼓也。又南迳皇舅寺西⑫，是太师昌黎王冯晋国所造⑬，有五层浮图⑭，其神图像皆合青石为之，加以金银火齐⑮，众彩之上，炜炜有精光⑯。又南迳永宁七级浮图西⑰，其制甚妙，工在寡双⑱。又南，远出郊郭，弱柳荫街，丝杨被浦⑲，公私引裂⑳，用周园溉㉑，长塘曲池，所在布濩㉒，故不可得而论也㉓。一水南迳白登山西㉔，服虔曰："白登，台名也，去平城七里㉕。"如淳曰㉘："平城旁之高城若丘陵矣。"今平城东十七里有台，即白登台也。台南对冈阜，即白登山也。

这一段记叙北魏天兴二年（399，天兴是道武帝拓跋珪年号）迁都于平城后，在京城的一番修建盛况，包括宫殿、楼台、门阙等的建设。虽然早已夷毁，但不失为中国历史都城研究中的一项有价值的记载。

【注释】

①安昌诸殿：北魏孝文帝太和年间所建造的宫殿。

②太极殿：北魏孝文帝太和年间所建造的宫殿。

③象魏：古代天子、诸侯宫门外的一对高建筑，亦称阙或观。

④八风谷：在今河南洛阳。缁（zī）石：黑石。

⑤辩章郎：官名。彭城：在今江苏徐州。张僧达：人名，不详。蒋少游：北魏乐安博昌（在今山东博兴）人，性机巧，颇能刻画。

⑥图箓（lù）：图谶符命之书。

⑦直侍：侍从皇帝左右。直，当值。

⑧皓曜（hàoyào）：洁白。

⑨赭（zhě）：红褐色。绮（qǐ）：鲜艳，鲜明。

⑩千椎：亦作"犍槌"。梵文，指寺院中以金属或木制成，能击而发声以集众或消灾之物的通称。

⑪候：征候。

⑫皇舅寺：在今山西大同东南。

⑬太师：古三公之最尊者，为辅佐国君之官。冯晋国：冯熙，字晋昌（一作晋国），北魏长乐信都（在今河北冀州）人。

⑭浮图：佛教语，梵文，指佛塔。

⑮火齐：玫瑰宝珠。一说琉璃的别名。

⑯炜（wěi）炜：光彩明亮。精光：光辉。

⑰永宁七级浮图：即永宁寺，故址在今山西大同。

⑱工：精巧，精美。寡双：无双。

⑲被（bèi）：覆盖。

⑳引裂：分引。

㉑用：以。周：周全，全备。

㉒所在：处处，到处。布濩（hù）：遍布。

㉓不可得而论：不能够说出来。这里指多得不可胜数。

㉔白登山：在今山西大同东北。

㉕平城：古县名。治今山西大同东北。

㉖如淳：三国魏冯翊（在今陕西大荔）人，注《汉
书》。

【译文】

北魏天兴二年（399），迁都于此。太和十六年（492），
拆了安昌诸殿，建造了太极殿，东、西堂及朝堂，又造了
宫门外一对观阙，乾元、中阳、端门、东西两掖门，以及
云龙、神虎、中华诸门，都建了楼阁。东堂东接太和殿，
殿的东阶下有一碑，是太和年间（477—499）立的，石料是
洛阳八风谷的黑石。太和殿的东北，接着紫宫寺，南面对
承贤门，门的南面就是皇信堂，堂的四周，画着古代圣贤、
忠臣、烈士的肖像，旁边刻有题词。这是辩章郎彭城张僧
达、乐安蒋少游的手笔。堂南对白台，白台非常高大宽广，
台基四边都是石壁，有阁道从里面升上，国家的图书秘籍，
都积聚在这下面。台西就是朱明阁，这是轮值官员出入所

经之路。如浑水夹着御道，向南流经蓬台西边。北魏神瑞三年（416），又建造白楼，此楼很高，楼上又增建观榭，内外都刷上石粉，洁白照眼如挂了丝帛似的，红柱白墙，色泽鲜艳夺目，所以世人称为白楼。后来把大鼓放在楼上，清晨傍晚用千椎敲打，作为城内各门开关的讯号，称为戒晨鼓。如浑水又南流经皇舅寺西边，这是太师昌黎王冯晋国所造，有五层的宝塔，神像都用青石拼合而成，加以金、银、宝珠镶嵌，五彩斑斓，闪闪发光。又南流经永宁七级宝塔的西边，宝塔的规模设计都极巧妙，其精妙可说是举世无双的了。如浑水又向南，远远流出城郊，柳条荫街，杨枝拂波，公私都引用河水来灌溉四周的田园，到处长塘曲池，不可胜数。另一支水南流经白登山西边，服虔说："白登是台名，离平城七里。"如淳说："白登是平城旁边的高城，样子就像丘陵。"现在平城东边十七里有台，就是白登台。台南对着山冈，就是白登山。

其水又迳宁先宫东，献文帝之为太上皇，所居故宫矣。宫之东次，下有两石柱，是石虎邺城东门石桥柱也。按柱勒①，赵建武中造，以其石作工妙②，徙之于此。余为尚书祠部③，与宜都王穆罴同拜北郊④，亲所经见，柱侧悉镂云矩⑤，上作蟠螭⑥，甚有形势⑦，信为工巧，去《子丹碑》则远矣。其水又南迳平城县故城东，司州代尹治⑧。皇都洛阳，以为恒州⑨。水左有大道坛庙，始光二年，少室道士寇谦之所议建也⑩。兼诸岳庙碑，亦多所署立。其庙阶三成⑪，四周栏槛，上阶之上，以木为圆基，令互相枝梧⑫，以版砌其上，栏陛承阿，上圆制如明堂⑬，而专室四户，室内有神坐，坐右列玉磬。皇舆亲降⑭，受箓灵坛⑮，号曰天师，宣扬道式⑯，暂重当时。坛之东北，旧有静轮宫，魏神麚四年造⑰，抑亦柏梁之流也⑱。台榭高广，超出云间，欲令上延霄客⑲，下绝嚣浮。太平真君十一年，又毁之。物不停固，白登亦继褫矣⑳。水右有三层浮图，真容鹫架㉑，悉结石也。装制丽质，亦尽美善也。东郭外，太和中阉人宕昌公钳耳庆时㉒，立祇洹舍于东皋㉓，椽瓦梁栋，台壁棖陛，尊容圣像，及床坐轩帐，悉青石也。图制可观，所恨惟列壁合石，疏而不密。庭中有《祇洹碑》，碑题大篆㉔，非佳耳。然京邑帝里，佛法丰盛，神图妙塔，桀跱相望㉕，法轮东转㉖，兹为上矣。其水自北苑南出，历京城内，河干两湄㉗，太和十年累石结岸，夹塘之上，杂树交荫，郭南结两石桥，横水为梁。又南迳藉田及药圃西、明堂东㉘。明堂上圆下方，四周十二堂九室，而不为重隅也。室外柱内，绮井之下㉙，施机轮，饰缥碧㉚，仰象天状，画北道之宿焉，盖天也。每月随斗所建之辰，转应天道，此之异古也。加灵台于其上，下则引水为辟雍㉛，水侧结石为塘，事准古制㉜，是太和中之所经建也。

　　这一段仍是记叙北魏故都平城的种种都城旧迹，内容较前一段更多，其间有"皇都洛阳，以为恒州"之语，说明所记多是他当年的回忆。但记述详细，内容实为他书所未见，所以对北魏旧都平城的研究，这一段文字，与前一段加以衔接，价值很高。

【注释】

①按：考寻，考求。勒：雕刻。

②作：制作。工妙：精致巧妙。

③尚书祠部：官名。三国魏尚书有祠部曹，掌礼制，历代因之。

④穆黑（pí）：北魏人，与郦道元同时期，袭兄爵为宜都王。

⑤云矩（jǔ）：像云一样的方形图案。

⑥蟠螭（pánchī）：盘绕的螭龙。螭，古代传说中一种无角的龙。

⑦形势：气势。

⑧司州：在今山西大同。代尹：主管代郡的官员。代，即代郡，北魏置，治所在平城（在今山西大同）。尹：古官名。多为某地的主管之官。治：古代地方长官的官署。

⑨恒州：即司州，在今山西大同。北魏本置司州于平城，后迁都洛阳，改洛州为司州，改司州为恒州。

⑩少室：在今河南登封北的嵩山。寇谦之：北魏时人，有道术，太武帝拓跋焘敬重他。

⑪成：层。

⑫枝梧：支撑，支持。

⑬明堂：古代帝王宣明政教之地。凡朝会、祭祀、赏庆、选士等大典都在此举行。

⑭皇舆（yú）：皇帝的车子。

⑮受箓（lù）：接受上天传授的神秘文书。灵坛：祭坛。

⑯道式：道教的教规、教义。

⑰神䴥（jiā）：北魏太武帝拓跋焘的年号。

⑱柏梁：即柏梁台，汉武帝元鼎年间修建，在今陕西西安。

⑲延：接待。霄客：仙客。

⑳褫（chǐ）：毁掉。

㉑真容：指佛。鹫（jiù）架：指建有鹫鸟形状的神座。

㉒钳耳庆时：王遇，字庆时，本名他恶，冯翊（在今陕西大荔）羌族人，后改姓钳耳，赐爵宕昌公。

㉓皋：水边的高地。

㉔碑题：碑额。大篆：古代汉字的一种字体，亦称籀（zhòu）文，秦时称为大篆。

㉕桀跱（jiézhì）：高耸，耸立。

㉖法轮：佛教语。比喻佛的语言。谓佛说法，圆通无碍，运转不息，能摧破众生的烦恼。这里指代佛教。

㉗河干：河岸，河边。湄（méi）：岸边，水草相接的地方。

㉘藉（jí）田：古代天子、诸侯借用民力耕种的田地。

㉙绮井：亦称藻井，饰以彩色图案的天花板，形状似井口的围栏，故称。

㉚缥（piǎo）碧：浅青色的碧玉。

㉛辟雍（bìyōng）：太学。

㉜准：依照。

【译文】

　　这支水又流经宁先宫东边，这是献文帝做太上皇时所住的宫室。宫殿东边，下面有两个大石柱，原是石虎邺城东门的石桥柱。考求柱上所刻，是后赵石虎建武年间（335—348）造，因石柱雕刻极为精妙，所以移来放在这里。我供职尚书祠部时，与宜都王穆罴同到北郊祭祀天地，亲眼看到柱侧都雕着云纹，柱上雕了蟠龙，气势恢宏，确是非常精致巧妙，但离《子丹碑》则甚远。这支水又南流经平城县故城东边，这是司州代尹的治所。迁都洛阳后改为恒州。水左边有大道坛庙，是始光二年（425）少室山的道士寇谦之建议修造的。诸岳的庙碑，大都也是他所部署设立。庙阶有三层，四周有栏槛，上层庙阶上面用木料制成圆基，使木料互相勾连支撑，再用木板铺在上面，栏槛与阶石承接转角处，也作圆形，格局好像明堂正殿，专室之中有四扇门，室内有神像宝座，座右放着玉磬。皇帝亲临时，在这灵坛上接受上天传授的神秘符箓，并尊他为天师，让他宣扬道教教义，权重当时。坛东北面，旧有静轮宫，北魏神麚四年（431）建造，也是汉时的柏梁台之类。台榭高大，矗立云间，像似要使它在上面可以迎接霄外仙客，在下面能与尘寰的扰攘相隔绝。太平真君十一年（450），拆毁了此宫。世上的事物都是在不断地变化的，白登台也荡然无存了。水右边有三层宝塔，佛像和佛座，都用石块雕砌。制作装饰的富丽，也可算是尽善尽美的了。东郭外，太和年间（477—499）宦官宕昌公钳耳庆时，在东边山冈上建立了佛寺，椽瓦梁栋、台壁栏阶以及佛像、佛座以至床帐，都用青石雕制。格局气魄极为可观，只是四壁用大石拼合，尚嫌粗陋，不够紧密。庭中有《祇洹碑》，用大篆题额，也写得不好。但在京城里，佛法盛行，宝塔高耸对峙，佛教东传到中国，这样的建筑也可说是上流的了。如浑水从北苑向南流出，经京城内，河边两岸在太和十年（486）用石块砌筑，两岸河塘之上，杂树绿荫交错，城南有两座石桥，横架在水上。又南流经天子亲耕的藉田及药圃西边、明堂东边。明堂上圆下方，四周有十二堂九室，但不建双重的屋角。室外的柱内，藻井之下，装着机械转轮，装饰着淡青色的碧玉，仰看如天空一样，画着北道的星宿。每月随北斗所指的时日与天象相应而旋转，就像真的天宇一样，这是与古来相异的地方。又在明堂上加建灵台，在下面引水环绕，建成太学，水边用石块砌成池塘，格局都按照古制，这些都是太和年间（477—499）建造的。

　　自下亦通谓之于延水矣①。水侧有桑林，故时人亦谓是水为藂桑河也。斯乃北土寡桑，至此见之，因以名焉。

　　"丝绸之路"是一条古代中国北方与中亚甚至欧洲之间的著名道路。此路冠以"丝绸"之名，说明这条商道中营运的有不少丝绸产品，也说明中国古代蚕桑业在北方的发展，足见古代桑树种植在北方的普遍。后来由于南方与北方的归于一统，南方的植桑条件当然优于北方。所以蚕桑业渐次南移，因而出现了所谓海上的丝绸之路。这个过程当然是慢慢发展的，而北方的蚕桑业也是逐渐为南方所取代的。这段《注》文记及的于延水在今山西北部，当时尚有桑林存在，则时至南北朝，北方的蚕桑业仍未完全消失。但《注》文有"斯乃北土寡桑"的话，说明到了北魏时代，北方的蚕桑业已经衰落了。所以从蘽桑河一个地名的记叙中，可以窥及蚕桑业在中国南北转移的过程。对于中国蚕桑业的历史研究，这是一项有价值的资料。

【注释】

①于延水：在今山西北部。

【译文】

从这里以下也通称于延水了。水边有桑林，所以时人亦称这条河为蘽桑河。这是因为北方少有桑树，看见这里有，就用它来命名了。

卷十四

湿余水、沽河、鲍丘水、濡水、大辽水、小辽水、浿水

　　这一卷列名的河流共有七条。其中前面四水都是关内即今北京和河北的河流，大小二辽水是东北河流，浿水则是今朝鲜境内河流。湿余水在《水经注》的不同版本中有作㶟余水的。在其他古籍中，此水也有作温水、温余水、温余河的。现在的潮白河，在密云水库以北，支流众多，如潮河、白河、汤河、黑河等，《水经注》中都有记载，其中最清楚的是温余水，比例尺较大的历史地图集如侯仁之主编《北京历史地图集》（北京出版社 1988 年版），仍有温余水的注记符号。湿余水今称温榆河，其上游有北沙河、蔺沟等支流，南流东折，在通州以东汇合潮白河。沽河即今白河，在密云附近与潮河汇合，称为潮白河。鲍丘水今称汤河，是白河的支流，《注》文记及温泉水，至今沿汤河仍有不少温泉。濡水今称滦河，与上述温余水无关，是一条全长近九百公里的独流入海的河流。《水经注》所记有不少错误，清乾隆帝曾因此派人实勘，并亲自写了《热河考》、《滦河濡水源考证》等文，纠正《水经注》的错误。大辽水即今辽河，是全长达一千四百多公里的大河。小辽水即今浑河，全长仅四百多公里，古代曾汇入大辽水，但今已分流，辽河在盘山以南入海，浑河在营口以南入海。浿水是《水经注》记载的当时的域外河流。中国古籍记载此水的不少，但所记互不相同，浿水在今天是什么河，历来都有不同见解。郦道元考究认真，曾经访问了当年朝鲜到北魏的使节，辨明了当年高句丽国都在浿水北岸，因而可以证明浿水是今朝鲜的大同江。浿水在今

天是什么河的问题，虽然以后仍有不同意见，但《水经注》的
考证基本上已可作为定论。

关在沮阳城东南六十里居庸界①，故关名矣。更始使者入上谷②，耿况迎之于居庸关③，即是关也。其水导源关山，南流历故关下。溪之东岸有石室三层，其户牖扇扉④，悉石也，盖故关之候台矣⑤。南则绝谷，累石为关垣，崇墉峻壁，非轻功可举⑥，山岫层深⑦，侧道褊狭⑧，林鄣邃险，路才容轨。晓禽暮兽，寒鸣相和⑨，羁官游子⑩，聆之者莫不伤思矣。

这一段记叙了居庸关，并描述了这个地区的险峻形势。"累石为关垣"，说明由于这是战守重地，建筑已经采用了石材。从"南则绝谷"起一段，写得出神入化。北魏本身是所谓"五胡乱华"中的一"胡"，但定鼎以后，就设置防御北人进犯的"六镇"，而此一段所记叙的居庸关，更说明了北疆形势的严峻。

【注释】

①沮阳城：在今北京昌平东南。居庸：在今北京昌平西北。

②上谷：古郡名。战国燕置，治今河北怀来。

③耿况：字侠游，东汉扶风茂陵（在今陕西兴平）人。

④牖（yǒu）：窗户。扇扉（fēi）：门。

⑤候台：即烽火台，古代边境要地为守望报警而筑的高台。

⑥轻功：轻易的劳作。举：成功。

⑦山岫（xiù）：山峦。层深：高深。

⑧侧道：边沿的道路。褊（biǎn）狭：狭窄。褊，狭小，狭窄。

⑨寒鸣：悲鸣。

⑩羁（jī）宦：久宦异乡的人。

【译文】

居庸关在沮阳城东南六十里处居庸县界内，所以关名也叫居庸。更始帝使者入上谷，耿况到居庸关迎接他，就是这关。湿余水源出关山，南流经故关之下。溪东岸有石室三层，石室的门窗都是石制的，原是故关的烽火台。南面原是绝谷，垒石筑成关口城墙，墙高壁峻，确非轻易劳作可成的工程。山峦层叠幽深，侧道狭隘，深林阻障，山路只能放得下一辆车子。朝朝暮暮鸟鸣兽啼，互相应和，在他乡当官或作客的人，听到这种声音，没有不悲伤忧愁的。

渔阳太守张堪①，于县开稻田，教民种殖，百姓得以殷富。童谣歌曰："桑无附枝②，麦秀两岐③，张君为政，乐不可支。"视事八年，匈奴不敢犯塞。

这是郦道元在《注》文中表扬的又一位好官。张堪，字君游，后汉初南阳人。他任渔阳（在今北京密云附近）太守，其地是与匈奴接址之地，他的为政主要是教百姓发展农业生产，百姓得以殷实，使匈奴不敢进犯。对于他的政绩，郦道元用"童谣歌曰"表述，说明当地人民对张堪是衷心赞服，连儿童也讴歌这位好官。

【注释】

① 渔阳：在今北京密云。张堪：字君游，东汉初南阳宛（在今河南南阳）人。

② 附枝：枝杈。

③ 麦秀两岐：一麦两穗，这在古代是吉瑞。麦秀，麦子秀发而未实。两岐，两支。

【译文】

渔阳太守张堪在县里开垦稻田，教会百姓种植水稻，百姓因此而殷富。童谣唱道："桑无附枝，麦秀两岐，张君为政，乐不可支。"张堪在位八年，匈奴不敢来侵犯边塞。

高梁水注之①，水首受㶟水于戾陵堰②，水北有梁山，山有燕刺王旦之陵，故以戾陵名堰。水自堰枝分，东迳梁山南，又东北迳《刘靖碑》北③。其词云：魏使持节都督河北道诸军事征北将军建城乡侯沛国刘靖④，字文恭，登梁山以观源流，相㶟水以度形势，嘉武安之通渠⑤，羡秦民之殷富。乃使帐下丁鸿⑥，督军士千人，以嘉平二年，立遏于水⑦，导高梁河，造戾陵遏，开车箱渠⑧。其《遏表》云：高梁河水者，出自并州⑨，潞河之别源也⑩。长岸峻固，直截中流，积石笼以为主遏⑪，高一丈，东西长三十丈，南北广七十余步。依北岸立水门，门广四丈，立水十丈。山水暴发，则乘遏东下⑫；平流守常，则自门北入。灌田岁二千顷。凡所封地，百余万亩。至景元三年辛酉，诏书以民食转广，陆废不赡，遣谒者樊晨更制水门⑬，限田千顷⑭，刻地四千三百一十六顷⑮，出给郡县，改定田五千九百三十顷。水流乘车箱渠，自蓟西北迳昌平⑯，东尽渔阳潞县⑰，凡所润含，四五百里，所灌田万有余顷。高下孔齐⑱，原隰底平⑲，疏之斯溉，决之斯散，导渠口以为涛门，洒滮池以为甘泽⑳，施加于当时，敷被于后世。晋元康四年，君少子骁骑将军平乡侯弘㉑，受命使持节监幽州诸军事，领护乌丸校尉宁朔将军㉒。遏立积三十六载，至五年夏六月，洪水暴出，毁损四分之三，剩北岸七十余丈，上渠车箱，所在漫溢。追惟前立遏之勋㉓，亲临山川，指授规略，命司马、关内侯逄恽㉔，内外将士二千人，起长岸，立石渠，修主遏，治水门，门广四丈，立水五尺，兴复载利㉕，通塞之宜，准遵旧制，凡用功四万有余焉㉖。诸部王侯，不召而自至，襁负而事者㉗，盖数千人。《诗》载经始勿亟㉘，《易》称民忘其劳，斯之谓乎。于是二府文武之士㉚，感秦国思郑渠之绩㉛，魏人置豹祀之义，乃遐慕仁政，追述成功㉜。元康五年十月十一日，刊石立表，以纪勋烈，并记遏制度，永为后式焉。事见其碑辞。

　　这一段《注》文较长，因为高粱河的水利工程，从三国魏到晋，经过多年修治，效益显著，是今北京和河北境内历史上的一项重要水利工程。其中特别是魏刘靖，亲自实勘山河形势，悉心设计，开渠置遏，是这个水利工程的主要功臣，所以《刘靖碑》记叙甚详，郦道元也竭诚称赞。

【注释】

①高粱水：三国魏时开车箱渠，导灢水自今石景山南东接高粱水上源，又自今德胜门外分流东向至今通州东注入潞河，亦称高粱水或高粱河。

②灢（lěi）水：即今之桑乾河。源出山西代县之累头山，由山西东流，经河北东入海。戾（lì）陵堰：在今北京。

③《刘靖碑》：在今北京大兴。刘靖，三国魏刘馥之子，字文恭，沛国相（在今安徽濉溪）人。

④魏使持节：官名。魏晋以后有使持节、持节、假节、假使节等，皆为刺史总军戎者。都督河北道诸军事：官名。征北将军建城乡侯：刘靖死后追赠的官名和爵位。

⑤武安：白起，战国秦将，事秦昭王，封武安君，坑赵降卒四十万人。

⑥帐下：将帅的部下。丁鸿：字孝公，东汉颍川定陵（在今河南郾城）人。

⑦遏（è）：通"堨"，堤坝，堤防。

⑧车箱渠：在今北京石景山与四平山之间的山谷中。

⑨并（bīng）州：古州名。虞舜分冀东恒山之地为并州。

⑩潞（lù）河：沽水（今白河）与鲍丘水（今汤河）汇流后，经潞县（今北京通州）段的水流。

⑪石笼：元代王祯《王氏农书》中有记载：用藤萝或

木条编成，圈眼，大笼长二三丈，高四五尺，内装石块，用木桩钉住，接连绵延可用来抵御洪水奔浪。

⑫乘：凌越，漫过。

⑬樊晨：人名。不详。

⑭限田：限定水田。

⑮刻地：规定旱地。

⑯蓟（jì）：古县名。秦置，治今北京西南。昌平：古县名。汉置，治今北京昌平东南。

⑰潞（lù）县：古县名。汉置，治今北京通州。

⑱孔：甚，很。

⑲原隰（xí）：广平与低湿之地。底平：致功而平，言可耕种。

⑳滮（biāo）：水流的样子。甘泽：甘露，甘雨。

㉑君：即刘靖。骁骑将军平乡侯：刘靖之子刘弘的官名和爵位。

㉒护乌丸校尉宁朔将军：刘弘的官名。护乌丸校尉，官名。汉武帝时置，掌管乌桓、鲜卑诸部事务。

㉓追惟：追念，回想。

㉔司马、关内侯：逄恽的官名和爵位。逄恽（pángyùn）：人名。不详。

㉕兴复：恢复，复兴。载利：运载优势。

㉖功：一个劳动力一日的工作。

㉗襁（qiǎng）负：用襁褓背负，指带着孩子。

㉘《诗》：我国最早的一部诗歌总集。本称诗、诗三百，经是汉儒加上去的。经始勿亟（jí）：出自

《诗经·大雅·灵台》。经始，开始。亟，着急。

㉙《易》：亦称《周易》、《易经》。占筮书。民忘其劳：出自《易经·兑卦·彖（tuàn）传》。

㉚二府：丞相与御史二官署。

㉛郑渠：亦称郑国渠，古代关中平原（今陕西渭河平原）的人工灌溉渠，秦王政采纳韩国水工郑国的建议开凿而成。

㉜成功：成就，功绩。

【译文】

又有高梁水注入，高梁水上口在戾陵堰承接灅水，水北有梁山，山上有燕刺王旦的陵墓，所以用戾陵来命名这条堰。河水从这条堰分出支流，东流经梁山南边，又东北流经《刘靖碑》北边。碑辞写道：魏使持节都督河北道诸军事征北将军建城乡侯沛国刘靖，字文恭，登上梁山观望河川的源流，考察灅水审度地形地势，赞扬武安的通渠，羡慕秦地的殷富。于是派部下丁鸿，督率军士千人，于嘉平二年（250）在水中筑堰，以引导高梁河，造了戾陵堨，开了车箱渠。此堰的碑文说：高梁河水出自并州，是潞河的别源。长长的堤岸，非常高峻牢固，在河中以石笼截流筑成主堰，高一丈，东西长三十丈，南北宽七十多步。靠北岸设立水门，门宽四丈，立于水中十丈。山水暴发时，水就从堰顶溢出，向东奔流；平时保持正常流量，水就从水门向北流进来。每年可灌溉水田两千顷。灌溉旱地共一百多万亩。到景元三年（262）辛酉日所下诏书说：因百姓粮食需求量增加，旱地废置，因而供养不足。派谒者樊晨重新改造了水门，国家限定拿出水田一千顷，限定拿出旱地四千三百一十六顷，给予郡县，重新改定水田五千九百三十顷。水流沿着车箱渠，从蓟西北流经昌平，东至渔阳潞县为止。沿途所经四五百里，灌溉的水田达万余顷。无论地势高低，都能均匀地得水，可以耕种。导流时可以灌溉，决水时可以分流。开放渠口，成为湍流汹涌的水门，放出池水，成为滋润禾苗的甘泽，既有益于当代，又惠及后世。晋元康四年（294），刘公小儿子骁骑将军平乡侯刘弘，受命持节出使监管幽州诸军事，领有护乌丸校尉宁朔将军的头衔。立堨后三十六年，到元康五年（295）夏六月，洪水暴发，堤坝毁损了四分之三，只剩北岸七十多丈，车箱渠到处泛滥。他追念先君筑堰的功勋，亲临现场，指导施工规划，命令司马关内侯逢恽，率领内外将士两千人，筑起长岸，建成石渠，修理主堰，兴建水门，水门宽四丈，立水中五尺，恢复了运载的各种功能，凡有关疏导与阻塞之方法，一切都遵循旧制，共费工四万多。乌丸诸部王侯，不召自来，有的甚至背着婴儿，来修水利，总共有几千人。《诗经》中说动工不要急于求成，《易经》中说百姓忘记了劳苦，就是这一水利工程的最好写照。于是两府中文官武将，想到秦国、追思郑国凿渠的业绩、魏人为西门豹立祠的道理，都仰慕这一仁德之举，追述修堰的功绩。元康五年（295）十月十一日，刻石立表，以记载这一业绩，并记下这条堰的规格和用法，永远作为后人的榜样。事实详见碑辞。

　　又东南流迳武列溪①，谓之武列水。东南历石挺下②，挺在层峦之上，孤石云举③，临崖危峻，可高百余仞④。牧守所经⑤，命选练之士，弯张弧矢⑥，无能届其崇标者⑦。其水东合流入濡⑧。

　　这一段描述武列溪边的"石挺"。这是《水经注》记叙而至今仍然为世人所见的一处奇特风景。不过现在已称为"磬锤峰"，一般也常称"棒槌"。按当今实测，从台基到顶峰，高达 59.42 米，"棒槌"本身高 39.28 米，体积为 6508.68 立方米，估计重量达 162000 吨。《注》文说："弯张弧矢，无能届其崇标者。"这样的高度，当然不是射箭可以达到的。郦道元对于现在我们大家都可见到的这个"棒槌"，用"孤石云举，临崖危峻"两句描述，辞简意深，他的行文大都如此。

　　【注释】

①武列溪：亦称武列水，即今热河，有三源，合流入河北承德。

②石挺：孤生独立的直棒形大石，即今河北承德一带的磬锤峰。

③云举：高耸。

④可：大约。

⑤牧守：州和郡的长官。州官称牧，郡官称守。

⑥弯张：拉开。弧矢：弓箭。

⑦届：达到。崇标：高顶。

⑧濡（rú）：即濡水，今称滦河，是一条全长近九百

公里的独流入海的河流。

【译文】

三藏水又向东南流经武列溪，称为武列水。武列水向东南经石挺下，石挺在层峦之上，孤石高耸，山崖险峻，约高百余仞。州牧、太守经过这里，叫本领高强的人，弯弓射箭，没有一个人能射到石挺的顶端。武列水向东流入濡水。

《博物志》曰魏武于马上逢狮子，使格之①，杀伤甚众，王乃自率常从健儿数百人击之，狮子吼呼奋越，左右咸惊。王忽见一物从林中出，如狸，超上王车轭上②，狮子将至，此兽便跳上狮子头上，狮子即伏不敢起。于是遂杀之，得狮子而还。

这一段写魏武北征时在马上遇到狮子的故事，郦道元是从《博物志》中参引这个故事的。其中的"一物从林中出"几句，当然并不可信，但"狮子"的事，或许确实如《博物志》所述。不过如《注》文所述，曹操当年所到达的"柳城"，在今辽宁朝阳以南，位于大凌河沿岸。按现代动物地理学的区界，这个地方是不可能存在狮子的。所以《博物志》记叙的"狮子"，很可能是东北虎。因为曹操所率的将士兵卒，多出自华北，平时所见的虎是华南虎，到此骤见体躯高大斑斓的东北虎，误以为是他们在图画中见到的狮子。《博物志》记载的这个故事，或许是从这种误会中发生的。

【注释】

①格：杀。

②超：跳跃。轭（è）：牛马等拉东西时架在脖子上的
器具。

【译文】

《博物志》说：曹操在马上突然碰到狮子，叫兵士去
打死它，伤了许多人，曹操于是亲自率领卫队健儿几百人
去打。狮子咆哮狂奔，左右皆惊。曹操忽然看见一只不知
什么东西从树林中奔出，样子好像狸猫，跳上曹操的车轭，
狮子快到时，此兽便跳到狮子头上，狮子就伏着不敢起来
了。于是就把它杀死，得狮子而回。

朝鲜①，故箕子国也②。箕子教民以义，田织信
厚，约以八法，而下知禁③，遂成礼俗。战国时，满
乃王之④，都王险城⑤，地方数千里，至其孙右渠⑥。
汉武帝元封二年，遣楼船将军杨仆、左将军荀彘讨
右渠⑦，破渠于浿水，遂灭之。若浿水东流，无渡浿
之理，其地今高句丽之国治⑧，余访蕃使⑨，言城在
浿水之阳。其水西流迳故乐浪朝鲜县，即乐浪郡治，
汉武帝置，而西北流。故《地理志》曰：浿水西至
增地县入海⑩。又汉兴，以朝鲜为远，循辽东故塞至
浿水为界。考之今古，于事差谬，盖《经》误证也。

这一段记叙朝鲜，"箕子国"是一种传说，郦道元因循，
是所必然。主要是对于朝鲜的河流，我国古籍大多错误，这

是因为按中国地形，河川均为西东流向，而按朝鲜地形，河川都是东西流向，古籍常按中国河川情况记叙朝鲜，所以造成错误，朝鲜地在边陲，这种错误也不足为怪。《水经注》记叙的泪水，当然也存在错误。但从这段《注》文中的"余访蕃使"这几句，可见郦道元在做学问方面确实有一番功夫。"蕃使"当然是从高句丽到北魏来的使节，向朝鲜人查询朝鲜山川地理城市，当然是最可靠的途径。郦道元也就是用了这样的查询方法，从朝鲜人口中落实了城市与河流的关系，我们因此可以论定，古时泪水就是今大同江。

【注释】

①朝鲜：古县名。西汉置，治今朝鲜平壤。

②箕（jī）子：商纣的叔父，名胥馀，封子爵，国于箕。

③禁：禁忌，法令。

④满：指燕人卫满。当时中原多故，卫满起兵击败朝鲜，自立为王。

⑤王险城：公元前2世纪古朝鲜的都城，在今朝鲜平壤。

⑥右渠：燕人卫满之孙，具体不详。

⑦楼船将军：汉代将军名号之一。杨仆：西汉宜阳（在今河南宜阳）人，拜为楼船将军，封将梁侯。左将军：官名。荀彘（zhì）：西汉太原广武（在今山西代县）人，元封三年为左将军击朝鲜。

⑧高句（gōu）丽：古国名。国治：国都所在地。

⑨蕃（fān）使：外国使节。

⑩增地县：古县名。汉置，治今朝鲜平壤。

【译文】

朝鲜是旧时的箕子国。箕子教导百姓要正大光明地做人，耕织为生，忠实纯朴，规定了八条法律，百姓就不做犯法的事了，形成了讲礼的良好风俗。战国时，卫满做了国王，建都于王险城，土地方圆几千里，传到他孙子右渠。汉武帝元封二年（前109），派遣楼船将军杨仆、左将军荀彘讨伐右渠，在浿水打败了他，灭了箕子国。如果浿水东流，没有渡过浿水的道理，这地方是现在高句丽的国都，我访问过外国使臣，说高句丽城在浿水的北面。浿水西流经原乐浪郡朝鲜县，就是乐浪郡的治所，是汉武帝设置的。浿水再向西北流去。所以《地理志》说：浿水西至增地县入海。汉朝建立后，以为朝鲜太远，都沿着辽东老边境到浿水为界。查考古今所载，情况有差错，《水经》是误证了。

卷十五

洛水、伊水、瀍水、涧水

此卷共有四条河流，其中瀍水和涧水都是洛水的小支流，此二水之所以能够立名入卷，因为它们都流经北魏首都洛阳的缘故，情况与前面漯水立卷一样。洛水是黄河中游的重要支流伊洛河的支流，今称洛河，发源于陕西华山的蓝田附近，东流进入今河南，在偃师附近与伊河会合，今称伊洛河，然后东北流注入黄河。伊水今称伊河，发源于河南境内栾川附近的伏牛山地，与洛河会合后称为伊洛河。

　　洛水又东迳檀山南，其山四绝孤峙^①，山上有坞聚^②，俗谓之檀山坞。义熙中，刘公西入长安，舟师所届^③，次于洛阳，命参军戴延之与府舍人虞道元即舟遡流^④，穷览洛川，欲知水军可至之处。延之届此而返，竟不达其源也。

　　义熙（405—418）是东晋年号，刘公指南朝宋武帝刘裕，曾北征入长安。参军戴延之随刘裕北伐西征，即《水经注》常引的《从征记》的作者。刘裕的舟师既到洛阳，命令戴等循洛川上溯，以查勘水军可以到达的地方，戴等曾到达檀山南的檀山坞。郦道元加了一句"竟不达其源也"的话，这句话显然因他们未曾到达洛川源头而有惋惜之感，也说明了郦道元对河川水源的兴趣。《注》文中记及这方面的事实很多。不过戴延之等受命"即舟溯流"，是为了战争，与郦道元的研究山川地理不同。戴等的不上溯到洛水源头而只到檀山坞，可以说明这里大概就是当年兵船循洛水上溯能够到达的终点。

【注释】

① 四绝：四面绝壁。孤峙：独自高耸。

② 坞（wù）聚：村落。

③ 舟师：水军。届：至，到达。

④ 参军：官名。东汉末置，有"参某某军事"之义，晋以后军府和王国始置为官员。戴延之：东晋小说家，名祚，字延之，江东（在今安徽芜湖以下长江下游南岸地区）人。府舍人：某府之舍人。舍人，

古代豪门贵族家里的门客。虞道元：人名。不详。
即舟：乘船。即，依凭。

【译文】

洛水又东经檀山南面，檀山四面绝壁，一峰孤峙，山上有小山村，俗称檀山坞。东晋义熙年间（405—418），刘裕西入长安，水军驻扎在洛阳，命令参军戴延之与府舍人虞道元，乘船逆流而上，走尽洛川，探寻水军可以到达的地方。戴延之到这里就回去了，最终没有到水源。

伊水又北入伊阙①，昔大禹疏以通水。两山相对，望之若阙②，伊水历其间北流，故谓之伊阙矣，《春秋》之阙塞也③。昭公二十六年，赵鞅使女宽守阙塞是也④。陆机云⑤：洛有四阙，斯其一焉。东岩西岭，并镌石开轩⑥，高甍架峰。西侧灵岩下，泉流东注，入于伊水。傅毅《反都赋》曰⑦：因龙门以畅化，开伊阙以达聪也⑧。阙左壁有石铭云：黄初四年六月二十四日辛巳，大出水，举高四丈五尺，齐此已下。盖记水之涨减也。右壁又有石铭云：元康五年，河南府君循大禹之轨，部督邮辛曜、新城令王琨、部监作掾董猗、李褒⑨，斩岸开石，平通伊阙，石文尚存也。

伊阙在洛阳，至今仍是洛阳乃至全国的著名胜迹。《注》文引傅毅《反都赋》："因龙门以畅化，开伊阙以达聪也。"伊阙与龙门都是山名，伊阙就在此二山之间，黄河流经于此，而岸边石崖中有许多自从北魏以来的石雕佛像。这个石窟称为龙门石窟，它与山西大同的云冈石窟、甘肃敦煌的莫高窟，是我国佛教艺术的三大杰作。龙门石窟因以后又经东魏、西魏、北齐、北周和隋唐诸朝的增凿，至今留存的大小造像数达十万多尊，造像题记和碑碣有三千多块，佛塔四十多座。清顾炎武在《金石文字记》中说："后魏胡太后崇信浮图，凿崖为窟，中刻佛像，大者丈余，凡十余处，后人踵而为之，尺寸可磨，悉镌佛像。"龙门石窟的来历就是这样。《水经注》此篇所记的，当然还只是北魏初创情况。但《注》文记及的黄初和元康两个年号，是北魏以前的魏、晋年代，而所记也是有关黄河的水情和整治工程，属于水利史的资料。

【注释】

①伊阙（què）：在今河南洛阳，是洛阳乃至全国的著名胜迹，有龙门石窟坐落于此。

②阙：宫门、城门两侧的高台，中间有道路，台上起楼观。

③《春秋》：相传为孔子所编定的鲁国的编年史。阙塞：在今河南洛阳南。

④赵鞅：春秋晋人，即赵简子。女宽：春秋晋人，一名女叔宽。

⑤陆机：西晋文学家、书法家，字士衡。与弟陆云同以文才显名，号称"二陆"。

⑥轩（xuān）：有窗的廊子或屋子。这里指石窟。

⑦傅毅：东汉文学家，字武仲，扶风茂陵（在今陕西

兴平）人。《反都赋》：今已亡佚。

⑧达聪：通达听闻。语出《尚书·舜典》："明四目，达四聪。"

⑨部：带领，率领。一说指部署，布置。督邮：官名。汉置，郡的属吏，代表太守督察县乡，宣达教令，兼司狱讼捕亡。辛曜（yào）：人名。不详。王琨（kūn）：人名。不详。监作掾（yuàn）：监作的属吏。监作，负有监督制作之责的官吏。掾，官名。官府中辅佐官吏的通称。董猗（yī）：人名。不详。李褒：人名。不详。

【译文】

伊水又向北流入伊阙，从前大禹疏导此山以通水。两座山相对，远望好像门阙，伊水从中间流过，向北流，所以称为伊阙，就是《春秋》中说的阙塞。昭公二十六年（前516），赵鞅派女宽镇守阙塞，就是这里。陆机说：洛阳有四阙，这是其中之一。东有巨岩西有高岭，凿石开出石窟，在山峰上建起高高的屋宇。西侧的灵岩之下，有泉水向东流，注入伊水。傅毅《反都赋》说：凭借着龙门来畅通教化，凿开伊阙以通达听闻。阙左壁有石铭说：魏黄初四年（223）六月二十四日，发大水，高四丈五尺，水满到此以下。这大概是记水位高低而立的。右壁又有石铭说：晋元康五年（295），河南府君沿着大禹的旧迹，率领部下督邮辛曜、新城令王琨、监作掾董猗、李褒，凿岸开石，凿平了伊阙，至今石上的文字还在。

卷十六

穀水、甘水、漆水、浐水、沮水

　　此卷收入了五条河流，但显然以穀水为主，穀水是洛水的支流，它上游发源于渑池，称为渑水，下游其实就是卷十五中立篇的涧水，是一条很小的支流，但都成为《水经注》全书中的一个长篇，其中《经》文"又东过河南县北，东南入于洛"以下的一篇《注》文，全长达七千余言，是《水经注》全书中最长的《注》文。小水大《注》，这是因穀水流经北魏首都洛阳城，人文景观复杂，所以《注》文内容非常丰富。按照河流的流向，穀水原来在北魏洛阳城西北又分出一条阳渠水，也称穀水，绕城一周，成为洛阳城的护城河。而城内还有许多渠道，其中较大的一条西入阊阖门，横城而过，东出东阳门；另一条西入西明门，东出青阳门，水源都来自穀水。清杨守敬、熊会贞绘制《水经注图》，以《穀水》这一篇的记叙绘制北魏洛阳城，绘制得非常细致。甘水是洛河的一条小支流，在伊水以西注入洛水。此卷中的漆水、浐水和沮水，不属于伊洛河系统，是今陕西关中平原的河流。其中漆水之名，仅见于《诗经》之中，如《诗经·大雅·绵》"自土漆沮"，但究竟是现代什么河，古今都有争论，而现在的一般地图上已不绘此河。浐水今称浐河，发源于秦岭北麓，是灞河的支流。沮水今称沮河，即今陕西关中富平一带的石川河，是渭河的支流。

穀水又东流迳乾祭门北①，子朝之乱②，晋所开也，东至千金堨③。《河南十二县境簿》曰④：河南县城东十五里有千金堨⑤。《洛阳记》曰⑥：千金堨旧堰穀水⑦，魏时更修此堰，谓之千金堨。积石为堨而开沟渠五所，谓之五龙渠。渠上立堨，堨之东首，立一石人，石人腹上刻勒云：太和五年二月八日庚戌造筑此堨，更开沟渠，此水衡渠上其水，助其坚也，必经年历世，是故部立石人以记之云尔⑧。盖魏明帝修王、张故绩也⑨。堨是都水使者陈协所造⑩。《语林》曰⑪：陈协数进阮步兵酒⑫，后晋文王欲修九龙堰，阮举协，文王用之。掘地得古承水铜龙六枚，堰遂成。水历堨东注，谓之千金渠。逮于晋世，大水暴注，沟渎泄坏，又广功焉⑬，石人东胁下文云：太始七年六月二十三日，大水迸瀑⑭，出常流上三丈，荡坏二堨，五龙泄水，南注泻下，加岁久漱啮⑮，每涝即坏，历载捐弃大功，今故无令遏，更于西开泄，名曰代龙渠，地形正平⑯，诚得为泄至理。千金不与水势激争，无缘当坏⑰，由其卑下，水得逾上漱啮故也。今增高千金于旧一丈四尺，五龙自然必历世无患。若五龙岁久复坏，可转于西更开二堨。二渠合用二十三万五千六百九十八功，以其年十月二十三日起作⑱，功重人少，到八年四月二十日毕。代龙渠即九龙渠也。后张方入洛⑲，破千金堨。永嘉初，汝阴太守李矩、汝南太守袁孚修之⑳，以利漕运，公私赖之。水积年，渠堨颓毁，石砌殆尽，遗基见存，朝廷太和中修复故堨。按千金堨石人西胁下文云：若沟渠久，疏深引水者当于河南城北、石碛西㉑，更开渠北出，使首狐丘。故沟东下，因故易就，碛坚便时，事业已讫㉒，然后见之。加边方多事，人力苦少，又渠堨新成，未患于水，是以不敢预修通之。若于后当复兴功者㉓，宜就西碛㉔，故书之于石，以遗后贤矣㉕。

　　这一段文字较长，记叙了穀水的水利工程千金堨与代龙渠（九龙渠）的兴废和修建过程，包括这种水利工程的功能效益。在《水经注》记载的各处水利工程中，穀水的这类堨、渠，其实并非重大，但由于地在首都，事关紧要，所以《注》文记载甚详。

【注释】

①乾祭门：周王城（在今河南洛阳王城公园一带）的北门。

②子朝：即王子朝，周景王之长庶子，与敬王猛争夺王位。

③千金堨（è）：在今河南洛阳。

④《河南十二县境簿》：书名。不详。

⑤河南县：古县名。汉置，治所在今河南洛阳西郊。

⑥《洛阳记》：晋人陆机所作。

⑦堰：作为堤坝。

⑧部立：设立，设置。

⑨王：指王梁，东汉渔阳（在今北京密云）人，字君严，从光武帝击王莽，官拜大司空、济南太守。
张：指张纯，东汉京兆杜陵（今陕西西安）人，字伯仁，引洛水为漕，百姓得其利。

⑩都水使者：官名。掌河津漕渠凡水利事，并督治船舰。陈协：三国曹魏时人，都水使者，其余不详。

⑪《语林》：东晋人裴启所作的小说。裴启，字荣期。

⑫阮步兵：即阮籍，三国魏文学家，字嗣宗，陈留尉氏（在今河南尉氏）人。闻步兵校尉厨多美酒，乃求为校尉，世称"阮步兵"。

⑬广功：扩大工程。

⑭迸瀑（bèngbào）：暴涨。

⑮漱啮（shùniè）：冲刷侵蚀。

⑯正平：平坦，平整。

⑰无缘：不可能。

⑱起作：开工，动工。

⑲张方：晋河间（在今河北献县）人。

⑳汝阴：古郡名。三国魏时置，治所在今安徽阜阳。
李矩：晋平阳（在今山西临汾）人，字世回。汝南：古郡名。汉高帝时置，治今河南上蔡西南。袁孚：晋朝永嘉时人，与汝阴太守李矩率众修洛阳千金堨，其余不详。

㉑河南城：在今河南洛阳西郊。

㉒事业：这里指水利工程。

㉓于后：在后来，以后。当复：将要，再要。兴功：

兴修工程。

㉔就：靠近，接近。

㉕遗（wèi）：赠送。

【译文】

　　榖水又东流经乾祭门北边，——此门是子朝之乱时晋所开——东到千金堨。《河南十二县境簿》说：河南县城东十五里处有千金堨。《洛阳记》说：千金堨原来是榖水的堤坝，魏时重修此堰，称为千金堨。用石块砌成堰坝，开沟渠五处，称为五龙渠。渠上造堰，堰的东头立着一个石人，石人腹上刻着：太和五年（231）二月八日庚戌，造筑此堰，又开凿沟渠，此水满到渠上，有助于堰的牢固，这一定要经历许多年代的，所以立此石人以记其事。这是魏明帝学习王梁、张纯以前治水的功绩。堰是都水使者陈协所造。《语林》说：陈协多次送酒给阮籍，后来晋文王要修九龙堰，阮籍举荐陈协，晋文王起用他。筑堰时掘地得到古代承水的铜龙六条，堰才筑成。渠水经堰坝向东流注，称为千金渠。到晋代，大水猛冲而下，把沟渠都冲坏了，又扩大了修建工程。石人东边肋下有文字道：太始七年（271）六月二十三日，大水迸发，比平常的水流高出三丈，冲毁了两条堤堰，五龙渠排水，向南流泻而下，加上年久堤岸侵蚀严重，每逢水涝，就要冲坏，多年以来抛弃兴修大型水利工程，现在不让它受阻，改从西边排出，名叫代龙渠，地形平正，实为排水最好的地形。千金渠不是迎着水流冲击的地方，没有理由毁坏，因为位置低下，水才能涨上来侵蚀堤堰。现在千金渠比旧时增高一丈四尺，五龙渠必定自然经久无患了。如果五龙渠年久又损坏，可以移向西边再筑两条堤坝。凿两条渠一共用了二十三万五千六百九十八个工。从太始七年十月二十三开始动工，因工程浩大，人力缺少，到八年四月二十日完成。代龙渠就是九龙渠。后来张方包围洛阳，破坏了千金堨。晋怀帝永嘉初年（307—309），汝阴太守李矩、汝南太守袁孚修复了千金堨，使漕运便利，公私得益。大水连年，渠堰塌毁，所砌的岩石几乎被水冲光，只有基础尚存，本朝太和年间（477—499）重新修复。千金堨石人西肋下铭文道：如果沟渠年久，疏浚者应当在河南城北面、石碛西面，再深深地朝北开挖一道沟渠，使它通向旧时的小丘。汇合旧渠东流，利用老沟开渠，工程容易完成，石碛坚固，有利农时，工程完成后，效果就可见到。边境多战事，人力太少，渠堰又刚刚筑成，未遇水患，所以不敢预先修好通渠。如果今后要再动工兴修水利工程，那么应从石碛西边挖渠，因此特地写在石上，以供后世贤者参考。

　　榖水又东，又结石梁①，跨水制城，西梁也。榖水又东，左会金谷水。水出太白原②，东南流历金谷，谓之金谷水。东南流迳晋卫尉卿石崇之故居③。石季伦《金谷诗集叙》曰：余以元康七年，从太仆出为征虏将军④，有别庐在河南界金谷涧中⑤。有清泉茂树，众果、竹、柏、药草备具。金谷水又东南流入于榖。

此一段写西晋大臣石崇（字季伦）所建金谷园故事。按石崇是西晋巨富，其钱财依靠任荆州刺史时拦劫远方过境的贡使商客而得，曾与当时另一巨富王恺斗富，后死于八王之乱。曾以其巨富建造金谷园，极尽穷奢极欲之能事。郦道元在《注》文中仅轻描数语，已可见此园的奢华。不过《注》文未曾记及其为官无行之事，郦氏素来憎恶此类，不知何以不加笔伐。

【注释】

①石梁：石制的桥梁。

②太白原：在今河南洛阳西北。

③石崇：晋朝人，字季伦，在河阳置金谷别墅，极奢靡。下文的《金谷诗集叙》为石崇所作。石崇之故居：在今河南洛阳西北。

④太仆：官名。九卿之一，为天子执御，掌舆马牲畜之事。征虏将军：官名。东汉置。

⑤别庐：别墅。河南：古县名。治今河南洛阳西郊。金谷涧：在今河南洛阳东北。

【译文】

穀水又向东流，又砌筑了一座石桥，横跨水上，以阻水护城，称为西梁。穀水又东流，左边汇合金谷水。金谷水出于太白原，向东南流经金谷，称为金谷水。金谷水向东南流经晋卫尉卿石崇的故居。石崇《金谷诗集叙》中说：我在元康七年（297），随太仆出征为征虏将军，有别墅在河南界上的金谷涧中。那里有澄清的泉水、茂密的树林及各种果树、修竹、翠柏以及各种药草，应有尽有。金谷水又向东南流入榖水。

故《洛阳记》曰[1]：陵云台西有金市，金市北对洛阳垒者也。又东历大夏门下，故夏门也。陆机《与弟书》云：门有三层，高百尺，魏明帝造。门内东侧，际城有魏明帝所起景阳山[2]，余基尚存。孙盛《魏春秋》曰[3]：景初元年，明帝愈崇宫殿，雕饰观阁，取白石英及紫石英及五色大石于太行榖城之山，起景阳山于芳林园，树松竹草木，捕禽兽以充其中。于时百役繁兴，帝躬自掘土，率群臣三公已下，莫不展力。山之东，旧有九江[4]。陆机《洛阳记》曰：九江直作圆水。水中作圆坛三破之，夹水得相迳通。《东京赋》曰[5]：濯龙、芳林[6]，九谷八溪[7]，芙蓉覆水，秋兰被涯。今也，山则块阜独立[8]，江无复仿佛矣。榖水又东，枝分南入华林园[9]，历疏圃南[10]，圃中有古玉井，井悉以珉玉为之[11]，以缁石为口，工作精密[12]，犹不变古，璨焉如新。又迳瑶华宫南，历景阳山北，山有都亭，堂上结方湖，湖中起御坐石也。御坐前建蓬莱山[13]，曲池接筵，飞沼拂席，南面射侯[14]，夹席武峙。背山堂上，则石路崎岖，岩嶂峻险，云台风观[15]，缨峦带阜，游观者升降阿阁[16]，出入虹陛[17]，望之状鼍没鸾举矣[18]。其中引水飞皋，倾澜瀑布，或枉渚声溜[19]，潺潺不断，竹柏荫于层石，绣薄丛于泉侧[20]，微飙暂拂[21]，则芳溢于六空[22]，寔为神居矣。

这条《经》文下，是《水经注》中的最长一篇《注》文，因为洛阳是北魏首都，也是郦道元亲所见闻之地，所以整篇《注》文其实是写尽了这个当朝首都的大量自然景观和人文景观，是后人研究洛阳城市历史的宝贵资料。此处所选的一段，或许是其中精华之处，《注》文记叙了芳林园、华林园等园林，景阳山、蓬莱山等城内丘阜，其他还有许多城内胜迹，"九谷八溪，芙蓉覆水"，"云台风观，缨峦带阜"。确实城市繁华，文章雅致。全篇之中，当然还有许多值得传诵欣赏的内容。这一段或许是其中杰出的代表。

【注释】

①《洛阳记》：杨守敬认为是杨龙骧所作。杨龙骧，人名。不详。

②际：临近，靠近。

③孙盛：东晋学者，字安国，太原中都（在今山西平遥）人，作《魏春秋》。

④九江：地名。不详。

⑤《东京赋》：东汉天文学家、文学家张衡所作。张衡，字平子，南阳西鄂（在今河南南阳北）人，创造了世界上第一架浑天仪。

⑥濯龙：地名。在今河南洛阳西北角。

⑦九谷八溪：养鱼池，今不知所在。

⑧块阜：高土冈。

⑨枝分：支流，分流。华林园：即芳林园，三国魏齐王芳即位，改为华林。

⑩疏圃：菜园，在华林园中。疏，通"蔬"。

⑪珉（mín）玉：似玉的美石。

⑫工作：作工。

⑬蓬莱山：古代神话传说中的神山。这里指修建的假山，名亦称蓬莱山。

⑭射侯：箭靶。

⑮云台：高耸的台阁。凤观（guàn）：高出的楼观。"云"、"凤"都出现在天空中，因此引申出"高、高耸"义。

⑯阿（ē）阁：四面都有檐溜的楼阁。

⑰虹陛：高耸的台阶。虹，本指彩虹。因为彩虹出现在天空中，故引申出"高、高耸"义。

⑱凫没（fúmò）：像野鸭一样浮沉。鸾（luán）举：像鸾鸟一样飞翔。

⑲枉渚：弯曲的水池。渚，通"潴（zhū）"，蓄水池。声溜：潺潺的瀑布。溜，瀑布。

⑳绣薄：五彩斑斓的深草丛。丛：丛生。

㉑微飙（biāo）：微风。暂：突然，猝然。

㉒六空：天空。本来指佛教中所说的各种空界，如五蕴空、十二入空、十八界空、六大法空、四谛空、十二因缘空，称之为六空。由各种空界泛指天空。

【译文】

所以《洛阳记》说：陵云台西边有金市，金市北对洛阳垒，就是这地方。又东经大夏门下，就是原来的夏门。陆机《与弟书》说：门有三层，高百尺，魏明帝所造。门内东侧，靠城有魏明帝所造的景阳山，余基还在。孙盛

《魏春秋》说：景初元年（237），魏明帝更加增高宫殿，雕刻装饰观阁，从太行穀城山取白石英、紫石英及五色大石，在芳林园筑起景阳山，种下松竹草木，捕来禽兽充实其中。当时各种徭役极其兴盛，皇帝亲自掘土，率领三公以下群臣，人人出力。山东边，原有九江，陆机《洛阳记》说：九江凑聚成圆形水池，池中筑圆坛，又建三条堤道把池分为三块，与两岸相连。《东京赋》说：濯龙、芳林，九谷八溪，芙蓉铺满水面，秋兰长遍岸边。如今，山只剩下一座孤零零的高岗，江则再也看不出痕迹了。穀水又东流，支流向南流入华林园，经过菜园南边，园中古玉井，井栏都用珉玉做成，用黑石做井口，作工精密，虽年代久远，还没有改变古代的形状，色泽灿烂如新。又流经瑶华宫南边，过景阳山北边，山上有都亭，堂上砌方湖，湖中造有御坐石。御坐前建造蓬莱山，曲池接连着筵席，飞泉飘拂着席位，南面挂着箭靶，席位两边有高高的屏障。背山的堂上，石路崎岖，岩嶂险峻，亭台楼观高耸，山峦如缨带缠绕，游人在高阁中上下，从曲阶上出入，远望好像凫在水中浮沉，鸾在云中飞翔。堂中引水从岸上倾泻下来，形成飞瀑，奔流在曲渚间，水声潺潺不绝，竹柏遮蔽着层石，五彩斑斓的深草丛生在泉边，微风突然吹来，芳香飘溢到天空，这实在是神仙所居之地。

　　沮水东注郑渠[1]。昔韩欲令秦无东伐，使水工郑国间秦凿泾引水[2]，谓之郑渠。渠首上承泾水于中山西邸瓠口[3]，所谓瓠中也。《尔雅》以为周焦获矣④。为渠并北山⑤，东注洛三百余里，欲以溉田。中作而觉⑥，秦欲杀郑国，郑国曰：始臣为间⑦，然渠亦秦之利。卒使就渠，渠成而用注填阏之水⑧，溉泽卤之地四万余顷⑨，皆亩一钟⑩，关中沃野，无复凶年，秦以富强，卒并诸侯，命曰郑渠。

这一段记叙郑渠，而其间郑国凿渠的故事，说明了秦人的眼光远大。由于此渠的灌溉效益，"关中沃野，无复凶年，秦以富强，卒并诸侯"。关中平原是泾、渭二水及支流汇集之地，但气候干燥，降水量少，所以凿渠灌溉，是这片平原发展农业的唯一途径。历来一直以此获得富庶，直至近代，仍复如此。郦道元在《巨马水》篇中说过一句重要名言："水德含和，变通在我。"关中平原以开凿沟渠而获得发展，从西周以来，历秦汉以至隋唐，这个地区都是历朝的政治、经济、文化中心。所以此篇中关于郑渠的故事，确实值得重视。

【注释】

①沮水：今称沮河，即今陕西富平一带的石川河，是渭河的支流。

②间（jiàn）：侦候，侦察。泾（jīng）：水名。发源于宁夏，经甘肃、陕西流入渭河。

③中山：在今陕西泾阳境内。邸瓠口：即焦获泽，在今陕西泾阳西北。

④《尔雅》：我国现存最早的一部词典，十三经之一。作者不详。

⑤并（bàng）：依傍，沿着。

⑥觉：被发现。

⑦间（jiàn）：间谍。

⑧注：引。填阏（yū）：淤泥。阏，通"淤"。

⑨泽卤：盐碱地。

⑩钟：古时的容量单位，合六斛四斗。

【译文】

沮水向东注入郑渠。从前韩国想使秦国不要东征，派水工郑国侦察秦国，凿泾河引水，称为郑渠。渠上口在中山西的邸瓠口承接泾水，就是瓠中。《尔雅》以为是周的焦获。此渠与北山相并，东流注入洛水，有三百多里长，原是用来灌溉的。工程进行中，被秦国发觉，秦国要杀掉郑国，郑国说：开始时我是来侦察秦国的，然而挖成此渠，对秦国却是大为有利的。于是最终让他完成这一工程，渠成，引用这种含有淤泥的水源，灌溉盐碱地四万多顷，产量每亩一钟，关中成为沃野，不再有荒年了，秦国也因此富强，终于并吞了诸侯，把这条渠命名为郑渠。

卷十七

渭水

　　《水经注》全书四十卷，其中《河水》分置五卷，《江水》分置三卷，《济水》分置二卷。这是因为黄河不仅是全国大河，而且是汉族开始繁衍之地。长江则是全国第一长河。至于济水，在上古也是一条独流入海的大河。此三条大河以外，支流而分卷的有《渭水》和《沔水》，不过《沔水》虽置三卷，但最后一卷所写实为长江。所以《渭水》以一条黄河支流而分置三卷，受到如此特别重视，这仍然是因为古代的历史原因，渭水是关中平原上的最大河流。汉族的繁衍生息与此河有密切关系，如上面"郑渠"一段所解说的，渭水对关中的繁荣发展，包括汉族文化的源远流长，都有极端重要的关系。所以一条支流而分置三卷，竟至于与全国第一大河的长江齐观，说明自古对这条河流的重视。但另外也有郦学研究者认为《渭水》确实是《水经注》重视的河流，不过今本《水经注》置此水为三卷，可能是宋初此书亡佚五卷以后后人所分析的，《渭水》视今本篇幅，卷十八实应附于卷十七或卷十九，不足以单独成卷。由于卷十八确实篇幅短小，所以此说也不无道理。渭水今称渭河，从今甘肃发源流入陕西而注入黄河，全长达八百公里，流域面积达十三余万平方公里，是黄河的最大支流。渭水有不少支流，其中最大的是泾水，在古代，《诗经·邶风·谷风》说"泾以渭浊"，以后人们习常称此二河时，总是"泾"前"渭"后，如"泾渭分明"等等。但在《渭水》篇中，实际上没有记叙泾水，说明在《水经注》四十卷完整时，这条长达四百五十多公里的泾水很可能独设一卷，并附上它的许多支流。这也是后人怀疑《渭水》三卷可能是由二卷分析而成的缘故。清代有些郦学家如赵一清，曾把古代其他书上引用的有关泾水的文句辑录出来，凑成《补泾水》一篇，当然不是郦道元原文了。

渭水出首阳县首阳山渭首亭南谷^①，山在鸟鼠山西北^②。此县有高城岭，岭上有城，号渭源城，渭水出焉。三源合注，东北流迳首阳县西与别源合。水南出鸟鼠山渭水谷，《尚书·禹贡》所谓渭出鸟鼠者也。

这一段与《水经注》的其他各篇一样，开宗明义，把渭水的发源说明清楚。渭水发源于鸟鼠山，关于此山，还有一个鸟鼠同穴的故事。山上有鸟有鼠，这是很普通的事。至于"同穴"，或许是偶然凑合，也或许是传讹。渭水今称渭河，发源于甘肃渭源鸟鼠山，此山名"鸟鼠"，从《禹贡》至今未变。

【注释】

① 渭水：今称渭河，从今甘肃发源流入陕西而注于黄河，是黄河的最大支流，也是关中平原上的最大河流。首阳县：古县名。汉置，治今甘肃渭源东北。首阳山：在今甘肃渭源东南。

② 鸟鼠山：在今甘肃渭源西。

【译文】

渭水发源于首阳县首阳山的渭首亭南谷，首阳山在鸟鼠山西北。首阳县有高城岭，岭上有城，叫渭源城，渭水就发源于这里。渭水由三个源头合流而成，东北流经首阳县西，又与另一个源头汇合。此水源出南面的鸟鼠山渭水谷，就是《尚书·禹贡》所说的渭水源出鸟鼠山。

　　瓦亭水又西南流①，历僵人峡②，路侧岩上有死人僵尸峦穴，故岫壑取名焉。释鞍就穴直上，可百余仞，石路逶迤，劣通单步③。僵尸倚窟，枯骨尚全，惟无肤发而已。访其川居之士，云其乡中父老作童儿时，已闻其长旧传④，此当是数百年骸矣。

　　这一段记叙"僵人峡"的故事，故事所述或许是事实。因为这个地区降水量小，气候干燥，加上山上风大，蒸发量很大，所以僵尸的存在是可能的。但郦道元对这类猎奇故事并不感兴趣，所以只是如听闻实记，没有另加夸张言语，用以说明地名的来由而已。

【注释】

①瓦亭水：今名苦水河，源出宁夏海原南，至甘肃天
　水北注入渭河。

②僵人峡：在今甘肃庄浪。

③劣：仅仅。单步：独行。这里指一个人。

④长（zhǎng）旧：长辈，老者。

【译文】

　　瓦亭水又西南流经僵人峡，路旁岩上，山洞里有人死后成为僵尸，所以峡谷以僵人为名。下马一直朝山洞攀登约一百多仞，石径弯弯曲曲，勉强可容一人通行。僵尸倚着洞壁，尸骸还完好，只是没有皮肤头发而已。访问水边居民，说是乡中老人小时就早已听到长辈说起了，那么僵尸当是数百年前的骸骨了。

魏明帝遣将军太原郝昭筑陈仓城①，成，诸葛亮围之。亮使昭乡人靳祥说之②，不下，亮以数万攻昭千余人，以云梯、冲车、地道逼射昭③；昭以火射连石拒之④，亮不利而还。今汧水对亮城⑤，是与昭相御处也。

　　这一段记叙一次三国蜀魏的交战。司马懿没有在《注》文里出现，但其实，蜀方的军事指挥者是诸葛亮，而魏方的军事指挥者是司马懿。诸葛亮围攻陈仓城之战，实在就是诸葛亮和司马懿的军事较量。诸葛亮以数十倍兵力进攻陈仓城，而且心理战与阵地战并举，花了很大的代价。但郝昭拒绝游说，凭险固守，挫败了诸葛亮的一切进攻。司马懿虽然没有在《注》文中露面，但谁都知道，魏方的军事是由司马懿指挥的，所以这段《注》文其实就是诸葛亮败在司马懿手下。这段《注》文末尾还有一段记及诸葛与司马之间的事："《魏氏春秋》曰：诸葛亮据渭水南原，司马懿谓诸将曰：亮若出武功，依山东转者，是其勇也。若西上五丈原，诸君无事矣。亮果屯此原，与懿相御。"这段《注》文是司马懿料及诸葛亮无勇，而事实果然不出司马懿所料。诸葛与司马二人都是当时的能人，但后来罗贯中编《三国演义》，全书褒诸葛而贬司马，甚至胡诌出"空城计"的故事，许多人都信以为真。郦道元记叙的是当时的实况，而且北魏距三国为时不远，所以《水经注》所记的有关诸葛与司马的事是可信的，与后来的《三国演义》之类不可相比。

【注释】

①郝昭：字伯道，三国魏太原（在今山西太原）人。陈仓城：故城在今陕西宝鸡东。

②靳（jìn）祥：三国魏太原（在今山西太原）人，郝昭同乡人。

③冲车：古兵车名。用以冲城攻坚。

④火射：火箭。连石：《三国志》裴松之注引《魏略》中说，用绳子连接石磨。

⑤汧（qiān）水：古水名。即今陕西西部渭河支流千水。对亮城：在今陕西宝鸡。

【译文】

魏明帝派遣将军太原郝昭筑陈仓城，建成后，诸葛亮包围了此城。诸葛亮叫郝昭的老乡靳祥去游说他，但没有成功，于是就以几万的兵力去进攻郝昭的一千多人，用云梯、冲车、地道攻城，向城上放箭；郝昭则用火箭、用绳子连接石磨来抵抗，诸葛亮失利，就退兵而回。现在汧水的对亮城，就是诸葛亮与郝昭对抗的地方。

卷十八

渭水

　　这一卷中只有两条《经》文,《注》文也短小,是《水经注》今本四十卷中篇幅最小的一卷,所以有人认为此卷是此书在宋初亡佚五卷以后分析出来成卷的,《渭水》原来只有二卷。这种意见不无道理,但无论如何,今各本都作为一卷,是既成事实。而且泾水篇已经亡佚,无法弥补,我们当然也只好把《渭水》作为三卷。古籍中这类情况很多,现在都是按既成事实处理。

　　渭水又东，温泉水注之①，水出太一山②，其水沸涌如汤，杜彦达曰③：可治百病，世清则疾愈，世浊则无验。

　　《水经注》全书记载的温泉很多，共达三十八处，其中记及温泉可以治病的例子也有不少。但这一处出于太一山的温泉，《注》文记及"可治百病"，而下文又说："世清则疾愈，世浊则无验。"温泉治病竟与"世清"、"世浊"相牵连，实在使人不解。而郦道元是引杜彦达的，杜当然有一种著述，但郦氏引书往往只提著者名，杜彦达何许人，所著何书，现在都无法查到。不过由于流行的各本《水经注》都作"世清"、"世浊"，虽明知其中必有以往抄录的讹误，但也无法查究。我曾为此查过许多版本和引用《水经注》的其他古籍，结果在康熙《陇州志》卷一《方舆·温泉》下查到此书所引的《水经注》，这一句作："然水清则愈，浊则无验。"现在虽然查不到康熙《陇州志》所引的这种《水经注》版本，但"水清"、"水浊"当然比"世清"、"世浊"正确，由于"水"、"世"发音近似，必然是以前辗转传抄者之中，有一位把"水"误作"世"，所以把这个显而易见的错误一直流传了下来。

【注释】

①温泉水：水出今陕西眉县东。

②太一山：即陕西秦岭终南山。

③杜彦达：人名。具体不详。

【译文】

　　渭水又东流，有温泉水注入。温泉水发源于太一山，一泓清泉像开水似的沸腾翻涌。据杜彦达说：那泉水可治百病。泉水清澈，病就可治好；泉水浑浊，治病就无效。

卷十九

渭水

　　这是《渭水》三卷中最重要的一卷，卷内有七条《经》文，《注》文也有几个长篇。所以也是三卷之中篇幅最大的一卷。由于渭水在这一卷中流经关中平原，汉族的发祥之地，而丰镐、咸阳、长安，从西周到汉，都在渭水流域之中，《水经注》对从西周到秦汉的这个汉族发祥的政治、经济、文化中心，在自然景观和人文景观上有许多记叙。所以这一卷在《水经注》全书中也是很重要的一卷。

田溪水又北流①，注于渭水也。县北有蒙茏渠，上承渭水于郿县②，东迳武功县为成林渠③；东迳县北，亦曰灵轵渠，《河渠书》以为引堵水④。徐广曰：一作诸川是也。渭水又东迳槐里县故城南⑤。县，古犬丘邑也⑥，周懿王都之，秦以为废丘，亦曰舒丘。中平元年，灵帝封左中郎将皇甫嵩为侯国⑦。县南对渭水，北背通渠。

这一段《注》文，文字不多，但写了与渭水沟通的不少沟渠，如蒙茏渠、成林渠（灵轵渠）等等。这些都是利用渭水为水渠的灌溉运河。前面已经解释了有关"郑渠"的故事，关中平原由于地形和河川的优势，历史上开凿的渠道很多，这一段是全卷的开头，就记及几条渠道，它们都与渭水有密切关系。

【注释】

①田溪水：在今陕西周至附近。

②郿（méi）县：故城在今陕西眉县东。

③武功县：古县名。治今陕西武功。成林渠：在今陕西武功、周至附近，即下文的"灵轵（zhǐ）渠"。同一条河流在不同地域的名称不同。

④《河渠书》：即西汉司马迁《史记·河渠书》，是我国比较早的一篇关于水利发展史的文献。

⑤槐里县：古县名。治今陕西兴平东南。

⑥犬丘邑：古邑名。在今陕西兴平东南，周懿王自镐徙都于此，秦更名废丘。亦称舒丘。

⑦左中郎将：郎中令的属官。皇甫嵩：字义真，东汉安定朝那（在今宁夏彭阳）人，时号名将。侯国：侯爵的封地。

【译文】

田溪水又北流，注入渭水。县北有蒙茏渠，上流在郿县承接渭水，东流经武功县，就是成林渠；东流经县北，又叫灵轵渠，《河渠书》以为是从堵水引过来的。徐广说，此渠又叫诸川。渭水又东流，经槐里县老城南。槐里县，就是古时的犬丘邑，周懿王曾建都于此，秦时称为废丘，又叫舒丘。东汉中平元年（184），灵帝将这地方封给左中郎将皇甫嵩为侯国。槐里县南对渭水，北靠通渠。

池水北迳鄗京东、秦阿房宫西①。《史记》曰：秦始皇三十五年，以咸阳人多，先王之宫小，乃作朝宫于渭南②，亦曰阿城也。始皇先作前殿阿房，可坐万人，下可建五丈旗，周驰为阁道③，自殿直抵南山④。表山巅为阙⑤，为复道自阿房度渭⑥，属之咸阳⑦，象天极⑧，阁道绝汉抵营室也⑨。《关中记》曰⑩：阿房殿在长安西南二十里，殿东西千步，南北三百步，庭中受十万人。其水又屈而迳其北，东北流注竭水陂。陂水北出，迳汉武帝建章宫东，于凤阙南，东注沇水⑪。沇水又北迳凤阙东。《三辅黄图》曰⑫：建章宫，汉武帝造，周二十余里，千门万户，其东凤阙，高七丈五尺，俗言贞女楼。非也。《汉武帝故事》⑬云：阙高二十丈。《关中记》曰：

建章宫圆阙，临北道，有金凤在阙上，高丈余，故号凤阙也。故繁钦《建章凤阙赋》曰[14]：秦汉规模，廓然毁泯，惟建章凤阙，岿然独存，虽非象魏之制，亦一代之巨观也。沇水又北，分为二水，一水东北流，一水北迳神明台东[15]。《傅子·宫室》曰[16]：上于建章中作神明台、井幹楼[17]，咸高五十余丈，皆作悬阁，辇道相属焉[18]。《三辅黄图》曰：神明台在建章宫中，上有九室，今人谓之九子台。即实非也。沇水又迳渐台东。《汉武帝故事》曰：建章宫北有太液池，池中有渐台三十丈。渐，浸也，为池水所渐。一说星名也。南有璧门三层，高三十余丈，中殿十二间，阶陛咸以玉为之，铸铜凤五丈，饰以黄金，楼屋上橼首，薄以玉璧[19]。因曰璧玉门也。沇水又北流注渭，亦谓是水为滴水也。故吕忱曰[20]：滴水出杜陵县[21]。《汉书音义》曰[22]：滴，水声，而非水也。亦曰高都水。前汉之末，王氏五侯大治池宅[23]，引沇水入长安城。故百姓歌之曰：五侯初起，曲阳最怒[24]，坏决高都，竟连五杜[25]，土山渐台，像西白虎。即是水也。

这一段记叙从西周到秦汉的京城区域，第一句提到的鄗京，就是西周的首都。下文"以咸阳人多"，咸阳就是秦的首都。接下去记叙汉武帝建章宫，这就涉及汉首都长安了。鄗京、咸阳、长安这三座首都，虽然都不是同一个城市，但这片地区属于从西周到秦汉的首都区，以后的隋唐首都也在这个地区，当然是郦道元所不及看到的了。所以这是中国古代的政治、经济、文化中心地区。其间要记叙的内容实在太多，郦道元在这一段中着眼于宫殿楼台。由于这些宫殿楼台的建筑都非常豪华富丽，所以必须用简洁的文字表达它们最重要的方面，而郦道元的写作技巧确实达到了这种境界。例如秦阿房宫："可坐万人，下可建五丈旗。"两句话，一句描述它的宏大，一句描述它的崇高。又如汉武帝建章宫："周二十余里，千门万户。"一座规模极大的宫殿，假使用四至八到的老套描写，就需要写许多文字，"周二十余里"一语让人顿时领会这座宫殿的巨大程度。这样一座硕大无朋的宫殿，其中当然有大量的屋宇和亭台楼阁，逐个写来需要用一篇大文章，而"千门万户"一语就概括无遗。当然在引用古籍对这些宫殿的记叙之中，郦道元并无褒赞的语言，事实上，他或许是对前代帝王的如此大兴土木持反对态度的，这一段最后关于前汉末年王氏五侯大治池宅、把沇水引入长安城的奢靡行为，他引用老百姓的歌谣加以揭露，由此可以为证。

【注释】

①鄗（hào）京：周朝初年的国都，在今陕西西安。阿房宫：秦始皇时修建，在今陕西西安西北。即下文的"阿城"。

②朝宫：帝王的宫殿。

③周驰：四周绵延。驰，绵延。阁道：道路，阶梯。

④南山：古山名。即秦岭终南山，在今陕西西安南。

⑤表：以为标记。

⑥复道：上下两重通道，即空中通道。度：渡过。

⑦属（zhǔ）：连接。

⑧象：模仿，仿效。天极：紫宫后十七星。

⑨阁道：星名。共六颗。绝汉：横过天河。营室：星宿名。与天极隔着天河。

⑩《关中记》：西晋潘岳所作。

⑪沋（jué）水：古水名。渭河支流，上游沋水即今陕西西安东南的潏（jué）河上游。即下文的"潏水"、"高都水"。

⑫《三辅黄图》：撰者不详。主要记录汉代三辅宫观、陵庙、明堂、辟雍、郊畤等事。

⑬《汉武帝故事》：《隋书·经籍志》记载，二卷，未著撰者。

⑭繁钦：东汉末文学家，字休伯，颍川（在今河南禹州）人。

⑮神明台：在今陕西西安西北。

⑯《傅子》：沈钦韩认为晋傅玄撰《傅子》百四十篇。

⑰井幹楼：楼观名。像井幹一样的楼观。井幹，井上的栏杆，其形状或四角，或八角。

⑱辇道：可乘辇往来的道路。

⑲薄：通"敷"，装饰，贴。

⑳吕忱：晋时的文字学家，字伯雍，任城（在今山东济宁）人。有文字学著作《字林》，七卷，今亡佚，后人有辑本。

㉑杜陵县：古县名。西汉置，治今陕西西安东南。

㉒《汉书音义》：给《汉书》作的音义。撰者不详。

㉓王氏五侯：《汉书·元后传》记载：西汉成帝刘骜（áo）河平二年（前27），封舅舅王谭为平阿侯、王商为成都侯、王立为红阳侯、王根为曲阳侯、王逢时为高平侯。五人同日封，故世谓之"五侯"。

㉔曲阳：指曲阳侯王根。最怒：最为豪奢。

㉕五杜：《汉书·元后传》作"外杜"。具体不详。

【译文】

池水北流经鄗京东、秦阿房宫西。《史记》说：秦始皇三十五年（前212），因咸阳人多，先王的宫殿小，于是在渭南建筑朝宫，也叫阿城。秦始皇先修建了前殿阿房宫，殿上可坐一万人，殿下可以竖立五丈高的旗，四周绕以阁道，从殿里一直通到南山。在山巅建阙，从阿房宫修建复道跨过渭水，与咸阳相连，以咸阳模仿天极，阁道则表示跨过天汉，通到营室星。《关中记》说：阿房殿在长安西南二十里，东西长一千步，南北宽三百步，庭中可容十万人。昆明池水又转向阿房宫北面流过，往东北流注于滈水陂。陂水从北面流出，经汉武帝建章宫东，在凤阙南往东注入沄水。沄水又北流经凤阙东。《三辅黄图》说：建章宫，汉武帝建，周围二十多里，宫内有成千上万的门窗，东边是凤阙，高七丈五尺，俗名贞女楼。这说得不对。《汉武帝故事》说：阙高二十丈。《关中记》说：建章宫的门阙，面对北道，上面有金凤，有一丈多高，所以叫凤阙。繁钦《建章凤阙赋》说：秦汉时的规模，已荡然无存了，只有建章宫的凤阙，还独自屹立着，虽然不是象魏的规制，但也可算是一代壮伟的楼观了。沇水又北流，分为两条：一条东北流，一条北流经神明台东边。《傅子·宫室》中说：建章宫中筑了神明台、井干楼，高度都有五十多丈，上面都建了悬阁，下面有车路相通。《三辅黄图》说：神明台在建章宫里面，台上有九个房间，现在人们称为九子台。这是不对的。沇水又流经渐台东。《汉武帝故事》说：建章宫北有太掖池，池中有渐台，高三十丈。渐，是浸的意思，就是说被池水所浸。还有一个说法，认为渐是星名。南有璧门三层，高三十多丈，中殿十二间，台阶都用玉砌成，铸了铜凤一只，高五丈，以黄金来装饰；楼屋上方的椽头上贴着玉璧。因此叫璧玉门。沇水又北流，注入渭水，沇水又名漕水。所以吕忱说：漕水发源于杜陵县。《汉书音义》说：漕是水声，并不是水名。又叫高都水。西汉末年，王氏五侯大规模开池建宅，把沇水引入长安城。所以老百姓歌唱道：五侯初兴，曲阳最怒，坏决高都，竟连五杜，土山渐台，像西白虎。说的就是这条水。

渭水又东迳长安城北，汉惠帝元年筑，六年成，即咸阳也。秦离宫无城①，故城之，王莽更名常安②。十二门：东出北头第一门，本名宣平门，王莽更名春王门正月亭，一曰东都门，其郭门亦曰东都门，即逢萌挂冠处也③。第二门，本名清明门，一曰凯门，王莽更名宣德门布恩亭，内有藉田仓，亦曰藉田门。第三门，本名霸城门，王莽更名仁寿门无疆亭，民见门色青，又名青城门，或曰青绮门，亦曰青门。门外旧出好瓜，昔广陵人邵平为秦东陵侯④，秦破，为布衣，种瓜此门，瓜美，故世谓之东陵瓜。是以阮籍《咏怀诗》云：昔闻东陵瓜，近在青门外，连畛拒阡陌⑤，子母相钩带⑥。指谓此门也。南出东头第一门，本名覆盎门，王莽更名永清门长茂亭。其南有下杜城⑦，应劭曰⑧：故杜陵之下聚落也，故曰下杜门，又曰端门，北对长乐宫。第二门，本名安门，亦曰鼎路门，王莽更名光礼门显乐亭，北对武库。第三门，本名平门，又曰便门，王莽更名信平门诚正亭，一曰西安门，北对未央宫。西出南头第一门，本名章门，王莽更名万秋门亿年亭，亦曰光华门也。第二门，本名直门，王莽更名直道门端路亭，故龙楼门也。张晏曰⑨：门楼有铜龙。《三辅黄图》曰：长安西出第二门。即此门也。第三门，本名西城门，亦曰雍门，王莽更名章义门著义亭，其水北入有函里，民名曰函里门，亦曰突门。北出西头第一门，本名横门，王莽更名霸都门左幽亭。如淳曰：音光，故曰光门。其外郭有都门、有棘门。徐广曰：棘门在渭北。孟康曰⑩：在长安北，秦时宫门也。如淳曰：《三辅黄图》曰棘门在横门外。按《汉书》：徐厉军于此备匈奴⑪，又有通门、亥门也。第二门，本名厨门，又曰朝门，王莽更名建子门广世亭，一曰高门。苏林曰⑫：高门，长安城北门也。其内有长安厨官在东，故名曰厨门也。如淳曰：今名广门也。

第三门，本名杜门，亦曰利城门，王莽更名进和门临水亭，其外有客舍，故民曰客舍门，又曰洛门也。凡此诸门，皆通逵九达⑬，三途洞开。隐以金椎⑭，周以林木，左出右入，为往来之径，行者升降，有上下之别。

　　这一段描写西汉首都长安城的城门，一共是十二门，各门都还有许多附属建筑。由于是个历史上的著名古都，《注》文内容浩瀚，所以只选到"第三门"一段。对于研究古都建筑史，这是很有价值的资料。

【注释】

①离宫：正宫之外供帝王出巡时居住的宫室。

②常安：即长安，在今陕西西安。

③逄（páng）萌挂冠：《后汉书》记载，时王莽杀其子宇，萌谓友人曰："三纲绝矣。不去，祸将及人。"即解冠挂东都城门。逄萌，字子康，北海都昌（在今山东昌邑）人。

④广陵：在今江苏扬州。邵平：秦东陵侯，秦破，为布衣，贫，种瓜于长安城东。

⑤畛（zhěn）：田间的边界。拒：通"距"，到。阡陌（qiānmò）：田地间纵横交错的小路。

⑥子母：指大小不等的瓜。一说，子指瓜，母指瓜藤。相钩带：形容瓜一个连接一个，结得很多。

⑦下杜城：故址在今陕西西安。

⑧应劭：字仲远，东汉学者，汝南南顿（在今河南项

城）人。

⑨张晏：三国魏中山（在今河北定州）人，字子传，有《汉书音释》四十卷。

⑩孟康：三国魏广宗（在今河北威县）人，字公休，曾注《汉书》。

⑪徐厉：西汉文帝时人，具体不详。

⑫苏林：三国魏陈留外黄（在今河南民权）人，字孝友。

⑬通逵：犹"通途"。逵，四通八达的道路。

⑭隐：夯筑。金椎：铁铸的锤击工具。

【译文】

渭水又东流经长安城北，长安城于汉惠帝元年（前194）开始修筑，六年（前189）建成，这就是咸阳城。秦时的离宫并未建城，所以给它造城，王莽改名为常安。长安城有十二座城门：从东边出城，北端第一门原名宣平门，王莽改名春王门正月亭，又名东都门，外城城门也叫东都门，就是逢萌挂冠弃官而去的地方。第二门原名清明门，又叫凯门，王莽改名宣德门布恩亭，内有藉田仓，又称藉田门。第三门原名霸城门，王莽改名为仁寿门无疆亭，人们看到城门是青色的，又叫青城门，或叫青绮门，又叫青门。旧时门外出产好瓜，从前广陵人邵平是秦时的东陵侯，秦亡后做了平民百姓，在这座城门外种瓜，瓜很甜美，所以人们称为东陵瓜。阮籍《咏怀诗》说：昔闻东陵瓜，近在青门外，连畛拒阡陌，子母相钩带。诗里说的就是此门。从南边出城，东端第一门原名覆盎门，王莽改名为永清门长茂亭。此门南边有下杜城，应劭说：下杜城就是旧时杜陵的下聚落，所以叫下杜门，又叫端门，北与长乐宫相望。第二门原名安门，又称鼎路门，王莽改名为光礼门显乐亭，北对武库。第三门原名平门，又叫便门，王莽改名为信平门诚正亭，又叫西安门，北与未央宫相望。从西边出城，南端第一门原名章门，王莽改名为万秋门亿年亭，又叫光华门。第二门原名直门，王莽改名直道门端路亭，就是旧时的龙楼门。张晏说：门楼上有铜龙。《三辅黄图》说：这是长安西出第二门。说的就是此门。第三门原名西城门，又叫雍门，王莽改名为章义门著义亭，水从城北流入，有函里，人们称为函里门，又叫突门。从北边出城，西端第一门原名横门，王莽改名为霸都门左幽亭。如淳说：横，音光，所以叫光门。外城有都门、棘门。徐广说：棘门在渭北。孟康说：在长安北，是秦时的宫门。如淳说：《三辅黄图》说棘门在横门外。按《汉书》：徐厉曾驻军于此，以防匈奴，又有通门、亥门。第二门原名厨门，又叫朝门，王莽改名为建子门广世亭，又叫高门。苏林说：高门是长安城北门。门内有长安厨官在东，所以叫厨门。如淳说：现在叫广门。第三门原名杜门，又叫利城门，王莽改名为进和门临水亭。城门外有客舍，所以人们称为客舍门，又叫洛门。所有这些城门都有通衢大道相通，每座大开的城门各有三条大路穿过。修建大路时以大铁椎夯土，两边种植林木，左边出门，右边进门，往来有一定的路径，行人出入，有上行道和下行道的分别。

又东迳未央宫北。高祖在关东，令萧何成未央宫①，何斩龙首山而营之②。山长六十余里，头临渭水，尾达樊川③；头高二十丈，尾渐下，高五六丈；土色赤而坚，云昔有黑龙从南山出饮渭水，其行道因山成迹。山即基④，阙不假筑⑤，高出长安城。北有玄武阙⑥，即北阙也。东有苍龙阙⑦，阙内有闾阖、止车诸门⑧。未央殿东有宣室、玉堂、麒麟、含章、白虎、凤皇、朱雀、鹓鸾、昭阳诸殿⑨，天禄、石渠、麒麟三阁⑩。未央宫北，即桂宫也⑪，周十余里，内有明光殿、走狗台、柏梁台，旧乘复道，用相迳通。

　　这一段记叙著名的汉未央宫。未央宫的建造早于前面的汉武帝建章宫，但在历史上，声名超过建章宫，常常以此宫与秦的阿房宫并提，所以《水经注》对此也写了较多文字，点出了此宫的不少门阙和殿宇。总之，在这两条《经》文下的《注》文，加以疏理加工，汉都长安城就可以大致复原了。

【注释】

①萧何：西汉沛（在今江苏）人，进韩信为大将，辅佐刘邦建立西汉王朝，为开国名相。

②龙首山：古山名。在今陕西西安旧城北。

③樊川：潏（jué）水的支流，在陕西西安南。

④即：作为。

⑤不假：不须。

⑥玄武：古代神话中的北方之神，后代指北方。

⑦苍龙：古代二十八星宿中东方七宿的总称。

⑧阊阖（chānghé）：古宫门。

⑨鹓鸾（yuānluán）：凤凰。鹓、鸾，各是凤凰的一种。

⑩天禄、石渠、麒麟：汉代阁名。为皇家藏书之所。

⑪桂宫：宫名。在今陕西西安西北。

【译文】

渠水又东流，经未央宫北。高祖在关东时，命令萧何去兴建未央宫，萧何就开辟龙首山来营建这座宫殿。山长六十多里，山头俯临渭水，山尾伸到樊川；山头高二十丈，山尾渐低，高五六丈；土壤呈红色，很坚硬，传说从前有黑龙从南山出来，去饮渭水，经过的路线沿山而形成遗迹。建宫依山为基，不须筑基，就已高出长安城之上了。北有玄武阙，就是北阙。东有苍龙阙，阙内有阊阖、止车诸门。未央殿东有宣室、玉堂、麒麟、含章、白虎、凤皇、朱雀、鹓鸾、昭阳诸殿，天禄、石渠、麒麟三阁。未央宫以北，就是桂宫，周围十多里，里面有明光殿、走狗台、柏梁台，从前有复道相通。

《汉武帝故事》曰：帝崩后见形，谓陵令薛平曰①：吾虽失势，犹为汝君，奈何令吏卒上吾陵磨刀剑乎？自今以后，可禁之。平顿首谢②，因不见。推问陵傍，果有方石，可以为砺③，吏卒常盗磨刀剑④。霍光欲斩之⑤，张安世曰⑥：神道茫昧，不宜为法。乃止。

　　这一段文字不长，郦道元写此文的主要用意在"神道茫昧，不宜为法"这两句，因为他其实是不信鬼神的。但《水经注》中有不少鬼神故事，这都是他借鬼神来警戒活人或劝人为善的。这一段文字引自《汉武帝故事》，此卷曾多次引及此书，但《汉武帝故事》其书早已亡佚，特别值得指出的是，此书除《水经注》外，从来不见其他古籍引及，是郦道元所独引的书，所以更是珍贵。

【注释】

①陵令：即守卫汉武帝的陵墓茂陵的官长。薛平：人名。具体不详。

②顿首：磕头，旧时礼节之一。谢：谢罪。

③砺（lì）：磨刀石。

④盗：偷偷地。

⑤霍光：汉霍去病异母弟，字子孟，受遗诏，辅佐幼主。

⑥张安世：汉张汤之子，字子孺。

【译文】

《汉武帝故事》说：武帝死后，曾显灵对陵令薛平说：我虽已失势，但到底还是你的君主，怎么可以让下吏兵卒之辈到我陵上来磨刀剑呢？从今以后，你要禁止他们。薛平叩头请罪，武帝忽然不见了。他去查问，果然陵墓旁边有一块方石，可以当磨石用，下吏兵卒常常偷偷地在那里磨刀剑。霍光想把那些人杀了，张安世说：神道之事幽渺难知，不宜作为执法的依据。于是才作罢。

　　秦始皇大兴厚葬，营建冢圹于丽戎之山①，一名蓝田②，其阴多金，其阳多玉，始皇贪其美名，因而葬焉。斩山凿石，下锢三泉③，以铜为椁④，旁行周回三十余里⑤，上画天文星宿之象，下以水银为四渎、百川、五岳、九州岛⑥，具地理之势。宫观百官，奇器珍宝，充满其中。令匠作机弩⑦，有所穿近，辄射之。以人鱼膏为灯烛⑧，取其不灭者久之。后宫无子者，皆使殉葬甚众。坟高五丈，周回五里余，作者七十万人，积年方成。而周章百万之师⑨，已至其下，乃使章邯领作者以御难⑩，弗能禁。项羽入关，发之，以三十万人三十日运物不能穷。关东盗贼，销椁取铜⑪，牧人寻羊烧之，火延九十日不能灭。

郦道元推崇薄葬，鞭挞厚葬，在《水经注》全书中，以下还有不少例子。特别是对大暴君、大独裁者的这种厚葬，不仅是郦道元深恶痛疾，其实也是我们民族的不幸，是值得我们世代记取这个教训的。在同条《经》文下，《注》文也记及了汉成帝为自己建造安置他死后尸骸的地方。《注》文中有两句话："取土东山，与粟同价。"建造一座陵墓，从别处取土，这种造坟墓的泥土，由于辗转搬运，竟贵得与粮食同价。郦道元在《水经注》中多次鞭挞厚葬，特别是暴君昏君和贪官污吏的厚葬，实在是对后世的重要教育。

【注释】

①冢圹（zhǒngkuàng）：坟墓。圹，墓穴。丽戎之山：即骊（lí）山，在今陕西西安。

②蓝田：即蓝田山，在今陕西蓝田东南。丽戎之山实际上是蓝田山之北山。

③三泉：三重泉，即地下深处，多指人死后的葬处。

④椁（guǒ）：古代套在棺材外面的大棺材。

⑤旁行：遍行，到处。周回：周围。

⑥四渎（dú）：古人对四条独流入海的大川的总称，即江（长江）、河（黄河）、淮、济。五岳：我国五大名山的总称，古书中记载各异。九州：古代分中国为九州，说法不一。

⑦机弩（nǔ）：古代用机械发射的强弓。

⑧人鱼膏：鲵（ní）鱼的膏脂。人鱼，即鲵鱼，俗称娃娃鱼。

⑨周章：陈涉时人。《史记·秦始皇本纪》：" （秦二世）二年冬，陈涉所遣周章等将西至戏，兵数十万。"其余不详。

⑩章邯：秦二世时官少府。陈涉兵起，二世使章邯发骊山徒拒之，击杀周章。

⑪销：加热使金属变成液态。

【译文】

秦始皇大搞厚葬，在丽戎之山——又名蓝田——营建墓地，山北多金，山南多玉，秦始皇贪它的美名，因而葬在这里。他劈山凿石，在墓穴下面堵死地下水，用铜铸造棺椁，墓穴周围三十多里，上面画了天文星宿的图像，下面用水银模拟天下的四渎、百川，还有五岳、九州，地理形势无不具备。墓内还置宫观百官官署，堆满奇器珍宝。

又令工匠制作装置了机关的弩，有人入内行近，就发弩射死他。墓内用人鱼膏作灯烛，取其能久燃不灭。后宫没有生过儿子的妃嫔，殉葬的极多。坟高五丈，周围五里多，筑陵动用了七十万人，接连好几年方才告成。但周章的百万大军却已打到陵墓下面了，于是派章邯率领筑陵役夫去抵抗，却约束不住这批人。项羽入关，掘开了陵墓，用三十万人搬运墓内葬品，接连三十天还搬不完。关东盗贼熔化铜棺来取铜，牧人寻羊放火烧陵，大火一连烧了九十天都不能扑灭。

卷二十

漾水、丹水

此篇中《经》、《注》对于漾水的记叙都是错误的，这是由于《禹贡》的影响，因为《禹贡》说："嶓冢导漾，东流为汉。"意思是，漾水发源于嶓冢山，向东而流，就是汉水。汉水是自古有名的大河，《禹贡》错误地把漾水当做汉水的上源，《水经》继承了《禹贡》的错误，所以《经》文开头就说：漾水发源于陇西郡氐道县的嶓冢山，东流到武都郡的沮县就是汉水。其实东流到沮县的不是汉水，而是西汉水，西汉水和汉水是两条完全不同的河流，但古人错误地认为西汉水就是汉水的上源，所以这种错误就沿袭了下来。《水经注》显然也犯了这种错误。郦道元在《注》文中引用了我国的早期地方志《华阳国志》，认为汉水有两处源头：东源在武都郡氐道县的漾山，称为漾水。西源在陇西郡的西县，即嶓冢山，与汉水会合以后，称为沔水。《注》文有一句说到白水，白水就是今白龙江，所以这是不错的。白龙江是嘉陵江的上流，在当时属于益州（在今四川境内）之地，郦道元在当时国家南北分裂的情况下，没有到过这些地方，所以还是继承了前代的错误。西汉水和汉水虽然都是长江的支流，但前者是嘉陵江的上流，所以漾水属于嘉陵江水系的河流，与汉水（今称汉江）无关。丹水今称丹江，确实是今汉江的一条大支流，此水发源于今陕西西南，全长近四百公里。现在因为在流程中兴建了丹江水库，所以丹江经水库后，在湖北丹江口注入汉江。

汉水北①，连山秀举②，罗峰竞峙③。祁山在嶓
冢之西七十许里④，山上有城，极为岩固⑤。昔诸葛
亮攻祁山，即斯城也。汉水迳其南，城南三里有亮
故垒⑥，垒之左右犹丰茂宿草⑦，盖亮所植也，在上
邽西南二百四十里⑧。《开山图》曰⑨：汉阳西南有祁
山⑩，蹊径逶迤，山高岩险，九州之名阻，天下之
奇峻。今此山于众阜之中，亦非为杰矣。

　　这一段写秦岭山脉中的一座著名山岳祁山。祁山是当
时南北之间的一处军事要地，诸葛亮北征"六出祁山"的
故事至今流传。郦道元也在《注》文中提及"诸葛亮攻祁
山"的事，并且记叙了若干这方面的掌故。又引《开山图》
描述此山，文字十分生动。但秦岭自古是中国名山，祁山
也不是此山名峰，在秦岭群山中，还有许多名峰，例如卷
十八《渭水》篇中，《水经注》曾引流俗的话："武功太白，
去天三百。"太白山就是秦岭山脉中的名峰之一。唐朝韩愈
有诗："云横秦岭家何在，雪拥蓝关马不前。"这当然是郦
道元不及引用的名诗，不过可以说明秦岭的著名于世。郦
道元对秦岭当然非常熟悉，所以虽然用《开山图》的话说
祁山是"天下之奇峻"，但他还是加上句公正的评语："今此
山于众阜之中，亦非为杰矣。"

【注释】

①汉水：即西汉水，源出甘肃天水南嶓（bō）冢山。

②秀举：高耸。

③罗：罗列，广布。竞峙：争高。

④祁山：在今甘肃礼县东。

⑤岩固：险要而坚固。

⑥垒：军营。

⑦宿草：久植的荒草。

⑧上邽（guī）：古县名。在今甘肃天水。

⑨《开山图》：《隋书·经籍志》载，《遁甲开山图》三卷，荣氏撰，其余不详。

⑩汉阳：故城在今甘肃天水、礼县一带。

【译文】

汉水北面连绵不断的群山高耸突兀，广布的山峰竞相争高。祁山就在嶓冢山西约七十里处，山上有个小城，十分坚固险要。从前诸葛亮进攻祁山时，攻的就是这个小城。汉水流经小城南，城南三里处有诸葛亮军营的故址，周围全是茂盛的荒草，那是诸葛亮当年种植的，地点是在上邽西南二百四十里。《开山图》说：汉阳西南有祁山，山径曲折逶迤，山峰高峻，岩崖陡峭，是九州著名的险要之地，天下罕见的高山峻岭。可是此山只是置身于一群低丘中间，也就算不上很雄伟了。

虞诩为武都太守①，下辨东三十余里有峡②，峡中白水生大石，障塞水流，春夏辄溃溢③，败坏城郭。诩使烧石，以醯灌之④，石皆碎裂，因镌去焉，遂无泛溢之害。

这一段记叙后汉虞诩整治水利之事。浊水（今甘肃境内嘉陵江上的西汉水支流）是一条山区的峡谷河流，整治有很大难度。虞诩在《后汉书》立有专传，但这一段记载引于司马彪的《续汉书》，此书已经亡佚，所以尤为珍贵。山区河川多大石，洪水时期，因大石阻碍流水，容易造成泛滥，这种情况，在现在的山区河流也仍然存在。虞诩的方法是在每块大石中凿出孔穴，注入醯（即醋），用以腐蚀大石，然后逐块烧凿，在当时没有比醋更有效的腐蚀方法时，这是唯一的做法，但工程量是非常巨大的。虞诩通过这样的整治手段，治好了这条峡谷河流，使河流不再泛滥，人民得以安居乐业。虞诩是位好官，而其事又属于河川水利，郦道元当然要记叙此事，使已经亡佚的《续汉书》中故事，至今仍为人所见。

【注释】

①虞诩：东汉陈国武平（在今河南鹿邑）人，字升卿，一说定安。武都：古郡名。汉置，治今甘肃西和西南。

②下辨：古县名。秦置，故城在今甘肃成县西北。

③濆（pēn）溢：喷涌漫溢。

④醯（xī）：醋。

【译文】

《续汉书》说：虞诩任武都太守时，下辨东面三十多里处有一条山峡，白水在峡中流过，水中有一块巨石，阻塞了水流，每年春夏洪水泛滥，冲毁城墙。虞诩派人用火来烧巨石，再用醋浇注，巨石碎裂，然后把它凿掉，从此以后就不再有泛滥之灾了。

　　虞诩为郡，漕谷布在沮，从沮县至下辨①，山道险绝，水中多石，舟车不通，驴马负运，僦五致一②。诩乃于沮受僦直③，约自致之④，即将吏民按行⑤，皆烧石檞木⑥，开漕船道，水运通利，岁省万计，以其僦廪与吏士，年四十余万也。

　　这一段《注》文与前一段其实是连续的，但因《后汉书》的虞诩专传中记下了这一段，却没有记前面一段，《水经注》既引司马彪《续汉书》，又引范晔《后汉书》，事情就很明白了。原来他整治这条被许多大石阻塞的河流，除了排除河流的泛滥之灾以外，另外还有重要的目的，要让这条乱石嵯峨的山区峡谷河流成为一条可以航行船舶的运河。因为这个崎岖的山区，舟车不通，原来是靠驴马负运的。河流经过整治疏通，船舶运输代替了驴马，当然大大地改善了运输条件，"岁省万计"。虞诩确实是个为人民办实事的好官，所以《续汉书》、《后汉书》、《水经注》都要把此人此事记载下来。

【注释】

①沮县：古县名。西汉置，治今陕西略阳东。

②僦（jiù）：租赁。

③僦直：租赁费。下文的"僦廪（lǐn）"也是租赁费。直，同"值"。

④约：约定。自致：亲自送达。

⑤按行：巡查，巡视。

⑥檞（jiǎn）：段熙仲认为《后汉书·虞诩传》作"烧

石礐木”。“礛”当为“礵”之异体，义为“除去”。

【译文】

　　虞诩任郡守时，要把沮县的粮食和布匹转运到下辨，从沮县到下辨，山路险峻难行，水道礁石密布，车船都不通行，用驴马驮运，运费高昂，能运到的只有五分之一。于是虞诩就在沮县领到租赁费，约定亲自送到，他就率领属吏和百姓，巡行督察，点燃木柴，烧裂水中礁石，这样开辟出一条漕运的水道，于是水运畅通，每年节省运费数以万计。他就把留作租赁的运费分给下属和百姓，每年达四十多万。

卷二十一

汝水

汝水今称汝河，不过是淮河的一条小支流，却单独设置一卷。这里当然不能排除像卷十八《渭水》一样，是否在《水经注》全书亡佚了五卷以后的分析。但另一方面，古代的汝水与当今的汝河不同，当时是淮河的一条大支流。《水经》说此水"又东至原鹿县，南入于淮"，原鹿县在今安徽阜南西南。所以汝水确实是淮水当时的大支流。现在的汝河与《水经注》记载的汝水流路已不一致，现在的汝河已成为淮河支流颍河的支流，河流也分成两支，北汝河在今河南商水附近注入颍河，南汝河在今河南新蔡附近注入洪河，已经成为淮河的二级支流了。

余以永平中蒙除鲁阳太守①，会上台下列《山川图》②，以方志参差③，遂令寻其源流。此等既非学徒④，难以取悉⑤，既在迳见⑥，不容不述。今汝水西出鲁阳县之大盂山蒙柏谷⑦，岩鄣深高，山岫邃密，石径崎岖，人迹裁交⑧，西即卢氏界也⑨。其水东北流迳太和城西，又东流迳其城北，左右深松列植，筠柏交荫⑩，尹公度之所栖神处也⑪。又东届尧山西岭下⑫，水流两分，一水东迳尧山南，为滍水也。即《经》所言滍水出尧山矣⑬。一水东北出为汝水，历蒙柏谷，左右岫壑争深，山阜竞高，夹水层松茂柏，倾山荫渚，故世人以名也。

　　这一段《注》文很有价值。首先是"会上台下列《山川图》，以方志参差"这两句。第一句说明当时北魏朝廷已经有了它所管辖范围（即所谓北朝）的各地《山川图》，按《注》文所说，是要各地从事核实的。对于郦道元来说，基于他对山川地理的爱好和处事的认真负责，所以他是亲自踏勘校正《山川图》内容的。《注》文中"岩鄣深高"一段，都是他的踏勘记录，文字显得特别生动，而汝水的河源也获得正确的考实。第二句在于"方志"一词，《水经注》出现这个词汇，全书共有两处，第一处在此处，第二处在卷二十二《渠》篇。《水经注》是我国古籍中第一次使用"方志"这个词汇，同时也可以证明当时确已有"方志"的存在。方志后来成为中国地方文献的主要体例，遍及各府（州、郡）各县，这二十多年来全国又大兴修志之风，所以

《水经注》出现的这个词汇，实在至关重要。

【注释】

①除：拜官。鲁阳：古郡名。北魏置，治今河南鲁山。

②上台：朝廷，上级。《山川图》：当时各地的山川地图。

③方志：有关地方风俗、物产、舆地等记载的书籍。志，记载。参差（cēncī）：不一致。

④此等：奉命探寻源流的人。学徒：学人，读书人。

⑤取悉：获取全面情况。

⑥迳见：经历亲见。

⑦汝水：古水名。今称汝河，淮河的支流。鲁阳县：古县名。汉置，治今河南鲁山。

⑧裁交：罕至。裁，稍微。交，交错。

⑨卢氏：古县名。汉置，治今河南卢氏。

⑩筼（yún）：竹子。

⑪尹公度：尹轨，字公度，博学五经，尤明天文星气河洛谶纬，后到太和山中，仙去。栖神：死后安息。

⑫尧山：在今河南汝阳西南。

⑬滍（zhì）水：古水名。即今河南鲁山、叶县境内的沙河。

【译文】

我在永平年间（508—512）受命出任鲁阳太守，上任时正逢上级官署要求各地列出《山川图》，因地方志说法各不相同，就命我们探寻诸水的源流。参加工作的既不是专家，就很难获得详尽正确的情况，本人既然亲自参加了实地考察，因而不得不作些具体说明。汝水发源于西面鲁阳县大盂山的蒙柏谷，那里重峦叠嶂，峡谷深幽，石径崎岖，人迹罕至，西边靠近卢氏县边界。汝水向东北流经太和城西，又东流经过城北，左右两岸青松成行，绿竹和翠柏枝叶相接，这是尹公度安息的地方。汝水又东流到尧山西岭下，分为两支，一支向东流经尧山南，叫溃水。就是《水经》里所说的：溃水发源于尧山。另一支向东北流，就是汝水，流经蒙柏谷，两边幽谷争深，山峰竞高，川流两岸都是密密层层的青松和茂盛的翠柏，浓荫覆盖着群山和水滨，因而人们称为蒙柏谷。

汝水又东南迳下桑里①，左迤为横塘陂②，又东北为青陂者也。汝水又东南迳壶丘城北③，故陈地④。《春秋左传》文公九年，楚侵陈，克壶丘，以其服于晋是也。汝水又东与青陂合，水上承慎水于慎阳县之上慎陂⑤。右沟，北注马城陂，陂西有黄丘亭。陂水又东迳新息亭北⑥，又东为绸陂；陂水又东迳新息县⑦，结为墙陂；陂水又东迳遂乡东南而为壁陂⑧；又东为青陂，陂东对大吕亭。《春秋外传》曰⑨：当成周时⑩，南有荆蛮申、吕⑪，姜姓矣⑫，蔡平侯始封也。西南有小吕亭，故此称大也。侧陂南有青陂庙，庙前有陂。汉灵帝建宁三年，新蔡长河南缑氏李言⑬，上请修复青陂，司徒臣训、尚书臣袭⑭，奏可洛阳宫⑮，于青陂东塘南树碑，碑称青陂在县坤地⑯，源起桐柏淮川别流⑰，入于溮溠，迳新息墙陂，衍入褒信界⑱，灌溉五百余顷。陂水又东分为二水，一水南入淮，一水东南迳白亭北，又东迳吴城南⑲。《史记》：楚惠王二年，子西召太子建之子胜于吴⑳，胜入居之，故曰吴城也。又东北屈迳壶丘东而北流，注于汝水，世谓之薄溪水。汝水又东迳褒信县故城北而东注矣。

　　这一段《注》文记叙的地区是一个湖泊区，其中有的湖泊是在低洼地区因河水水源积水形成的，有的则是经过人工拦阻（如同现在的水库）而形成的。《注》文提及的褒信县，在今河南息县以东，是一个河湖密集的地区。郦道元是主张保护河湖水体而反对围垦的，在卷三十《淮水》篇还有更好的例子。近半个多世纪以来，各地特别是原来河湖较多的地区，城市中填河为街，乡村中围湖垦田的情况非常普遍而严重。水有咸淡之别，人类所特别需要的淡水资源十分稀缺。从郦道元保护河湖的思想表现中，足见他对此是有充分认识的。所以我们应该对这个时期的河湖填废深刻反省，设法纠正和弥补。

【注释】

①下桑里：在今河南新蔡东。

②迤：延伸。横塘陂：在今河南新蔡东。

③壶丘城：古邑名。故址在今河南新蔡东南。

④陈：周朝国名。在今河南淮阳及安徽亳州一带。

⑤慎水：在今河南正阳南。慎阳县：古县名。汉置，

治今河南正阳北。上慎陂：在今河南正阳东。

⑥新息亭：在今河南息县。

⑦新息县：古县名。汉置，治今河南息县。

⑧遂乡：熊会贞认为当为"阳遂乡"。在今河南新蔡。

⑨《春秋外传》：即《国语》，记载周王朝及诸侯各国之事。有人认为《左传》、《国语》同为左丘明所作，《左传》为传《春秋》之书，故称《国语》为《春秋外传》。

⑩成周：指周公辅佐成王的兴盛时代。

⑪荆蛮：古代中原人对楚、越或南人的称呼。申：古国名。姜姓，周封伯夷之后于申，春秋时灭于楚，故址在今河南唐河。吕：古国名。周代姜姓之国，后为楚所灭，故址在今河南南阳西，或以为在河南新蔡南。

⑫姜姓：炎帝生于姜水，因生以为姓。

⑬新蔡：古县名。秦置，治今河南新蔡。缑（gōu）氏：古县名。秦置，治今河南偃师南。李言：东汉灵帝时河南缑氏县人。

⑭司徒：官名。掌管国家的土地和人民的教化。训：即许训，东汉灵帝时人，字季师，平舆（在今河南平舆）人。尚书：官名。战国时置，东汉时成为协助皇帝处理政务的官员。袭：即闻人袭，东汉灵帝时人，姓闻人，名袭，字定卿，沛国（在今安徽濉溪）人。

⑮可：批准，应允。

⑯坤：古以八卦定四方，西南方向为坤。

⑰桐柏：山名。在今河南桐柏西南。淮川：即淮河，古四渎之一，源出河南桐柏山。

⑱褒信：古县名。东汉置，治今河南息县东北包信。

⑲吴城：故城在今河南新蔡。

⑳子西：楚平王子公子申，字子西，为令尹，死于白公之难。太子建：楚平王子。胜：楚平王孙，太子建子，号为白公。吴：古国名。传至吴王夫差，于公元前473年为越王句践所灭。

【译文】

汝水又东南流，经下桑里，向左面分支流出的是横塘陂，又东北流，是青陂。汝水又东南流，经壶丘城北，这是昔时陈的地域。《春秋左传》文公九年（前618），楚国入侵陈，攻下壶丘，因为陈臣服于晋。汝水又东流，与青陂汇合，青陂水上流在慎阳县的上慎陂右沟承接慎水，北流注入马城陂，马城陂西有个黄丘亭。陂水又东流，经新息亭北面，又东流是绸陂；陂水又东流经新息县，积成墙陂；陂水又东流经遂乡东南，形成壁陂；又东流形成青陂，青陂东对大吕亭。《春秋外传》说：成周的时候，南面荆蛮的申、吕二国都姓姜，最初受封在这里的是蔡平侯。因西南有小吕亭，所以此处称为大吕亭。陂塘旁边，南有青陂庙，庙前有池塘。汉灵帝建宁三年（170），河南缑氏李言任新蔡县官，向朝廷请求修复青陂，司徒许训、尚书闻人袭在洛阳宫向皇帝上奏获准，在青陂东塘南立碑，碑文说青陂坐落在该县西南，发源于桐柏山淮川的别支，最后汇入溮漫，流经新息县的墙陂，流入褒信边界，灌溉田地五百多顷。陂水又东流，分为两支，一支南流注入淮水，另一支东南流，经过白亭北面，又东流经过吴城南面。《史记》说：楚惠王二年（前 487），子西把太子建的儿子胜召到吴国，胜后来就长居于此城，所以称吴城。又向东北流，经壶丘东而北流，注入汝水，人们称为薄溪水。汝水又东流，经褒信县老城北面，然后又向东流去。

卷二十二

颍水、洧水、潩水、潧水、渠

颍水今称颍河，自从汝水水道变迁后，成为淮河的最大支流，发源于河南登封附近的嵩山，东南在安徽颍上附近注入淮河，全长约六百公里。洧水今称洧河，是颍水的支流，上流称为双洎河，在河南彭店以东注入贾鲁河。从今洧川到彭店一段，雨季有水，干季枯水，形成一种季节河现象。北魏时的河道与水文显然不是如此，假使当时也像现在这样一条全长只有七十公里而水流枯塞的河流，《水经注》是不会立题成篇的。潩水今称潩河，发源于河南许昌以西，东南流至西华逍遥以东汇合清流河而注入颍河。因河流短小，今除了大比例尺地图外，一般地图已不标此河。潧水又名溱水，是洧河的支流，河流短小，一般地图已不标此河。渠是淮河的支流，但这条河流在名称上有一些问题。武英殿本《水经注》在卷首目录中只用一个"渠"字，但在卷二十二标题中，"渠"字之下又用小一号字加"沙水"二字。总目录与分卷目录不统一，殿本仅此一处。对于这条河流，各本的名称也都有差异，赵一清《水经注释》称为"沙水"，杨守敬、熊会贞的《水经注疏》称为"渠沙水"。此河实际上已属于古代鸿沟水系的一部分，名称参差并不足怪。从这一卷考究，淮河干支流古今变迁甚大，总的现象是：河道迁移，支流与湖泊减少，水体缩小。这其实不仅是淮河，也是中国整个河流湖泊结构中值得研究和注意的问题。

颍水又东，五渡水注之^①，其水导源嵩高县东北太室东溪^②。县，汉武帝置，以奉太室山，俗谓之崧阳城。及春夏雨泛，水自山顶而迭相灌澍^③，崿流相承^④，为二十八浦也^⑤。旸旱辍津^⑥，而石潭不耗，道路游憩者，惟得餐饮而已，无敢澡盥其中^⑦，苟不如法，必数日不豫^⑧，是以行者惮之。山下大潭，周数里，而清深肃洁。水中有立石，高十余丈，广二十许步，上甚平整，缁素之士^⑨，多泛舟升陟^⑩，取畅幽情。其水东南迳阳城西^⑪，石溜萦委^⑫，溯者五涉，故亦谓之五渡水，东南流入颍水。

这一段记叙颍水上游的一条支流五渡水。不过是条小小支流，但在郦道元笔下，却写出许多风景，这显然是他亲自踏勘的记录。最后才写五渡的地名来源，让读者有原来如此之感，这种写景方法，也是值得学习的。

【注释】

①五渡水：古水名。因"溯者五涉"（上行的人要渡河五次）而得名，颍水上游的一条支流，在今河南登封东南。

②崈（chóng）高县：一作嵩高县，古县名。汉置，治今河南登封。下文的"崧（sōng）阳城"亦指此处。太室：即嵩山，在今河南登封北。

③灌澍（zhù）：灌注，倾泻。澍，通"注"，灌注。

④崿（è）：山崖。

⑤浦（pǔ）：水流。

⑥旸（yáng）旱：晴朗干旱。旸，晴天。

⑦盥（guàn）：洗手。

⑧不豫：不舒适，得疾病。

⑨缁（zī）素：僧徒和俗众。缁，黑衣，僧人穿黑衣，
　故称。

⑩升陟（zhì）：攀登。

⑪阳城：古县名。秦置，治今河南登封东南。

⑫石溜：石泉。溜，水流。萦委：萦绕曲折。

【译文】

颍水又东流，五渡水注入，五渡水发源于嵩高县东北
太室东溪。嵩高县是汉武帝时为奉祀太室山而设置的，俗
称嵩阳城。每逢春夏多雨时，一支又一支的山水从山顶流
泻而下，崖水和溪流相接，形成二十八浦。干旱季节山涧
溪流断水，但石潭仍不干涸，过路行人游客在此歇息，只
能舀点水喝罢了，没有人敢在潭水中洗澡或洗手，如果有
人不遵守这个规矩，一定会有好几天不得安宁，因此行人
都有点畏惧。山下有个大潭，周围数里，潭水清深洁净。
水中有一块屹立的巨石，高十多丈，顶端非常平整，宽广
二十来步，僧俗人士常划船到那里，爬到顶上，尽情地观
赏水光山色，抒发幽远的情怀。五渡水东南流经阳城西，
石涧萦回曲折，上行的人要过五次水，因此也叫五渡水，
东南流，注入颍水。

东南流，迳汉弘农太守张伯雅墓①，茔域四
周②，垒石为垣，隔阿相降③，列于绥水之阴④。庚

门表二石阙⑤，夹对石兽于阙下⑥。冢前有石庙，列植三碑，碑云：德字伯雅，河南密人也。碑侧树两石人，有数石柱及诸石兽矣。旧引绥水南入茔域，而为池沼，沼在丑地⑦，皆蟾蜍吐水⑧，石隍承溜⑨。池之南，又建石楼、石庙，前又翼列诸兽。但物谢时沦，凋毁殆尽，夫富而非义，比之浮云⑩，况复此乎？王孙、士安，斯为达矣。

　　前面在卷十九《渭水》篇中已经选入了"秦始皇大兴厚葬"一段。这里记叙的张伯雅，从墓碑上仅知其名叫张德，是个名不见经传的小人物，为官也不过州郡，却造得起如此讲究的大坟墓。郦道元把这座坟墓记得这样详细，显然是有用意的，是为了揭露这个为官不仁而死求排场的匹夫。"富而非义，比之浮云，况复此乎？"这是郦氏对厚葬的鞭挞。这段文字最后提出："王孙、士安，斯为达矣。""王孙"指后汉杨王孙，据《后汉书·杨王孙传》的记载，他在临死前嘱咐子孙，他死后不用衣衾棺椁，只要裸葬就可以了。士安指晋皇甫士安，他就是《水经注》常常引用的《帝王世纪》一书的作者皇甫谧，他和杨王孙一样，也要在死后不用衣衾棺椁。这两人都是郦道元以前提倡薄葬的名人，《注》文在鞭挞了张伯雅以后，提出杨和皇甫二人加以对比，给予后人以更强烈的印象。

【注释】

①弘农：古郡名。西汉置，治今河南灵宝北。张伯雅：名德，字伯雅，河南密（在今河南新密）人。

②茔（yíng）域：坟地。

③隅阿相降：这里指隅与阿相互承接。隅，角。阿，
　　即四阿，棺椁四边的檐霤，以使水从四面流下。相
　　降，即相承，相互承接。

④阴：山北水南为阴。

⑤庚门：西门。庚，在古代五方中属西。表：树立。

⑥夹对：两边对立。

⑦丑地：熊会贞认为丑土属中央。

⑧蟾蜍（chánchú）：通称癞蛤蟆。

⑨石隍：石涧。承溜：承接水流。

⑩富而非义，比之浮云：出自《论语·述而》："不义
　　而富且贵，于我如浮云。"

【译文】

　　水向东南流，经过汉朝弘农太守张伯雅墓旁，墓地四
周是石块砌的围墙，沿山坡逶迤而下，隅与阿相互承接，
坐落在绥水南面。西门树立有两座石阙，阙下夹道对列着
两只石兽。墓前有石庙，排着三块石碑，碑上的题字是：
德字伯雅，河南密县人。碑旁立着两座石人，还有几根石
柱和一些石兽。从前引了绥水南流进入墓园，蓄水造成池
沼，池在墓园中央，池上有石雕蛤蟆吐水，泻入石池中。
池沼南面，又建了石楼、石庙，前面两旁排列着一些石兽。
但因年代久远，物换星移，差不多都凋零毁坏完了。不义
而来的富贵，对于我来说尚且像浮云一样看不起，更何况
这些东西呢！杨王孙裸葬，皇甫士安以竹席裹尸，这可真
说是旷达了。

今县城东门南侧，有汉密令卓茂祠①。茂字子康，南阳宛人②，温仁宽雅，恭而有礼。人有认其马者，茂与之，曰：若非公马，幸至丞相府归我。遂挽车而去，后马主得马，谢而还之。任汉黄门郎③，迁密令，举善而教，口无恶言，教化大行，道不拾遗，蝗不入境，百姓为之立祠，享祀不辍矣④。

卓茂（前53—28），字子康，是东汉初大臣。郦道元以"人有认其马者"这个故事，记叙了这位为民造福的好官。用这样的一个故事入篇，以说明卓茂为人的宽仁，既有很好的故事性，又有极强的说服力。只要看看这个"马"的故事，后文为"道不拾遗，蝗不入境"等等，读者当然都心领神会了。郦道元在《水经注》中表扬了不少好官，在记叙的手法上，他都是下过一番工夫的。

【注释】

①密：古县名。汉置，治今河南新密东南。卓茂：字子
　康，南阳宛（在今河南南阳）人。
②南阳：古郡名。今河南南阳。
③黄门郎：即黄门侍郎，属省内官员，常随侍君主左右。
④享祀：祭祀。

【译文】

现在县城东门南侧，有汉时密县县令卓茂祠。卓茂字子康，南阳宛人，为人温文尔雅，宽厚仁慈，待人恭敬有礼。一次，有个人误认他的马是自己的，卓茂就把马给他，说：这马如果不是您的，请您送到丞相府还我。说罢拉着

车就走了。后来那个人找回了自己的马，就把马送还了卓茂，并向他道歉。卓茂任汉朝黄门郎，调密县县令，他提拔善良的人来进行教育，口里不出恶言，于是社会风气大为改良，道不拾遗，连蝗虫也不再侵入境内，百姓为他立祠，死后享受祭祀从没有停止过。

渠水自河与济乱流①，东迳荥泽北②，东南分济，历中牟县之圃田泽③，北与阳武分水④。泽多麻黄草⑤，故《述征记》曰⑥：践县境便睹斯卉⑦，穷则知逾界⑧。今虽不能，然谅亦非谬⑨。《诗》所谓东有圃草也⑩。皇武子曰：郑之有原圃，犹秦之有具囿。泽在中牟县西，西限长城⑪，东极官渡⑫，北佩渠水⑬，东西四十许里，南北二十许里，中有沙冈，上下二十四浦，津流径通，渊潭相接。各有名焉：有大渐、小渐、大灰、小灰、义鲁、练秋、大白杨、小白杨、散吓、禺中、羊圈、大鹄、小鹄、龙泽、蜜罗、大哀、小哀、大长、小长、大缩、小缩、伯丘、大盖、牛眼等。浦水盛则北注，渠溢则南播。故《竹书纪年》，梁惠成王十年，入河水于甫田，又为大沟而引甫水者也。

这一段记叙中国古代的一个著名大湖圃田泽。中国古代与当今的美国、加拿大一样，是一个湖泊众多的国家，而现在成为一个贫湖国（美国平均每一万平方公里国土中，有湖泊二百六十平方公里，加拿大有一百三十平方公里，而中国只有十七平方公里），是历史上逐渐湮废、围垦而造成的。这一段首先记叙植物麻黄草，从《注》文可知，从现代植物地理学的概念，麻黄草是这个地区的"建群植物"，接着就记叙圃田泽，开头有"渠水自河与济乱流"一句，说明在《水经注》时代，"河与济乱流"，济水其实已经不再单独存在。《注》文所说的古代圃田泽，按现代自然地理学中的"湖盆"概念，确实范围很大，但在北魏时代已经分散为大渐、小渐等二十多个小湖泊，这就是湖泊湮废的自然地理学过程，称为"沼泽化"。天然湖泊的这个"沼泽化"过程，往往是人类围垦的诱因。这段《注》文最后引《竹书纪年》的记载，说明圃田泽在先秦的规模宏大。这一段《注》文对我们的启发是，湖泊必须加以保护，眼下已经有学者提出还田为湖的建议，但若干水网地区还在围垦河湖，确实应该引起大家的重视。

【注释】

①渠水：淮河的支流。或称渠，或称渠沙水。济（jǐ）：古水名。故道在今山东。乱流：水流交汇，合流。

②荥（xíng）泽：古湖名。在今河南浚县西。

③中牟县：古县名。汉置，治今河南中牟。圃田泽：古泽名。在今河南中牟西。

④阳武：古县名。秦置，治今河南原阳。

⑤麻黄草：亦称草麻、麻黄，一种多年生草本植物。

⑥《述征记》：晋人郭缘生撰。

⑦践：进入。卉：草。

⑧穷：尽，无。

⑨谅：的确，确实。

⑩东有圃草：出自《诗经·小雅·车攻》。

⑪长城：为魏、韩所修筑，自卷县（在今河南原阳）至阳武县为魏所筑，自阳武至密（在今河南新密）为韩所筑。

⑫官渡：在今河南中牟东北。

⑬佩：这里是比喻，把"渠水"比作装饰品佩戴在"圃田泽"中，引申有"连接"义。

【译文】

渠水出自河水，与济水乱流，东流经荥泽北，东南流，从济水分支而出，流经中牟县的圃田泽，与北面的阳武县以水为分界。泽中多麻黄草，所以《述征记》说：一踏入县境，到处可以看见这种草，待到这种草不见了，就知道过了县界了。今天虽然不能按此来分，但想来这话确实不是乱说的。《诗经》里说的东有圃草，就指的是这种麻黄草。皇武子说：郑国有原圃，正像秦国有具囿一样。圃田泽在中牟县西，西界长城，东到官渡，北连渠水，东西约四十里，南北约二十里，泽中有沙冈，上下有二十四浦，河渠相通，深潭相接。各浦都有名称：有大渐、小渐、大灰、小灰、义鲁、练秋、大白杨、小白杨、散吓、禺中、羊圈、大鹄、小鹄、龙泽、蜜罗、大哀、小哀、大长、小长、大缩、小缩、伯丘、大盖、牛眼等。浦水大涨就向北流注，渠水满溢就向南注入。所以《竹书纪年》载，梁惠成王十年（前360），浦水在甫田入河水，又开凿大沟引流甫水。

汉和帝时，右扶风鲁恭①，字仲康，以太尉掾迁中牟令②，政专德化，不任刑罚，吏民敬信，蝗不入境。河南尹袁安疑不实③，使部掾肥亲按行之④。恭随亲行阡陌，坐桑树下，雉止其旁，有小儿。亲曰：儿何不击雉？曰：将雏。亲起曰：虫不入境，一异；化及鸟兽，二异；竖子怀仁，三异。久留非优贤⑤，请还。是年嘉禾生县庭⑥，安美其治，以状上之⑦，征博士侍中⑧。车驾每出，恭常陪乘，上顾问民政，无所隐讳，故能遗爱，自古祠享来今矣。

这一段也是记叙一位好官，其实是两位好官。一位当然是汉中牟县令鲁恭，另一位则是受河南尹派遣去调查的肥亲。肥亲的调查，不仅没有去到县衙（按眼下情况还要接受宴请），而且也未入县内。在县郊的田野中，与一个孩子谈了一番，就总结了鲁恭治县的三条成绩。事情当然是记叙鲁恭和肥亲的，但郦道元所采用的这个记叙方法，真是一箭双雕，值得现时写人物传者学习。

【注释】

①右扶风：汉三辅之一。西汉置，治今陕西西安西北。
　鲁恭：字仲康，扶风平陵（在今陕西咸阳）人，拜中牟令。
②中牟：古县名。汉置，治今河南中牟东。
③河南：古郡名。汉置，治今河南洛阳。尹，官名。主管官员。袁安：字邵公，汝南汝阳（在今河南商

水）人。

④部掾：颜师古曰："所部之掾也。"即河南尹的属吏。
肥亲：人名。具体不详。

⑤优贤：尊重贤人。优，优待，尊重。"非优贤"一作
"但扰贤"。

⑥嘉禾：生长特殊的禾苗，如一茎三四穗等。古人以
为吉祥的征兆。

⑦状：文体名。向上级陈述意见或事实的文书。

⑧侍中：为加官，即在本职外兼领的其他官职。

【译文】

汉和帝时，右扶风鲁恭，字仲康，从太尉掾调任中牟
令，他致力于政事，专以德进行教化，不用刑罚，官吏百
姓都十分尊敬信仰他，连蝗虫都不飞入县境。河南府尹袁
安怀疑所闻不实，派部属肥亲去巡察。鲁恭跟着肥亲走过
田间小路，坐在一棵桑树下，这时有一只雉鸡停息在树旁，
还有一个小孩也在。肥亲问小孩道：你为什么不捉这只雉
鸡呢？小孩回答道：它正带着一群小雉呢。肥亲站起来道：
蝗虫不入县境，是一奇；教化及到鸟兽，是二奇；儿童怀
有仁心，是三奇。久留并不是优待贤人的做法，让我回去
吧。这一年，县府庭院里长出特别的禾苗，袁安赞赏他的
政绩，写了嘉状上奏朝廷，鲁恭被征聘为博士侍中。皇上
每次车驾出门，鲁恭常在旁陪伴，皇上问及民政诸事，他
都直言不讳，所以至今得到民间的敬爱，自古以来立祠享
祭，从未间断。

又东迳大梁城南①，本《春秋》之阳武高阳乡也，于战国为大梁，周梁伯之故居矣②。梁伯好土功，大其城，号曰新里，民疲而溃，秦遂取焉。后魏惠王自安邑徙都之③，故曰梁耳。《竹书纪年》：梁惠成王六年四月甲寅④，徙都于大梁是也。秦灭魏以为县，汉文帝封孝王于梁，孝王以土地下湿，东都睢阳⑤，又改曰梁，自是置县。以大梁城广，居其东城夷门之东，夷门，即侯嬴抱关处也⑥。《续述征记》以此城为师旷城⑦，言郭缘生曾游此邑，践夷门，升吹台⑧，终古之迹，缅焉尽在⑨。

这一段记叙大梁城，以后城址虽然常有迁移（黄河决徙是主要原因），但其实就是我国的古都开封。这里的一段只不过点出了这座古都的一个大略，若要再仔细一点研究，则这条《经》文"又东至浚仪县"下的整篇《注》文都可以读一遍。对古都研究，这篇《注》文是很有价值的。

【注释】

①大梁城：古城名。在今河南开封西北。

②梁伯：周朝的诸侯国梁的国君。嬴姓之国，属公、侯、伯、子、男五爵中的伯爵。

③魏惠王：战国魏武侯之子，名罃（yīng），自安邑徙治大梁，故亦称梁惠王。安邑：古邑名。在今山西夏县西北禹王城。

④梁惠成王：即上文的魏惠王。甲寅：古人用天干和地支相配来记日。

⑤睢（suī）阳：古县名。秦置，治今河南商丘南。以在睢水之阳得名。

⑥侯嬴：战国魏隐士，年七十，家贫，为大梁夷门监者，信陵君驾车自迎为上客。抱关：守门，看门。

⑦《续述征记》：晋人郭缘生撰。师旷：春秋晋国的乐师。

⑧吹台：故址在今河南开封东南。

⑨缅：尽。

【译文】

渠水又东流，经大梁城南，这里原是《春秋》中说到的阳武高阳乡，到战国时称为大梁，是周朝梁伯的故居。梁伯喜欢大兴土木，扩大城区，称为新里，百姓疲困不堪，纷纷逃亡，秦国乘机夺取了此城。后来魏惠王从安邑迁都到这里，所以也称为梁。《竹书纪年》载：梁惠成王六年（前364）四月甲寅，迁都到大梁。秦灭魏后立为县，汉文帝把梁封给孝王，孝王因为这里地势低洼潮湿，把都城移到东面的睢阳，又改称梁，自此以后，就在这里立县。因为大梁城范围很大，就把县治设在东城夷门的东边，夷门就是当年侯嬴守门的地方。《续述征记》以为此城就是师旷城，说郭缘生曾经游历过此城，到过夷门，登上吹台，这些从遥远的古代留下的遗迹，今天都还在。

卷二十三

阴沟水、汳水、获水

　　阴沟水是古代淮河水系的河流。《经》文说："阴沟水出河南阳武县蒗蕩渠。"蒗蕩渠就是卷二十二的"渠"（又作渠水或渠沙水），说明此水是从渠水分流出来的。但《经》文后来又说："东南至沛，为涡水。"所以它的下流注入涡水。从这一句《经》文以下，《注》文记载的全是涡水及涡水的其他支流，最后出现的一条支流是北肥水，一直写到涡水入淮，从此不再提及阴沟水。这一带历史上河流变迁很大，河流名称与河流本身都很不稳定。此水现在当然不再存在。汳水也是鸿沟水系的河流之一，《经》文说"汳水出阴沟于浚仪县北"，说明三国时代的汳水是从阴沟水分出来的一条支流。《注》文解释《经》文："阴沟，即蒗蕩渠也，亦合汳受旃然水，又云丹、沁乱流，子武德绝河，南入荥阳合汳，故汳兼丹水之称。"说明在北魏时代，虽然浚仪、荥阳都在郦道元可以亲自考察的北魏疆域之内，但由于河道播迁，河名改易，别名众多，所以在当时就分辨不清楚了。获水按《经》文所说："（汳水）又东至梁郡蒙县，为获水，余波南入睢阳城中。"又说："获水出汳水于梁郡蒙县北。"由此看来，古代获水是汳水的下流。获水最后注入泗水，这是《经》文和《注》文都一致的。这些水道，现在当然都变迁了。

汳水又东迳葛城北①，故葛伯之国也②。孟子曰：葛伯不祀。汤问曰：何为不祀？称无以供祠祭。遗葛伯，葛伯又不祀。汤又问之，曰：无以供牺牲③。汤又遗之，又不祀。汤又问之，曰：无以供粢盛④。汤使亳众往⑤，为之耕，老弱馈食。葛伯又率民夺之，不授者则杀之，汤乃伐葛。葛于六国属魏，魏安釐王以封公子无忌⑥，号信陵君，其地葛乡⑦，即是城也，在宁陵县西十里⑧。

这段《注》文记叙的葛伯，是一个鱼肉老百姓的土皇帝、地头蛇，但他是一个地方的首领，有权有势，可以为所欲为。在当时，虽然他有"伯"的头衔，但辖地其实很小，属于基层。基层的事，自来称为"天高皇帝远"，好人坏人都有，上头很难管理，古今都不乏其例。

【注释】

① 葛城：故址在今河南宁陵南。

② 葛伯：夏时诸侯，为殷所灭，以葛伯为氏。

③ 牺牲：古代为祭祀而宰杀的牲畜。

④ 粢盛（zīchéng）：古代盛在祭器内供祭祀的谷物。

⑤ 亳（bó）：古都邑名。在今河南商丘。

⑥ 魏安釐（xī）王：战国魏昭王子，名圉（yǔ），谥号安釐。无忌：魏国昭王子，魏安釐王异母弟，封信陵君。

⑦ 葛乡：故址在今河南宁陵南。

⑧ 宁陵县：古县名。汉置，治今河南宁陵南。

【译文】

　　汳水又东流经葛城北，葛城是过去的葛伯之国。孟子说：葛伯不祭祀。汤问道：为什么不祭祀？葛伯回答说没有供品可以祭祀。汤给葛伯送去供品，葛伯又不祭祀。汤又问他，葛伯回答说：没有牛羊供祭。汤又送给他牛羊，葛伯还是不祭祀。汤又问他，葛伯答道：没有谷物供祭。汤就从亳派了许多人去为他耕种，让老弱人去送饭。葛伯又领了一批人去夺取，不肯给他的人，就把他们杀掉，汤于是才出兵伐葛。葛在六国时属于魏国，魏安釐王把这地方封给公子无忌，封号叫信陵君，那地方叫葛乡，就是这葛城，位于宁陵县西十里。

卷二十四

睢水、瓠子河、汶水

　　这一卷作为篇名的有三条河流。睢水今称睢河，但河道与《水经注》记载的已有很大变化。从《经》文到《注》文，相隔不过两百多年，变迁也已不小。《经》文说："（睢水）又东过相县南，屈从城北东流，当萧县南，入于陂。"但《注》文却说："睢水又左合白沟水，水上承梧桐陂，陂侧有梧桐山，陂水西南流，迳相城东而南流注于睢。睢盛则北流入于陂，陂溢则西北注于睢。"这里，《经》文和《注》文的差别，不一定是《经》文的错误，很可能是这两百多年中河流和水文的变化。《水经注》记载的睢水，最后是"东南流入于泗，谓之睢口"。由于人工的改造，睢河下游现在有偏北的老睢河和偏南的新睢河两条水道，都在今江苏的泗洪附近注入洪泽湖。瓠（hù）子河是古代在濮阳（在今河南濮阳南）从黄河分出的一条小河，循黄河往东南流，经今山东梁山北折，注入济水。西汉元光三年（前132），黄河决于濮阳瓠子口，从决口处东南漫注入巨野泽（今山东巨野附近），造成黄河一带的严重水患。西汉元封二年（前109），汉武帝亲临瓠子河督工堵口，据《史记·河渠书》记载："令群臣从官自将军以下皆负薪置决河。"司马迁在当时也是参加负薪的从官之一，感受甚深，所以在其《一百三十篇》（即以后所称的《史记》）中专写《河渠书》一篇，开创了我国正史《河渠志》的传统，而且在此篇中写下了"甚哉！水之为利害也"的水利名言。这次堵口使黄河纳入故道，瓠子河就逐渐枯竭，到《水经注》时代已经成为一条小河，以后就不复存在。汶水在《水经》和《水经注》中各有两条。这一条是古代济水的支流；另一条收入卷二十六，在今山东半岛，是潍水的支流。这一条在《经》、《注》中都说注入济水，所以古代确系济水支流无疑。后来济水湮废，水道就发生很大变迁。现在，这条汶水称为大汶河，下流分成两条，北支叫大清河，经东平湖注入黄河；南支从南旺附近注入运河，但1960年已经筑坝堵塞，所以大汶河目前已成为一条黄河水系的河流。

　　秦始皇二十二年以为砀郡①。汉高祖尝以沛公为砀郡长，天下既定，五年为梁国②。文帝十二年，封少子武为梁王，太后之爱子、景帝宠弟也。是以警卫貂侍③，饰同天子，藏珍积宝，多拟京师；招延豪杰，士咸归之，长卿之徒④，免官来游。广睢阳城七十里，大治宫观、台苑、屏榭，势并皇居⑤。其所经构也⑥，役夫流唱，必曰《睢阳曲》，创传由此始也。城西门即寇先鼓琴处也⑦。先好钓，居睢水旁，宋景公问道不告，杀之。后十年，止此门鼓琴而去，宋人家家奉事之。南门曰卢门也。《春秋》：华氏居卢门里叛⑧。杜预曰：卢门，宋城南门也。司马彪《郡国志》曰：睢阳县有卢门亭，城内有高台，甚秀广，巍然介立，超焉独上，谓之蠡台⑨，亦曰升台焉，当昔全盛之时，故与云霞竞远矣！《续述征记》曰：回道似蠡⑩，故谓之蠡台。非也。余按《阙子》⑪，称宋景公使工人为弓，九年乃成。公曰：何其迟也？对曰：臣不复见君矣，臣之精尽于弓矣。献弓而归，三日而死。景公登虎圈之台，援弓东面而射之，矢逾于孟霜之山⑫，集于彭城之东，余势逸劲⑬，犹饮羽于石梁⑭。然则蠡台即是虎圈台也，盖宋世牢虎所在矣⑮。晋太和中，大司马桓温入河⑯，命豫州刺史袁真开石门⑰，鲜卑坚戍此台⑱，真顿甲坚城之下⑲，不果而还。蠡台如西⑳，又有一台，俗谓之女郎台。台之西北城中有凉马台，台东有曲池，池北列两钓台，水周六七百步。蠡台直东，又有一台，世谓之雀台也。城内东西道北，有晋梁王妃王氏陵表㉑，并列二碑，碑云：妃讳粲，字女仪，东莱曲城人也㉒。齐北海府君之孙㉓，司空东武景侯之季女㉔，咸熙元年嫔于司马氏㉕，泰始二年妃于国，太康五年薨，营陵于新蒙之㉖，太康九年立碑。东即梁王之吹台也，基陛阶础尚在，今建追明寺。故宫东即安梁之旧地也，齐周五六百步，水列钓台。池东又有一台，世谓之清泠台㉗。北城凭隅，又结一池台。晋灼曰㉘：或说平台在城中东北角，亦或言兔园在平台侧㉙。如淳曰：平台，离宫所在，今城东二十里有台，宽广而不甚极高，俗谓之平台。余按《汉书·梁孝王传》称：王以功亲为大国，筑东苑，方三百里，广睢阳城七十里，大治宫室，为复道，自宫连属于平台三十余里。复道自宫东出杨之门，左阳门，即睢阳东门也。连属于平台则近矣，属之城隅则不能，是知平台不在城中也。梁王与邹、枚、司马相如之徒㉚，极游于其上，故齐随郡王《山居序》所谓西园多士㉛，平台盛宾，邹、马之客咸在，《伐木》之歌屡陈㉜，是用追芳昔娱，神游千古，故亦一时之盛事。

　　这一段《注》较长，记叙一座古代大都城睢阳，即今河南商丘一带地区，此城从秦以后不断发展，到西汉初景帝的弟弟在此为梁王，"广睢阳城七十里"，此句以下写了许多城市建设。一般不研究历史城市的人多不注意睢阳曾

经是西汉初年以来的一座大都城，《水经注》的这一段记叙，
对历史城市研究具有重要价值。

【注释】

①砀（dàng）郡：古郡名。秦置，治今河南商丘南。

②梁国：西汉以秦砀郡置梁国，都定陶（在今山东定
　陶西北）。

③貂侍：宫中近卫侍从，因冠饰貂尾，故称。

④长卿：即司马相如，西汉辞赋家，字长卿，蜀郡成
　都（在今四川成都）人，作《子虚赋》《上林赋》、
　《长门赋》等。

⑤并：比同，等同。

⑥经构：建筑。

⑦寇先：春秋时宋国人，曾以钓鱼为业。

⑧华氏：春秋宋国人华亥、华定等人。

⑨蠡台：故址在今河南商丘城内。即下文的"虎圈之
　台"。

⑩蠡：贝壳。

⑪《阙子》：据《汉书·艺文志》，一篇，未录撰者。

⑫孟霜之山：一作"西霜之山"，地址不详。

⑬逸劲：剩余的力量。

⑭饮羽：中箭，箭头射入。

⑮牢：关押。

⑯大司马：官名。掌邦政，魏晋时位在三公之上。桓
　温：晋朝人，字元子，封南郡公，加大司马。河：
　黄河。

⑰豫州：州名。东晋、南朝时治所最北在今河南汝南，最南在今湖北黄冈西北。袁真：东晋时人，与桓温等伐燕兵败，桓温归罪于袁真，袁真反叛。石门：在今河南荥阳。

⑱鲜卑：指鲜卑族慕容氏。戍：守卫。

⑲顿甲：驻扎军队。

⑳如西：以西。

㉑晋梁王：即梁孝王司马肜（róng），字子徽，武帝登基，封梁王。表：石碑。

㉒东莱：古郡名。汉置，治今山东莱州。曲城：古县名。汉置，故城在今山东莱州东北。

㉓北海府君：指三国魏人王豹，死后追赠北海太守。北海，古郡名。汉置，治今山东昌乐西。府君，汉代对郡相、太守的尊称，后仍沿用。

㉔司空东武景侯：指三国魏人王基，字伯舆，死后追赠司空，谥曰景侯。东武：古县名。汉置，治今山东诸城。

㉕司马氏：这里指司马肜。

㉖此下有脱文。

㉗清泠台：故址在今河南商丘东。

㉘晋灼：晋朝河南（在今河南洛阳）人，官至尚书郎，著《汉书音义》。

㉙兔园：在今河南商丘东南。

㉚邹、枚：即邹阳、枚乘。邹阳，西汉文学家，为梁孝王门客。枚乘，西汉辞赋家，字叔，为梁孝王门客。

㉛随郡王：即南齐萧子隆，字云兴，能属文。西园：故址在今河北临漳，三国魏文帝曹丕与其弟陈思王曹植宾从游宴之所。

㉜《伐木》：《诗经·小雅》中的篇目。

【译文】

秦始皇二十二年（前225），在此设置砀郡。汉高祖初因为沛公的身份当过砀郡长，天下平定后，到五年（前202）就以此地为梁国。汉文帝十二年（前168），封小儿子刘武为梁王，刘武是窦太后的爱子、景帝的宠弟。因此梁王手下有警卫和侍从，穿戴与装饰同天子一样，储藏的金银珠宝多得可与京师相比；他延请天下豪杰，四方贤士纷至沓来，甚至如司马长卿之辈，也弃官来投奔他。他扩建睢阳城为七十里，在城内大兴土木，修建宫观苑囿，亭台屏榭，建得就像帝王的居处一样富丽堂皇。营建宫苑时，民夫们都传唱着《睢阳曲》，这首曲子就是从那时创作并开始流传下来的。城西门就是寇先弹琴的地方。寇先喜欢钓鱼，住在睢水岸边，宋景公向他询问道术，他不肯说，被宋景公杀了。十年后，他来到这座城门前弹琴之后离去，宋人家家户户都奉祀他。南门叫卢门。《春秋》记载：华氏居住在卢门里，后来反叛了。杜预说：卢门是宋城南门。司马彪《郡国志》说：睢阳县有卢门亭，城内有高台，极其高耸宽广，巍然矗立，超然独上，称为蠡台，又叫升台，从前在它极盛的时期，真可与云霞争高呢！《续述征记》说：登台的梯级回旋而上，像蠡（螺）一样而称为蠡台。其实不然。我查考过《阙子》，说宋景公叫工人为他制弓，九年才制成。宋景公问：为什么做得那么久？工人回答道：我不能再见到你了，我把自己的全部精力都花在这张弓上了。那工人献了弓回家去，三天后就死了。景公登上虎圈台，拉弓搭箭向东方射去，箭飞过孟霜山，最后落在彭城东边，余势剩力，仍能深深穿进石桥中。那么蠡台就是虎圈台了，这是刘宋时关虎的地方。晋太和年间（366—371），大司马桓温抵达大河之滨，命豫州刺史袁真打开石门，鲜卑族慕容氏坚守此台，袁真屯兵于坚城之下，没有达到目的，最后只好撤兵而回。蠡台之西，又有一台，俗称女郎台。台的西北面，在城内有凉马台，台的东面有曲池，池北有两个并列的钓台，池周围约六七百步。蠡台正东，又有一台，民间称为雀台。城内有一条东西向大道，北端有晋朝梁王妃王氏墓，墓前并列立着两块墓碑，碑上刻着：王妃名粲，字女仪，东莱曲城人。齐北海府君的孙女，司空东武景侯的小女儿，咸熙元年（264）嫁给司马氏，泰始二年（266）立为妃，太康五年（284）去世，在新蒙营建陵墓，太康九年（288）立碑。陵墓东面就是梁王的吹台，台址和台阶柱础还在，现在建了追明寺。故宫东是安梁旧地，周围五六百步，池岸排列着几个钓台。池东又有一台，民间称清冷台。北城靠城角，又建有一处池台。晋灼说：有人说平台在城中东北角，也有人说兔园在平台旁边。如淳说：平台是梁王离宫所在的地方，现在城东二十里处有一座台，相当宽广，但不很高，俗称平台。我考寻《汉书·梁孝王传》中的记载：梁王凭着功劳和皇亲关系受封大国，他修建的东苑方圆三百里，扩建睢阳城七十里，大兴土木，建造宫室，修筑天桥，这些天桥从王宫一直连接到平台，有三十多里。这些天桥从王宫东出杨之门，左阳门就是睢阳东门。说天桥连接到平台大致上差不多，说连接到城的东北角就不可能了，由此可知平台不在城中。梁王与邹阳、枚乘、司马相如等人常在平台上尽情游乐，因此正如齐随郡王《山居序》中所说的：西园士人鼎沸，平台盛筵宾客，邹、司马等名流都在，他们常唱《伐木》之歌，借以追思昔日的欢娱，神游千古，所以也是一时的盛事。

　　暨汉武帝元光三年，河水南泆①，漂害民居。元封二年，上使汲仁、郭昌发卒数万人②，塞瓠子决河③。于是上自万里沙还④，临决河，沉白马玉璧，令群臣将军以下皆负薪填决河，上悼功之不成⑤，乃作歌曰：瓠子决兮将奈何？浩浩洋洋虑殚为河⑥。殚为河兮地不宁，功无已时兮吾山平⑦。吾山平兮巨野溢⑧，鱼沸郁兮柏冬日⑨。正道弛兮离常流，蛟龙骋兮放远游。归旧川兮神哉沛⑩，不封禅兮安知外⑪。皇谓河公兮何不仁，泛滥不止兮愁吾人。啮桑浮兮淮、泗满⑫，久不返兮水维缓⑬。一曰：河汤汤兮激潺湲⑭，北渡回兮迅流难，搴长茭兮湛美玉⑮，河公许兮薪不属，薪不属兮卫人罪⑯，烧萧条兮噫乎何以御水⑰？隤竹林兮楗石菑⑱，宣防塞兮万福来⑲。于是卒塞瓠子口，筑宫于其上，名曰宣房宫，故亦谓瓠子堰为宣房堰，而水亦以瓠子受名焉。平帝已后，未及修理，河水东浸，日月弥广。永平十二年，显宗诏乐浪人王景治渠筑堤，起自荥阳，东至千乘，一千余里。景乃防遏冲要，疏决壅积，瓠子之水，绝而不通，惟沟渎存焉。

　　这一段记叙西汉的一次黄河决溢，汉武帝亲自到决口现场指挥堵决，《注》文把汉武帝的《瓠子歌》记入，所以很有意义。后文又记及王景筑堤治河之事。都是我国水利史上的重要事件。

【注释】

① 泆（yì）：通"溢"，漫溢。

② 汲仁：西汉汲黯弟，官至九卿。郭昌：西汉云中（在今内蒙古托克托）人，以校尉从大将军卫青。

③ 瓠（hù）子：古水名。自今河南濮阳南分黄河水东出，经山东境内，东注济水。

④ 万里沙：神祠，在今山东莱州东北。

⑤ 悼：伤心，悲伤。

⑥ 虑殚（dān）：王念孙曰："虑，犹大抵也。"殚，尽，全部。

⑦ 吾山：古山名。又称鱼山，在今山东东阿南、黄河西。"吾"、"鱼"古音相同。

⑧ 巨野：即大野泽，在今山东巨野北。

⑨ 沸郁：王念孙曰："读为'沸渭'，犹'纷纭'，鱼众多之貌也。"

⑩ 沛：盛大，伟大。

⑪ 封禅（shàn）：古代帝王祭祀天地的大典。

⑫啮（niè）桑：古邑名。在今江苏沛州西南。淮：即淮河，古四渎之一，源出河南桐柏山。泗（sì）：古水名。源出今山东泗水蒙山南麓，四源并发，故名，在今山东中部。

⑬水维：颜师古曰："水之纲维。"这里指控制河水的堤岸。缓：松弛，松懈。这里指废顿。

⑭汤（shāng）汤：水流大而急的样子。潺湲（chányuán）：声势浩大的样子。

⑮搴（qiān）：拔取。长茭（jiāo）：方苞曰："祭川必沉玉。疑'搴长茭'亦为祭也。"但"长茭"为何物，不详。湛：古"沉"字。

⑯卫人：卫地人。颜师古曰："东郡本卫地，故言此卫人之罪也。"东郡，古郡名。秦王政置，治今河南濮阳西南。

⑰烧萧条：颜师古曰："烧草皆尽，故野萧条然也。"噫乎：叹息声。

⑱隤（tuí）：崩落，败坏。这里指砍伐。楗（jiàn）：河中用来堵水的柱桩。菑（zì）：通"剚"，插入。

⑲宣防：祭宫名。即下文的宣房宫，故址在今河南濮阳西南的瓠子堤上。

【译文】

到了汉武帝元光三年（前132），河水向南泛滥，淹没民房。元封二年（前109），武帝派遣汲仁、郭昌征发役卒数万人，堵塞瓠子河的决口。于是武帝从万里沙回来，亲临决河的地点，把白马玉璧沉入水中，并令群臣将军以下都去背木柴堵塞决口。武帝悲叹堵塞决口没有成功，于是作歌道：瓠子决兮奈何？浩浩洋洋虑殚为河。殚为河兮地不宁，功无已时兮吾山平。吾山平兮巨野溢，鱼沸郁兮柏冬日。正道驰兮离常流，蛟龙骋兮放远游。归旧川兮神哉沛，不封禅兮安知外。皇谓河公兮何不仁，泛滥不止兮愁吾人。啮桑浮兮淮、泗满，久不返兮水维缓。另一首歌是：河汤汤兮激潺湲，北渡回兮迅流难，搴长茭兮湛美玉，河公许兮薪不属，薪不属兮卫人罪，烧萧条兮噫乎何以御水？隤竹林兮楗石菑，宣防塞兮万福来。于是终于堵塞了瓠子口，就在口上建了一座宫，称为宣房宫，因此，也称瓠子堰为宣房堰，水也就以瓠子命名了。平帝以后，未及时修理河堰，河水向东漫卷，受淹的范围愈来愈大。永平十二年（69），显宗下诏命乐浪人王景筑堤治理河渠，从荥阳开始，向东直至千乘的一千多里的范围内。于是王景在那些水道要冲处建造了堤防堰坝，并疏通壅塞的河道，瓠子河的水从此就不通了，只留下沟渠。

《从征记》曰：汶水出县西南流①，又言自入莱芜谷②，夹路连山百数里，水隍多行石涧中。出药草，饶松柏，林薆绵蒙③，崖壁相望。或倾岑阻径④，或回岩绝谷，清风鸣条⑤，山壑俱响。凌高降深，兼惴栗之惧，危蹊断径，过悬度之艰⑥。未出谷十余里，有别谷在孤山，谷有清泉，泉上数丈有石穴二口，容人行，入穴丈余，高九尺许，广四五丈，言是昔人居山之处，薪爨烟墨犹存⑦。谷中林木致密，行人鲜有能至矣。又有少许山田，引灌之踪尚存。

这一段《注》文引南朝戴延之的《从征记》，记叙汶水的莱芜谷。因为是戴延之的目击记载，又加上郦道元在描写中的加工，所以全文生动可诵，是一篇好文章。

【注释】

①汶（wèn）水：古代济水的支流，今称大汶河，已成为黄河水系的一条河流。

②莱芜（láiwú）谷：在山东莱芜西南。

③林藿（huò）：树木丛林。绵蒙：浓密茂盛的样子。

④倾岑（cén）：倾斜欲坠的高山。

⑤鸣条：风吹树枝发出声响。

⑥悬度：古代有些地方地形艰险，没有道路，只有使用绳索等凌空穿越，即为悬度之法。

⑦薪爨（cuàn）：用柴烧火做饭。烟墨：烟火熏燎的黑迹。

【译文】

《从征记》说：汶水发源于莱芜县，西南流；又说，流入莱芜谷后，道路两边山峦连绵一百多里，水道大都经过乱石累累的山涧。这一带盛产药草，遍地松柏，林莽茂密，断崖峭壁，遥相对望。有的地方，险峻的山峰挡住去路，有的地方，环绕的岩石隔绝深谷，山风吹动，枝梢鸣声响彻幽谷。攀登高峻的山峰，走入幽深的山谷，都令人心惊胆战，有时路绝崖断，比绳索引渡更加艰险。离出谷还有十多里，在一座孤峰下另有一处山谷，山谷里有清泉，泉上数丈处有两个石洞，能容人行走，进入洞口一丈多，洞内高约九尺，宽广四五丈，据说是古人穴居的地方，洞里还留有柴禾做饭留下的黑烟痕迹。山谷中树木茂密，人迹罕至。但还能见到少许山田，留有引水灌溉的痕迹。

卷二十五

泗水、沂水、洙水

泗水原来是淮河下游的最长支流，今称泗河，发源于山东新泰蒙山大平顶西麓，沿途接纳洙水、淮水、沂水、沭水等，直到今淮安注入淮水，全长五百多公里。金章宗明昌五年（南宋绍熙五年，1194），黄河在阳武决口，夺泗注淮入海，泗水的流路受阻，逐渐形成了所谓南四湖，即在今山东南境与江苏接址处的南阳、独山、昭阳、微山四湖。湖面狭长，南北一百二十多公里，东西宽约五到二十公里，今泗河在济宁附近注入南四湖。沂水是泗水支流，原来汇泗水入淮。由于泗水湮废，今水道已完全改变。今沂河从山东进入江苏后注入骆马湖，下游已疏凿了一条新沂河，循新沂河从燕尾港注入黄海。此水从山东沂蒙山发源到注入骆马湖，长近三百公里。洙水在古代曾是泗水的支流，后因水道变迁，今一般地图已不绘此水。

《从征记》曰：洙、泗二水交于鲁城东北十七里[①]，阙里背洙面泗[②]，南北百二十步，东西六十步，四门各有石闒[③]，北门去洙水百步余。后汉初，阙里荆棘自辟[④]，从讲堂至九里[⑤]。鲍永为相[⑥]，因修飨祠[⑦]，以诛鲁贼彭丰等[⑧]。郭缘生言泗水在城南[⑨]，非也。余按《国语》，宣公夏滥于泗渊[⑩]，里革断罟弃之[⑪]。韦昭云[⑫]：泗在鲁城北。《史记》、《冢记》、王隐《地道记》[⑬]，咸言葬孔子于鲁城北泗水上。今泗水南有夫子冢[⑭]。《春秋孔演图》曰[⑮]：鸟化为书，孔子奉以告天，赤爵衔书[⑯]，上化为黄玉。刻曰：孔提命[⑰]，作应法[⑱]，为赤制[⑲]。《说题辞》曰[⑳]：孔子卒，以所受黄玉葬鲁城北，即子贡庐墓处也[㉑]。谯周云[㉒]：孔子死后，鲁人就冢次而居者，百有余家，命曰孔里。《孔丛》曰[㉓]：夫子墓茔方一里，在鲁城北六里泗水上，诸孔氏封五十余所[㉔]，人名昭穆[㉕]，不可复识，有铭碑三所，兽碣具存。《皇览》曰[㉖]：弟子各以四方奇木来植，故多诸异树，不生棘木刺草。今则无复遗条矣。泗水自城北南迳鲁城，西南合沂水。

这一段主要在于对鲁城的考证。在这一段之前，《注》文有"夫子教于洙、泗之间"的话，因为这个地区是孔子的故乡，是儒学的发祥之处。郦道元家族是一个崇尚儒学的家族，所以对这个地区特别重视。其实，对于中国的传统儒学文化来说，这个地区确很重要。

【注释】

①鲁城：在今山东曲阜。

②阙里：故址在今山东曲阜城中。

③阃（kǔn）：门槛。

④自辟：自己除去。

⑤讲堂：讲学的堂舍。九里：一作"孔里"。孔子葬
　　后，弟子及鲁人去住在墓旁的有一百多家，因此叫
　　"孔里"。

⑥鲍永：东汉光武帝时人，字君长，上党屯留（在今
　　山西屯留）人。

⑦飨（xiǎng）祠：祭献的祠堂。

⑧彭丰：东汉时人，董宪起兵时，任裨将。

⑨郭缘生：晋人，撰《述征记》及《续述征记》。

⑩宣公：即鲁宣公，春秋鲁文公庶子，字倭。夏滥于
　　泗渊：夏天在泗水的深渊捕鱼。滥，通"槛"，施
　　柴于水中作槛以捕鱼。

⑪里革：春秋鲁宣公的大夫。罟（gǔ）：渔网。

⑫韦昭：三国吴人，字弘嗣，吴郡云阳（在今江苏丹
　　阳）人，其《国语注》传世。

⑬《冢记》：当作《冢墓记》，具体不详。王隐：西晋
　　人，字处叔，陈郡陈县（在今河南淮阳）人，撰有
　　《晋书》，今已亡佚。《地道记》：即《晋书地道记》，
　　王隐所作。

⑭夫子冢：在今山东曲阜北。

⑮《春秋孔演图》：谶纬之书，撰者不详。

⑯赤爵：红色的鸟。爵，通"雀"。

⑰提命：犹如耳提面命。

⑱应法：相应的法规。

⑲赤制：谶纬家指汉朝的国运期限。

⑳《说题辞》：即《春秋说题辞》，谶纬之书，撰者不详。

㉑子贡庐墓处：在今山东曲阜。子贡，即端木赐，春秋卫国人，字子贡，孔子弟子，孔子尝以瑚琏（húlián）称之。

㉒谯（qiáo）周：三国蜀人，字允南，巴西西充国（在今四川南充）人。

㉓《孔丛》：即《孔丛子》，旧传为孔子后裔孔鲋所作。孔鲋，字甲，秦末儒生。

㉔封：坟墓。

㉕昭穆：古代宗庙中神主的排列次序，始祖居中，以下父子递为昭穆，左为昭，右为穆。

㉖《皇览》：书名。三国魏人王象、缪袭等撰，记载先代冢墓之处，以供皇王省览，故称《皇览》。

【译文】

《从征记》说：洙水和泗水在鲁城东北十七里处相汇，阙里背靠洙水面临泗水，南北一百二十步，东西六十步，四面城门都有石门槛，北门离洙水一百多步。后汉初期，阙里的荆棘开始被清除，从孔夫子的讲堂到九里。当时鲍永任宰相，于是在阙里修建了绘祠，将鲁贼彭丰等人处死。郭缘生说泗水在城南，是错误的。我查考过《国语》，夏天宣公在泗渊撒网捕鱼，里革割断渔网，把它扔掉了。韦昭说：泗水在鲁城北。《史记》、《冢记》、王隐《地道记》，都说孔子安葬在鲁城北面的泗水上。如今泗水南有孔子墓。《春秋孔演图》说：鸟变成了书，孔子捧着书向上天祷告，有一只红雀飞到书上，变成一块黄玉，上面刻着：孔子受天之命，立法规，定国运之期限。《说题辞》说：孔子死后，人们把他得到的那块黄玉一起陪葬在鲁城北，就是子贡墓屋所在的地方。谯周说：孔子死后，鲁国人来到孔子墓边居住的有一百多家，以后这里就称为孔里。《孔丛》说：孔夫子的墓方圆一里，在鲁城北面六里的泗水畔。孔氏宗族的坟墓共五十多座，人名辈分已辨别不清，墓铭碑有三所，各种石兽石碑还在。《皇览》说：孔子的弟子们从各地带来珍奇的树苗，种在墓地上，因而墓地上有许多异树，不生荆棘和刺草。而到今天，那树木已没有了。泗水从城北南流，经鲁城西南与沂水会合。

永平中，锺离意为鲁相①，到官，出私钱万三千文，付户曹孔欣②，治夫子车③，身入庙④，拭几席、剑履。男子张伯除堂下草，土中得玉璧七枚，伯怀其一，以六枚白意⑤。意令主簿安置几前⑥。孔子寝堂床首有悬瓮，意召孔欣问：何等瓮也？对曰：夫子瓮也，背有丹书，人勿敢发也。意曰：夫子圣人，所以遗瓮，欲以悬示后贤耳。发之，中得素书⑦。文曰：后世修吾书，董仲舒⑧；护吾车、拭吾履、发吾笥⑨，会稽锺离意⑩；璧有七，张伯藏其一。意即召问伯，果服焉。

这一段记叙锺离意的故事。锺离意的作为当然是事前布置好的，但全文的主旨是为了尊孔崇儒，所以锺离意的所作，郦道元或许也意识得到，但由于这里是我国儒学的发祥之地，是几位最受尊教的儒学祖师所在之处，所以他也较详地写下这一段文章。

【注释】

①锺离意：东汉人，字子阿，会稽山阴（在今浙江绍兴）人，为鲁相。

②户曹：掌管民户、祠祀、农桑的官署。

③治：修。夫子：指孔子。

④身：亲自。

⑤白：禀告。

⑥主簿：官名。主管文书、办理事务。

⑦素书：写在帛绢上的文字。

⑧董仲舒：西汉哲学家，今文经学家，广川（在今河北景县）人，建议"罢黜百家，独尊儒术"，著有《春秋繁露》传世。

⑨笥（sì）：盛饭或盛衣物的方形竹器。

⑩会稽：郡名。秦置，治今江苏苏州。后移治所，在今浙江绍兴。

【译文】

永平年间（58—76），锺离意任鲁相，上任时，拿出自己的钱一万三千文，交付给户曹孔欣，要他整理孔子的车，他亲自入庙，擦拭孔夫子的旧物：几、席、佩剑和鞋子。男子张伯割除堂下杂草时，在土中发现七枚玉璧，张伯把一枚藏了，拿了六枚去禀告锺离意。锺离意令主簿把玉璧安放在几前。孔子卧室床头挂着一只瓮。锺离意叫来孔欣问：这是什么瓮？孔欣回答：这是夫子的瓮，背后有硃砂写的红字，人们都不敢打开。锺离意说：夫子是圣人，他之所以留下这个瓮，是想启示后世的贤人。开瓮后，里面有一块白绢，上面写着：后世编纂我的书的，是董仲舒；保护我的车、擦我的鞋、开我的箱的，是会稽锺离意；玉璧有七枚，张伯藏了一枚。锺离意立即叫来张伯询问，张伯果然招认了。

孔庙东南五百步①，有双石阙，即灵光之南阙②，北百余步即灵光殿基，东西二十四丈，南北十二丈，高丈余，东西廊庑别舍③，中间方七百余步；阙之东北有浴池，方四十许步；池中有钓台，方十步，台之基岸，悉石也，遗基尚整。故王延寿赋曰④：周行数里⑤，仰不见日者也。是汉景帝程姬子鲁恭王之所造也⑥。殿之东南，即泮宫也⑦，在高门直北道西，宫中有台，高八十尺，台南水东西百步，南北六十步，台西水南北四百步，东西六十步，台池咸结石为之，《诗》所谓思乐泮水也⑧。

这一段记叙孔庙，是全文记叙孔庙中的最重要的文章。"周行数里，仰不见日者也"。郦道元身在北朝，其家族数代服官于"五胡"之一的鲜卑，但其尊孔崇儒的信念如此之深，拓跋鲜卑，特别在孝文帝开始，汉化加速，至于全盘汉化，郦氏家属，特别是郦道元的功绩确是值得称道的。

【注释】

①孔庙：在今山东曲阜。

②灵光：即灵光殿，故址在今山东曲阜东。

③廊庑（wǔ）：厅堂周围的屋子。

④王延寿：东汉辞赋家，王逸之子，字文考，一作子山，南郡宜城（在今湖北宜昌）人，有《鲁灵光殿赋》传世。

⑤周行：绕行。

⑥汉景帝：即西汉皇帝刘启。鲁恭王：汉景帝第五子，徙为鲁王，坏孔子旧宅，于墙壁中得古文经传。

⑦泮（pàn）宫：古代的学校。

⑧思乐泮水：出自《诗经·鲁颂·泮水》。

【译文】

孔子庙东南面五百步，有一对石阙，就是灵光殿的南阙，北面一百多步就是灵光殿旧址，东西二十四丈，南北十二丈，高一丈多；东西两边是廊屋，中间方七百多步；石阙北面有一个浴池，方约四十步；池中有个钓台，方十步，台的基岸都用石头砌成，遗基还较完整。所以王延寿作赋说：绕行数里，仰头不见天日。这是汉景帝妃子程姬的儿子鲁恭王修筑的。殿的东南面，就是泮宫，在高门正北的大路西边，宫中有台，高八十尺，台南水池东西一百步，南北六十步，台西水池南北四百步，东西六十步，台池都用石块结砌，这就是《诗经》所说的：在泮水之畔多么快乐！

延之盖以《国语》云，吴王夫差起师[1]，将北会黄池[2]，掘沟于商、鲁之间[3]，北属之沂[4]，西属于济，以是言之，故谓是水为吴王所掘。非也。余以水路求之，止有泗川耳。盖北达沂，西北逯于商、鲁，而接于济矣。吴所浚广耳[5]，非谓起自东北受沂西南注济也。

这一段是中国有史记载的第一条运河。邗沟见于《左传》哀公九年，这是众所周知的权威资料，《国语》确也记及于此。但从这段《注》文中，郦道元补充了"吴所浚广耳"的话，说明除了邗沟以外，当年为了黄池之会，吴还在泗水的若干支流上，作过一些"浚广"的河道疏凿整治，在中国运河史研究中，这是一条可以参考的资料。

【注释】

①夫差：春秋吴王，困句践于会稽，后被句践灭国。

②黄池：在今河南封丘西南，当济水与黄沟交汇处。

③商：春秋诸侯国宋的别称。周灭商后，封商贵族微子的后代于宋，故宋又称为商。

④沂（yí）：古水名。泗水支流，原来汇泗水入淮。由于泗水湮废，今水道已完全改变。今沂河发源于山东，流入江苏。

⑤浚（jùn）广：疏通并拓宽。

【译文】

戴延之大概是根据《国语》所说，吴王夫差起兵，将北上黄池，在商、鲁之间开掘渠道，北面与沂水连接，西面通到济水，凭这点记载，所以说这条水是吴王开掘的。其实并非如此。我根据水路探察，此处只有泗水。北通沂水，西北流经商、鲁，而与济水相接的就是泗水。吴王只是疏浚过，并拓宽了水道，不是说从东北起开掘，引入沂水，西南流注于济水。

卷二十六

沭水、巨洋水、淄水、汶水、潍水、胶水

这一卷列篇的共有六条河流，都是发源于山东半岛的河流，除了沭水流入江苏以外，其余各水都不出山东半岛，或汇入干流或单独入海。沭水今称沭河，发源于山东沂蒙山脉，南流入江苏，与沂河平行。进入江苏后，水道纷乱，水灾频仍。1949 年进行整治改造，用人工开凿新河道，经连云港北的临洪口入海，称为新沭河。巨洋水今称弥河，发源于沂山南麓，在昌乐附近注入莱州湾，全长近二百公里。淄水今称淄河，是小清河的支流，发源于莱芜鲁山东南麓，东流经临淄，经广饶注入小清河，全长约一百四十公里。汶水今称汶河，是《水经注》立篇的两条汶水之一。此河是潍河的支流，发源于临沂沂山，东流至寿光、昌邑一带注入潍河，全长一百多公里。潍水今称潍河，发源于山东半岛南部五莲山，北流注入莱州湾，全长二百四十多公里。胶水今称胶河，发源于山东半岛铁镢山，北流注入渤海湾，全长约一百七十公里。它的下游河道，在元朝已经过人工开凿，即今胶莱河。当时曾想在此开凿一条运河，称为胶莱运河，使南粮从海道北运途中可以避开半岛东端的成山角之险，但结果没有凿成，所以称为胶莱河。

《列女传》曰①：齐人杞梁殖②，袭莒战死③，其妻将赴之④，道逢齐庄公，公将吊之⑤。杞梁妻曰：如殖死有罪，君何辱命焉⑥？如殖无罪，有先人之敝庐在，下妾不敢与郊吊。公旋车吊诸室⑦，妻乃哭于城下，七日而城崩。故《琴操》云⑧：殖死，妻援琴作歌曰：乐莫乐兮新相知，悲莫悲兮生别离。哀感皇天，城为之堕⑨。即是城也。

这一段引《列女传》所记的杞梁殖的故事，一般认为是后来民间流传的万喜良筑长城，死于城下，其妻孟姜女哭长城这种传说的附会和来源。因"杞梁殖"的"杞梁"与"万喜良"的"喜良"二字发音相谐，而"城为之堕"的故事又可牵扯到长城因孟姜女之哭而塌的传说。这种传讹确实是很可能的。但由此可见前面提及的杨泉《物理论》中的一段民谣，秦始皇筑长城在当时出现的负面创伤，的确是深入民间的。

【注释】

①《列女传》：西汉刘向撰。

②杞梁殖：春秋齐国人，袭莒而死。《文选》李善注：杞梁，字；殖，名。

③莒（jǔ）：古国名。西周分封的诸侯国。故址在今山东莒县。

④赴：奔丧。

⑤吊：祭奠死者。

⑥辱命：玷污使命。这里是指"玷污吊唁的名声"。

⑦旋车：掉转车头。诸："之于"的合音。

⑧《琴操》：琴曲著录，记述四十七个古琴曲的故事，
　相传为汉蔡邕所作。

⑨堕：崩塌。

【译文】

《列女传》说：齐国人杞梁殖在袭击莒城时战死，他的妻子前去迎丧，路上碰到齐庄公，庄公正要去为杞梁殖吊丧。杞梁妻说：如果殖死得有罪，怎敢劳驾您来吊唁呢？如果他死得无罪，还有祖先留给他的旧宅在，我不敢在郊外为他吊丧。齐庄公立即回车，在他家里举行了丧礼，杞梁妻在莒城下哀哭，哭了七日，把城都哭崩了。所以《琴操》说：杞梁殖死后，他的妻子持琴歌唱道：乐莫乐兮新相知，悲莫悲兮生别离。她深沉的悲哀感动了上天，城也因此而崩塌了。说的就是此城。

巨洋水自朱虚北入临朐县①，熏冶泉水注之②。水出西溪③，飞泉侧濑于穷坎之下④，泉溪之上，源麓之侧有一祠，目之为冶泉祠⑤。按《广雅》⑥，金神谓之清明⑦。斯地盖古冶官所在⑧，故水取称焉。水色澄明而清冷特异，渊无潜石，浅镂沙文⑨。中有古坛，参差相对，后人微加功饰，以为嬉游之处。南北邃岸凌空，疏木交合。先公以太和中⑩，作镇海岱⑪。余总角之年⑫，侍节东州⑬。至若炎夏火流⑭，闲居倦想，提琴命友⑮，嬉娱永日。桂笋寻波⑯，轻林委浪⑰。琴歌既洽，欢情亦畅。是焉栖

寄，寔可凭衿。小东有一湖⑱，佳饶鲜笋，匪直芳齐芍药⑲，寔亦洁并飞鳞⑳。其水东北流入巨洋，谓之熏冶泉。

郦道元在《水经注》记及他故乡的只有在《巨马水》篇的一次，但记及幼年时随父在齐鲁（在今山东）之间的，却有好几次。这一段记叙的是巨洋水支流熏冶泉的自然风景，文笔当然绝妙。此外，其中提到："先公以太和中，作镇海岱，余总角之年，侍节东州。"这几句成为以后不少学者论证郦道元出生年代的依据。但其实，因为"总角"一词在中国古代词汇中没有计量依据，所以虽然议论纷纷，但郦道元到底出生于何年，至今仍无法解决。

【注释】

①朱虚：古县名。西汉置，治今山东临朐（qú）东南。

②熏冶泉水：在今山东临朐西南海浮山下。

③西溪：在今山东临朐北。

④濑（lài）：急流。穷坎：深壑。

⑤目：命名，叫做。

⑥《广雅》：三国魏张揖为增补《尔雅》所作的辞书，保留了很多先秦两汉的古语词和古义。

⑦金神谓之清明：《广雅·释天》中的文字。金神，旧五行神之一，主金。

⑧冶官：管理开采、冶炼金属的官署。

⑨浅：浅浅地。这是因为水折射使得渊深的水底看起来很浅。沙文：沙子呈现的纹路。

⑩先公：亡父。这里是指郦道元的父亲郦范，字世则，后除平东将军、青州刺史。

⑪作镇：镇守。海岱：今山东渤海至泰山一带。

⑫总角：借指儿童。古时儿童束发为两结，向上分开，形状如角，故称。

⑬侍节：侍奉，尽孝道。东州：谓冀兖州。这里泛指东边。

⑭火流：出自《诗经·豳风·七月》："七月流火，九月授衣。"后来用"流火"、"火流"代"七月"。

⑮命：召唤，延请。

⑯桂笋：竹名。这里指代用这种竹子做的撑船用的竹篙。

⑰轻林：嫩绿的树林。委浪：因拂着水面而使波浪弯曲。

⑱小东：稍微向东。

⑲芍药：多年生草本植物，五月开花，非常美丽。

⑳飞鳞：游鱼。

【译文】

巨洋水从朱虚向北流入临朐县，熏冶泉水在此注入。此水源出西溪，飞奔的泉水在深坑下面流泻，在溪岸上，源头的山麓近旁，有一座祠庙，名为冶泉祠。据《广雅》记载，金神名叫清明。此处是古时冶官的驻地，水就因此取名。熏冶泉水色澄清透明，而且特别清凉，深渊底下少有岩石，因为水的折射使得渊深的水底看起来很浅，这浅浅的沙底保留着水流冲荡而像雕镂成的纹路。中间有古台，与祠参差相对，后人稍加修饰，把它作为嬉游的处所。南北两侧高峻的陡岸凌空而起，疏疏落落的枝柯接连交错。太和年间（477—499），先父镇守青州，当时我还年幼，跟着父亲到东方来。每当炎夏七月，困倦无聊时，就携了琴，邀了好友，整天地尽情嬉游。我们撑起竹篙，荡着一叶扁舟，逐浪飘流，在岸边林木的绿荫底下，穿过低垂拂水的柔枝。我们弹琴唱歌，互相应和，彼此都十分愉快。寄身在这清幽可爱的林泉间，向大自然寄托自己的情怀。稍东有一口湖，湖上出产鲜美的竹笋，不但气味芳香可与芍药相比，而且也像鱼儿一般洁白清净。溪水往东北流入巨洋，称为熏冶泉。

阳水又东北流①，石井水注之。水出南山，山顶洞开，望若门焉，俗谓是山为礓头山②。其水北流注井，井际广城东侧③，三面积石，高深一匹有余④。长津激浪，瀑布而下，澎赑之音⑤，惊川聒谷⑥，濆渀之势⑦，状同洪河⑧，北流入阳水。余生长东齐，极游其下⑨，于中阔绝⑩，乃积绵载⑪，后因王事⑫，复出海岱，郭金、紫惠同石井⑬，赋诗言意，弥日嬉娱，尤慰羁心⑭，但恨此水时有通塞耳。

这一段记叙的又是郦道元童年随父居住的地方，但其事属于当年的因公出差，他已经服官于北魏朝廷了。《注》文是回忆礓头山的瀑布和山水风景。虽然是小瀑布，但由于是童年所游，感情深厚，所以文章写得栩栩如生。人们对于儿童时代的见闻，总是印象深刻而铭记在心的，郦道元有这样的写作天赋，当然能就此写出一篇绝妙文章。

【注释】

①阳水：在今山东青州。

②磻（pī）头山：在今山东青州。

③际：靠近，接近。

④匹：长度计量单位。古代四丈为一匹。

⑤澎赑（bì）：瀑布形成的轰鸣声。

⑥聒（guō）：惊吵。

⑦湍濞（pēngbēn）：水流奔腾激荡的样子。

⑧洪河：大河，古代多指黄河。

⑨极游：形容游玩的次数很多。

⑩阔绝：分别，离别。

⑪绵载：多年。绵，久长。

⑫王事：王命差遣的公事。

⑬郭金、紫惠：人名。不详。

⑭羁心：客游之心。羁，羁旅，旅居。

【译文】

阳水又东北流，石井水注入。这支水发源于南山，山顶敞开，望去像门似的，俗称此山为磻头山。此水北流注入一口大井，紧靠广城东侧，三面石块堆垒，深达四丈有余。水流汹涌，成为瀑布一泻而下，轰隆的声音震撼山谷，惊天动地的水势如同大河一样，北流注入阳水。我生长在东齐，曾多次游玩于瀑布下面，中间阔别多年，后来又因公事重到海岱，与郭金、紫惠一起游石井，赋诗抒怀，终日嬉游，作客他乡，能终日畅游真是莫大的慰藉了，只是此水时通时断，令人遗憾而已。

山上有长城①，西接岱山②，东连琅邪巨海③，千有余里，盖田氏之所造也。《竹书纪年》梁惠成王二十年，齐筑防以为长城。《竹书》又云：晋烈公十二年，王命韩景子、赵烈子、翟员伐齐④，入长城。《史记》所谓齐威王越赵侵我，伐长城者也。

这一段记叙的长城，是从泰山到琅邪的长城，虽然也成于战国时代，而且也在此发生过战争，但与北方的长城并非等同，过去曾有人混为一谈，所以必须加以区别。

【注释】

①长城：从泰山到琅邪的战国长城。

②岱山：泰山。

③琅邪（lángyá）：在今山东胶南西南。

④韩景子、赵烈子、翟员：人名。不详。

【译文】

泰山上有长城，西面连接泰山，东面延伸到琅邪大海，全长一千多里，是田氏所筑。《竹书纪年》载，梁惠成王二十年（前350），齐国修筑防御工事，造了长城。《竹书》又说：晋烈公十二年（前404），派遣韩景子、赵烈子、翟员讨伐齐国，侵入长城。《史记》所说的齐威王经过赵国侵犯我国，攻打长城，就指此事。

琅邪，山名也。越王句践之故国也。句践并

吴，欲霸中国①，徙都琅邪。秦始皇二十六年，灭齐以为郡，城即秦皇之所筑也。遂登琅邪大乐之山，作层台于其上，谓之琅邪台②。台在城东南十里，孤立特显。出于众山，上下周二十里余，傍滨巨海③。秦王乐之，因留三月，乃徙黔首三万户于琅邪山下④，复十二年⑤。所作台基三层，层高三丈，上级平敞，方二百余步，广五里。刊石立碑，纪秦功德。台上有神渊，渊至灵焉，人污之则竭，斋洁则通⑥。神庙在齐八祠中，汉武帝亦尝登之。汉高帝吕后七年⑦，以为王国，文帝三年，更名为郡，王莽改曰填夷矣。

这一段《注》文说琅邪是"越王句践之故国也"。越王句践在被吴王夫差战败后，曾作为人质，到句吴（在今苏州）三年，返越（在今绍兴）后，卧薪尝胆，并积蓄力量，所谓十年生聚，十年教训，结果一举覆没句吴，北上称霸，迁都琅邪（在今山东诸城附近）。但此中经过，古籍虽有记载而都不详细，以致后来的历史学者有人怀疑句践是否定都琅邪之事。此处《注》文说琅邪是"越王句践之故国也"。说明在南北朝时代，句践北迁定都琅邪之事还是肯定的，所以琅邪山从此得到重视，秦始皇、汉武帝等著名帝皇，都曾经登临，《注》文虽仅短短几句，但对于句践确实迁都于琅邪，是一种有力的佐证。

【注释】

①中国：泛指中原地区。

②琅邪台：故址在今山东胶南西南琅邪山上。

③傍滨：依傍，滨临。

④黔首：老百姓。

⑤复：免除赋税。

⑥斋洁：洁净地斋戒。

⑦吕后：即吕雉，刘邦的皇后。汉惠帝薨，吕后临朝
　　称制凡八年。

【译文】

　　琅邪是山名，原属越王句践的国土。句践吞并吴国后，妄想称霸中国，就迁都到琅邪。秦始皇二十六年（前221），灭齐国，就把琅邪设立为郡，郡城是秦始皇所筑。秦始皇登上琅邪大乐山，在山上修筑了层台，称为琅邪台。台在城东南十里，孤傲地矗立着，在众山之中显得格外突出。这些山周围二十里有余，位于大海之滨。秦始皇很高兴，因此在这里逗留了三个月，他把三万户平民迁移到琅邪山下，豁免十二年赋税。他修筑的高台，台基有三层，每层高三丈，上层平坦宽敞，二百多步见方，宽广五里。又刻石立碑，记载秦始皇的功德。台上有个神渊，非常灵验，如有人将水弄脏，它就会枯竭；如心怀诚敬，使它保持洁净，水就畅通。这里的神庙是齐地八祠之一，汉武帝也曾登临此台。汉高帝吕后七年（前181），把这里立为王国，文帝三年（前177），改名为郡，王莽时又改称填夷。

卷二十七

沔水

卷二十七、二十八、二十九三卷为《沔水》（但卷二十九除沔水外还有其他几条立篇的小河流）。沔水是《水经注》全书中占三卷篇幅的大河之一，即今汉江，是长江的支流之一。因为《禹贡》说"浮于潜，逾于沔"，所以汉江很早就被称为沔水。但古代也有称汉水的，《汉书·地理志》说："汉水受氐道水，一名沔。"所以"沔"、"汉"是同水异名。不过《水经》只称沔水，不称汉水。《水经注》则"沔"、"汉"并见。汉江是长江的最大支流，全长一千五百公里，流域面积达十六万平方公里。

诸葛亮之死也，遗令葬于其山①，因即地势②，不起坟垄，惟深松茂柏，攒蔚川阜③，莫知墓茔所在。山东名高平，是亮宿营处，有亮庙。亮薨，百姓野祭。步兵校尉习隆、中书郎向充共表云④：臣闻周人思召伯之德⑤，甘棠为之不伐⑥；越王怀范蠡之功，铸金以存其像。亮德轨遐迩⑦，勋盖来世，王室之不坏，寔赖斯人，而使百姓巷祭，戎夷野祀⑧，非所以存德念功⑨，追述在昔者也⑩。今若尽顺民心，则黩而无典⑪；建之京师，又逼宗庙⑫，此圣怀所以惟疑也⑬。臣谓宜近其墓⑭，立之沔阳⑮，断其私祀，以崇正礼。始听立祀斯庙⑯，盖所启置也。

　　这一段记叙诸葛亮死前遗令其墓葬。在蜀汉，他权力重，声名大，但他遗令其墓葬不要铺张。这既是他的心存简朴，也或许是他的自知之明。因为他看到，蜀汉是不可能续后汉之业的，后主必败，则他的陵墓必被夷毁，所以要"不起坟垄"。但人民还是尊敬他，所以有"野祭"之举，并且引起一番议论。

【注释】

①其山：即定军山，在今陕西勉县城南。

②因即：依照，依随。

③攒（cuán）：聚集，丛生。蔚：草木茂盛。川阜：水边山冈。

④步兵校尉：官名。掌管宿卫兵。习隆：三国蜀汉襄阳（在今湖北襄阳）人。中书郎：即中书侍郎，典

掌诏命。向充：三国蜀汉人，官至尚书，协赞大将军姜维。共表：共同上表。

⑤召（shào）伯：召公姬奭为诸侯之长，称伯。

⑥甘棠为之不伐：召公巡行乡邑，有棠树，决狱听政其下。自侯伯庶人各得其所，无失职者。召公卒，而民思召公之政，怀甘棠不敢伐，歌咏之，作《甘棠》之诗，即《诗经·召南·甘棠》。

⑦轨：垂范。遐迩：远近。

⑧戎夷：戎和夷，古民族名。泛指少数民族。

⑨存：思念。

⑩追述：追思，追念。在昔：往昔，从前。

⑪黩（dú）：轻率。典：制度，法则。

⑫宗庙：古代帝王诸侯祭祀祖宗的庙堂。

⑬圣怀：皇上。疑：犹豫不决。

⑭谓：以为，认为。

⑮沔（miǎn）阳：古县名。西汉置，治今陕西勉县东，以在沔水之阳得名。

⑯听：允许。

【译文】

诸葛亮死后，遗嘱把他葬在定军山上，安葬时依山形地势，而不高筑坟垒，现在那里唯有一片蓊翳的松柏，茂盛地丛生在水边和山冈上，而他的坟墓却不知究竟在何处。山的东面叫高平，是当年诸葛亮的宿营地，建有诸葛亮庙。诸葛亮死后，百姓在野外祭祀。步兵校尉习隆、中书郎向充共同上表说：我们听说周朝人思念召伯的恩德，就不再去砍伐那棵他曾在下面休息过的甘棠树；越王为怀念范蠡的功绩，铸了一尊金像作为纪念。诸葛亮的德操垂范天下，功勋空前绝后，今天王室之所以能巩固不衰，靠的全是他，而今让百姓在街巷里祭奠，戎夷在野外祭祀，这不是纪念他的恩德和功勋的办法。今天若要完全顺从民心，那么就会流于轻率而无章法；如将祠庙建于京城，又势必侵逼宗庙，这正是圣上心里犹疑不定的原因。我们以为最好是在墓地近旁，就在沔阳立祠，这样就可以断绝民间的私祭，尊重正规的礼仪。这座祠庙就是在习隆、向充启奏后修建的。

汉水又东合褒水。水西北出衙岭山，东南迳大石门①，历故栈道下谷②，俗谓千梁无柱也③。诸葛亮《与兄瑾书》云：前赵子龙退军④，烧坏赤崖以北阁道⑤，缘谷百余里，其阁梁一头入山腹，其一头立柱于水中。今水大而急，不得安柱，此其穷极⑥，不可强也。又云：顷大水暴出⑦，赤崖以南桥阁悉坏，时赵子龙与邓伯苗⑧，一戍赤崖屯田，一戍赤崖口，但得缘崖与伯苗相闻而已⑨。后诸葛亮死于五丈原⑩，魏延先退而焚之⑪，谓是道也。自后按旧修路者，悉无复水中柱，迳涉者浮梁振动，无不摇心眩目也⑫。

这一段记叙栈道中最险要艰难的一段，即所谓"千梁无柱"。栈道是古代沟通陕、川、甘各省群山之中的沿山险路，又称阁道或复道，是在沿山的岩壁上凿石穿梁而修成的道路。著名的如金牛道（又称石牛道），从今陕西勉县向西南伸展，翻越七盘岭入川，经朝天驿到剑门关。这是古代从汉中入川的要道。《注》文记叙的，即是这条金牛道中的一段。所记褒水所经从大石门到下谷一段，栈道的俗名就称"千梁无柱"。这当然是因为悬崖峭壁，与山坡或山下溪涧河流的距离甚远，所以无法立柱，因而出现了这种更为险峻的"千梁无柱"的栈道。在这种情况下，插入岩石中的木梁，其一端没有柱的支撑，当然很不牢固，容易折断。要使"千梁"牢固，唯一的办法是加长木梁，让木梁尽量深插于岩壁之中，这样就必须在岩壁中凿入极深，工程的巨大，可以想见。

【注释】

①大石门：杨守敬按《方舆纪要》，"大石门"即"斜（yé）谷口"，在今陕西眉县西南。

②栈道：在悬崖绝壁上凿孔支架木桩，铺上木板而成的窄路。此处栈道为褒斜（yē）道。

③千梁无柱：只有木梁而没有柱子。因为悬崖峭壁与山坡或山下溪涧河流的距离甚远，所以无法立柱。

④赵子龙：即赵云，常山真定（在今河北正定）人，三国蜀汉大将。

⑤赤崖：古地名。在陕西留坝东北，褒斜阁道所经。

⑥穷极：艰难到了极点。

⑦顷：不久。暴出：暴发。

⑧邓伯苗：即邓芝，义阳新野（在今河南新野）人，

三国蜀汉大将军。

⑨但得：只能够。相闻：互通信息。

⑩五丈原：在今陕西岐山城南。诸葛亮病卒于此。

⑪魏延：字文长，义阳（在今河南信阳）人，三国蜀汉大将。

⑫摇心：心惊胆颤。

【译文】

汉水又向东流，汇合了褒水。褒水发源于西北面的衙岭山，东南流经大石门，流过旧时的栈道下谷，俗称千梁无柱。诸葛亮《与兄瑾书》说：先前赵子龙退兵时，烧坏了赤崖以北沿着山谷周围的阁道长达一百多里，阁梁一头通入山腰，另一头在水中立柱。现在山水大而急，已无法立柱，困难已到了极点，不能勉强了。又说：近时山洪暴发，赤崖以南的桥梁阁道全都冲毁了，当时赵子龙与邓伯苗，一个在赤崖驻防屯田，一个驻防于赤崖口，双方只能沿着崖边互相呼应而已。后来诸葛亮死于五丈原，魏延首先撤退，焚烧了栈道，就是这条栈道。自此以后，那些按照旧道修路的人，都不再在水中立柱了。过往行人在摇摇晃晃的浮桥上经过，无不提心吊胆、头晕目眩的。

《汉中记》曰①：自西城涉黄金峭、寒泉岭、阳都坂②，峻崿百重，绝壁万寻，既造其峰，谓已逾崧、岱③，复瞻前岭，又倍过之。言陟羊肠，超烟云之际，顾看向涂④，杳然有不测之险。山丰野牛、野羊，腾岩越岭，驰走若飞，触突树木⑤，十围皆倒⑥。山殚艮阻⑦，地穷坎势矣⑧。

　　这一段记叙古代秦岭山脉地区的山高水深、形势险峻状况。由于深山野岭，人迹罕至，所以野生动物极多。在这条《经》文之下，《注》文较长，写的都是大山险岭。《汉中记》所说的这一段，只是其中最可以说明这个地区的实况的。其实，《经》文下的整篇《注》文都值得一读。

【注释】

①《汉中记》：书名。不详。

②西城：古县名。秦惠文王置，治今陕西安康。黄金峭、寒泉岭、阳都坂：都在今陕西汉中。

③崧：即嵩山，在河南登封北，为五岳之中岳。岱：即泰山，在山东，为五岳之首。

④顾：回头。向涂：刚才的路。涂，道路。

⑤触突：抵触碰撞。

⑥围：计量周长的约略单位，说法不一，现多指两手或两臂之间合拢的长度。

⑦艮（gèn）阻：艰难险阻。艮，艰难。

⑧穷：尽，竭尽。坎势：危险之势。

【译文】

《汉中记》说：从西城翻越黄金峭、寒泉岭、阳都坂，高山峻岭，层层叠叠，绝壁万丈，攀上一座山峰，以为已经翻过嵩山、泰山那样的高峰了，可是抬头再看前面的山岭，却比过来的山还要加倍险峻。攀登在山间的羊肠小道之间，置身于缥缈的云雾之上，回头瞻望走过来的路，迷蒙深杳，到处隐伏着不可预测的凶险。山上有很多野牛、野羊，翻崖越岭，奔跑如飞；那些巨兽一撞到树木，合抱的大树也会被撞倒。山势的险峻，地形的起伏，真是已到了极点。

卷二十八

沔水

　　这一卷《沔水》,《经》文起于堵阳县,此县在今河南方城一带,已经接近南阳盆地,属于中游河段了。山势险峻的地区不再出现,支流开始增加,《经》文最后一句是:"又南至江夏沙羡县北,南入于江。"沙羡县在今湖北武昌附近,《注》文称这个地方为沔口,汉江从这里注入长江,古今形势并无大变。沔水既已入江,所以之后就是长江的流程,与汉江已无关系了。

沔水又东迳万山北①，山上有《邹恢碑》②，鲁宗之所立也③。山下潭中有《杜元凯碑》，元凯好尚后名④，作两碑并述己功，一碑沉之岘山水中⑤，一碑下之于此潭，曰：百年之后，何知不深谷为陵也⑥？

这一段写的是杜元凯刊碑而又沉碑的故事。杜元凯即杜预，西晋大臣，又是一位很有成就的史学家，他所撰的《春秋左氏经传集解》，至今仍流行于世，而且还在重印。但刊碑而沉碑，其好名的欲望，已经别出心裁。不过杜预确实是留名后世的，他的能够留名，并不是因为官为西晋大臣，而是依靠他的《春秋左氏经传集解》这部著作。这对后世渴望留名者，倒是很有教育意义。

【注释】

①沔（miǎn）水：水名。汉水的上游，在陕西，古代也指整个汉水。万山：在今湖北襄阳西北。

②邹恢：沈钦韩认为邹恢疑是郗（xī）恢之误。熊会贞按，恢为郗鉴之孙。

③鲁宗之：南朝宋鲁爽之祖，字彦仁，历官至南郡太守，封南阳郡公。

④好尚：喜好。

⑤岘（xiàn）山：在湖北襄阳。

⑥深谷为陵：深谷变成山陵。语出《诗经·小雅·十月之交》："高岸为谷，深谷为陵。"

【译文】

沔水又东流经万山北，山上有鲁宗之所立的《邹恢碑》。山下水潭中有《杜元凯碑》，杜元凯喜欢身后留名，刻了两块石碑，记述自己的功绩，一块石碑沉在岘山水中，另一块沉在这个水潭中，他说：过一百年后，怎么知道低谷就不能变为山陵呢？

水又东入侍中襄阳侯习郁鱼池①。郁依范蠡《养鱼法》作大陂，陂长六十步，广四十步，池中起钓台，池北亭，郁墓所在也。列植松篁于池侧沔水上②，郁所居也。又作石洑③，逗引大池水于宅北作小鱼池④，池长七十步，广二十步，西枕大道⑤，东北二边限以高堤⑥，楸竹夹植，莲芡覆水⑦，是游宴之名处也。

这一段记叙习郁养鱼的故事。"郁依范蠡《养鱼法》作大陂"，此处所提及的范蠡《养鱼法》很值得重视。范蠡撰有《养鱼经》一书，在《旧唐书·经籍志》及《新唐书·艺文志》中都有著录。清姚振宗《隋书经籍志考证》卷三十一中说："梁有陶朱公《养鱼经》一卷，亡。"但习郁养鱼，却还是按范蠡此书（《养鱼法》和《养鱼经》当然就是同书），比姚振宗的《考证》早了五百多年，说明古书的亡佚，其中可能还有幸存的。习郁所见的范蠡《养鱼法》即是这种例子。

【注释】

①习郁：东汉刘秀时人。习郁鱼池故址在今湖北襄阳南。

②列植：成行栽种。篁（huáng）：竹子。

③洑（fú）：水在地面下流。

④逗引：疏导，引导。逗，引，疏导。

⑤枕：临近，靠近。

⑥限：阻隔，阻拦。

⑦芡（qiàn）：多年生草本植物，生在水池中。像荷
　　叶，浮在水面，略像鸡头，故亦叫鸡头。

【译文】

　　陂水东流注入侍中襄阳侯习郁的鱼池。习郁根据范蠡的《养鱼法》，造了个大池塘，塘长六十步，宽四十步，池中筑了钓台，池北的亭子，就是习郁墓所在的地方。在池旁的洑水岸边种了一片松林和竹林，这就是习郁的住处。他又用石块砌了一条弯曲的暗沟，把大池中的水引到住宅北面，造了个小鱼池，小鱼池长七十步，宽二十步，西边紧靠大路，东北两边筑了高堤，堤岸两边种遍楸树林和翠竹，池中莲芡盖满水面，真是游乐宴饮的好去处。

　　谓之疏口也①。水中有物，如三四岁小儿，鳞甲如鲮鲤②，射之不可入。七八月中，好在碛上自曝③，膝头似虎，掌爪常没水中，出膝头，小儿不知，欲取弄戏，便杀人。或曰，人有生得者，摘其皋厌④，可小小使。名为水虎者也。

　　这一段记叙汉水在今襄阳河段中的一种特殊动物。《注》文所说的疏口，当在今小河镇附近。《注》文说："水中有物，如三四岁小儿，鳞甲如鲮鲤，射之不可入。"这种

动物就被称为"水虎"。因为"小儿不知，欲取弄戏，便杀人"，加上其形状奇异，所以得了"水虎"这个名称。但从《注》文记载的地区和实物的形状来看，这种被称为"水虎"的动物，应该是今天我们所称的扬子鳄。现在，这种动物已是世界上只有我国尚有存在的珍稀动物了。今浙江长兴，就有这种动物的自然保护区。扬子鳄其实并不是凶猛动物，平日只以鱼、蛙、鼠等小动物为食，不像凶猛的马来鳄，在以下卷三十七《浪水》篇中，马来鳄就有记载。

【注释】

①疏口：在今湖北襄阳小河镇附近。

②鲮（líng）鲤：即穿山甲，哺乳动物，体和尾有覆瓦状的角质鳞。

③碛（qì）：沙石积成的浅滩。曝（pù）：晒。

④皋厌：鼻子。一说水虎的生殖器官。

【译文】

汇流处称为疏口。水中有一种动物，像三四岁的小孩，身上有类似穿山甲的鳞，箭也射不进去。七八月间，喜欢在沙石滩上晒太阳，膝头像虎，脚掌和爪子常没在水中，只露出膝头，小孩子不知道，想去拿来玩，它便会把人弄死。有人说，如果能捉住一只活的，把它的鼻子割下，就可以驯服它。这种动物叫水虎。

沔水又东得泻口①，其水承大泻、马骨诸湖水，周三四百里，及其夏水来同②，渺若沧海，洪潭巨

浪，萦连江沔，故郭景纯《江赋》云：其旁则有朱、
浐、丹、漅是也③。

　　《注》文记载的地区，已经是古代的云梦泽地区。到了
南北朝，云梦泽已经分散湮废，沼泽化过程很显著了，但
其地仍多湖泊，《注》文所记的大浐、马骨诸湖，周围还有
三四百里，到了夏季的洪水时期，如《注》文所说，这一
带仍然"渺若沧海，洪潭巨浪，萦连江沔"。说明当时这个
地区的水体，比今天还要大得多。古代云梦泽的沼泽化程
度，还不是如同今天一样，连洞庭湖都缩小得很多了。

【注释】
①得：到。浐（chǎn）口：在今湖北仙桃西北。
②同：汇合，交汇。
③朱：即朱湖，在今江苏溧（lì）阳东南。丹：即丹阳
　　湖，在今安徽当涂东南。漅（cháo）：即巢湖，在今
　　安徽中部，湖面跨合肥、巢湖及肥西、肥东和庐江。

【译文】
　　沔水又东流，到浐口，这条水承接大浐、马骨等湖水，
周围三四百里，到了夏水汇流进来，就变得像大海一样辽
阔无际了，水深浪阔，与江沔萦纡曲折地连在一起，所以
郭景纯《江赋》说：旁近则有朱、浐、丹、漅诸水。

卷二十九

沔水、潜水、湍水、均水、粉水、白水、比水

这一卷中立题入篇的河流有七条之多。其中沔水其实在上卷已经从沙羡县注入长江，所以篇中所记叙的已经是长江的流程。但是在此篇的第三句《经》文"又东过牛渚县南，又东至石城县"以后，《经》、《注》都对长江下游作了错误的记叙。郦道元在此篇中的最后几句话，实事求是地说明了他并不了解这个地区的河川水利。潜水是一条存在疑问的古代河流，因为《禹贡·荆州》提及"九江孔殷，沱、潜既道"，但《禹贡·荆州》提及"岷嶓既艺，沱、潜既道"，则在今湖北与四川都各有一条沱水和潜水。不过《水经》说"潜水出巴郡宕渠县"，宕渠在今渠县东北，则此潜水当在今四川，是嘉陵江的支流。但《水经注》的说法与《水经》存在分歧，按《水经》，潜水出于巴郡宕渠县，则此水当是古代的宕渠水，是嘉陵江的东支。而《水经注》说："刘澄之称白水入潜，然白水与羌水合入汉，是犹汉水也。"《注》文所说的汉水，前面已有说明是西汉水，既然"白水入潜"，白水即今白龙江，则此潜水应为嘉陵江的干流。古籍上的这类问题不少，至今存疑。湍水今称湍河，是白河支流，发源于南阳盆地以北的伏牛山，在邓州以东注入白河，全长二百多公里。均水是今何水，至今尚不明确。《汉书·地理志》认为此水是淯水，郦道元同意此说，包括近代杨守敬、熊会贞的《水经注疏》，都认为均水就是淯（育）水。粉水今称粉青河，是发源于湖北神农架的一条小河，东流在今谷城附近注入汉江。白水是今何水，也无法论定。此白水与嘉陵江上游今称白龙江的白水并不相同。《水经注》也说不清这条河

流,《注》文说:"邑郭沦移,川渠状改,故名旧传,遗称在今也。"说明此川在郦道元时代也已经是个"故名"和"遗称"了。比水今称唐河,按《经》、《注》文字核对,并无不符之处。可以考定它是汉江的一条支流。

《尚书·禹贡》，汇泽也①。郑玄曰：汇，回也。汉与江斗②，转东成其泽矣。

前面已经指出，卷二十八《沔水》的最后一句《经》文："又南至江夏沙羡县北，南入于江。"《注》文写得较多，但其中也有一句是："南与江合。"说明《经》、《注》实在都已点明了沔（汉）水已经注入长江，此后的流程应该是长江而与沔水无涉了。长江接纳沔水以后，东流就经过彭蠡泽（今鄱阳湖）北，但此卷《经》文的第一句却仍以沔水开头："沔水与江合流，又东过彭蠡泽。"《经》文到此仍以"沔水"开篇，当然是错误的，但《注》文也是因为《禹贡》的"不可侵犯"，竟为《经》文补充了理由："汉与江斗，转东成其泽矣。"所以彭蠡泽这样一个大湖，是"汉与江斗"的结果。儒学经典，有其正面的，也有其负面的，但我们不能因此责备《水经注》对《禹贡》统统包下来的做法。像司马迁这样的伟大史学家，尚且正式声明，他不相信《山海经》，但相信《禹贡》。由于时代不同，我们对儒学经典，当然要作时代的分析。但同时也应该承认，我们民族所传承的文化是儒学文化。

【注释】

①汇泽：即古代的彭蠡泽，今称鄱阳湖，在今江西北部。是中国最大的淡水湖。

②汉：汉水，即今之汉江，发源于陕西，经湖北流入长江，是长江最大的支流。江：长江，中国第一大河。斗：相遇。

【译文】

彭蠡泽，按《尚书·禹贡》，就是汇泽。郑玄说：汇就是回的意思。汉水与江水相遇转而东流，形成了汇泽。

水西有《汉太尉长史邑人张敏碑》①，碑之西有魏征南军司张詹墓②，墓有碑，碑背刊云：白楸之棺，易朽之裳，铜铁不入，丹器不藏③，嗟矣后人，幸勿我伤。自后古坟旧冢，莫不夷毁，而是墓至元嘉初尚不见发。六年大水，蛮饥④，始被发掘。说者言：初开，金银铜锡之器，朱漆雕刻之饰烂然，有二朱漆棺，棺前垂竹帘，隐以金钉⑤。墓不甚高，而内极宽大。虚设白楸之言，空负黄金之实，虽意锢南山⑥，宁同寿乎？

像张詹一类的人，其实古今都有，无非说谎的形式不同而已。郦道元因为反对厚葬，所以张詹这样一个厚葬而又说谎的人，正是他写作《注》文的资料。短短一段文字，把这个无耻之徒，写得原形毕露。厚葬当然应该鞭挞，但谎言的危害，实在更甚于厚葬。的确，像张詹这样的无耻之徒，眼下还有的是。所以《水经注》的这段记叙和郦道元对谎言欺世的这类坏人的鞭挞，至今仍有现实意义。

【注释】

① 太尉长史：官名。东汉时太尉、司徒、司空将军府各有长史。张敏：人名。不详。
② 征南军司：杨守敬按，《魏志·杨俊传》徙为征南军

师，是魏特置之官。此征南军司，本即军师。……
杜佑云：晋避讳，改"军师"为"军司"也。张詹
墓：在今河南邓州西北。

③丹器：当为"瓦器"之讹，即陶器。

④蛮：我国古代对长江中游及其以南地区少数民族的
泛称。

⑤隐：隐藏。这里指钉着。

⑥锢：通"固"，坚固。南山：泛指大山。

【译文】

水的西面有汉朝太尉长史本县人张敏碑，碑的西面有
魏朝征南军司张詹墓，墓前有碑，墓碑背面刻着：没漆过
的楸木棺材，容易腐朽的衣裳，铜器铁器都不放入，陶器
也不入藏，哎哟，后世的人啊，请别把我毁伤。自那以后，
古坟旧墓没有免遭平毁之难的，而这座墓到元嘉（424—
453）初年还没被盗掘过。六年（429）发大水，蛮夷闹饥
荒，才被发掘出来。有人说：坟墓刚打开时，金银铜锡之
类器物及朱漆雕刻等饰品光彩灿烂夺目，有两口朱漆棺材，
棺前挂着竹帘，上面钉着金钉。坟墓不很高，但墓内极宽
敞。墓碑上假意写了白楸棺材之类的虚言虚语，来掩饰以
金银财宝厚葬的事实，虽然立意是希望像密封南山似的牢
固，难道就能和它一样长久了吗？

湍水又迳穰县为六门陂①。汉孝元之世，南阳
太守邵信臣以建昭五年断湍水②，立穰西石堨。至
元始五年，更开三门为六石门，故号六门堨也。溉

穰、新野、昆阳三县五千余顷③，汉末毁废，遂不修理。晋太康三年，镇南将军杜预复更开广，利加于民，今废不修矣。

《水经注》中曾几次提及六门陂，但这一段说得较为全面。六门陂是汉代的一个著名水利工程，曾经获得很大的灌溉效益，晋杜预又增修加广，但后来竟遭废弃。《水经注》记叙这类水利工程的兴废事件不少。其中有的因为水利形势的改变或自然环境的变化，有的则因战争破坏和其他人为原因，所有这些，都值得我们了解，其中有的还值得作为教训。

【注释】

①湍水：今称湍河，是白河支流，发源于南阳盆地以北的伏牛山，在邓州以东注入白河，全长二百多公里。穰（rǎng）县：古县名。秦置，治今河南邓州。六门陂：故址在今河南邓州西。

②邵信臣：《汉书》作召信臣，字翁卿，九江寿春（在今安徽寿县）人。

③新野：古县名。西汉置，治今河南新野。昆阳：古县名。秦置，治今河南叶县。

【译文】

湍水又流经穰县，形成六门陂。汉朝孝元帝时，南阳太守邵信臣在建昭五年（前34）堵断了湍水，修筑了穰西石堰。到了元始五年（5），又开了三道水门，成为六门，所以叫六门竭。这项水利工程可灌溉穰、新野、昆阳三县五千多顷农田。汉朝末年石塘毁废，就没有再修复了。晋太康三年（282），镇南将军杜预又增修扩建，老百姓深受其益，现在又毁废不修了。

卷三十

淮水

　　江、河、淮、济古称四渎。但在《水经注》中,《河水》有五卷,《江水》有三卷(其实还应加上《沔水》的最后一卷),《济水》也有二卷,唯独《淮水》只有一卷。其实,《水经》对淮水的记载尚称详细,《水经》记淮水有一百九十四字,记渭水仅一百三十字,而《渭水》分成三篇,《沔水》也分成三篇。其实,《沔水》从发源到入江,也仅二百四十三字,比《淮水》只多四十九字,所以《水经注》的卷篇安排,完全是郦道元按当时情况的处理。而且在宋初亡佚后,又经过后人的分析拼凑,所以不能以卷篇字数来衡量河流的重要和次要。何况卷二十一《汝水》,卷二十二《颍水、洧水、潩水、潧水、渠》,卷二十三《阴沟水、汳水、获水》,卷二十四《睢水》,卷二十五《泗水、沂水、洙水》,卷二十六《沭水》,在古代都是淮河水系的河流,所以《淮水》的篇幅在《水经注》中还是较大的。《水经》与《水经注》的淮水,就是现在的淮河,但干支流的情况,古今已有较大变化。支流的变化情况,已见以上各卷《题解》,而淮河干流,古今情况也很不相同。《水经》记载淮水:"又东至广陵淮浦县,入于海。"三国的魏淮浦县即今江苏的涟水,淮水当时在此入海。《水经注》认可了《水经》的说法,无非再加上了一条入海处的北支游水。但现在的淮河已经全非如此,淮河从发源到河南与安徽之间的洪河口为上游,从洪河口到洪泽湖为中游。洪泽湖以下,大部分水量通过洪泽湖南端的三河闸,经高邮、邵伯二湖,从扬州南的三江营注入长江,这一段是今淮河的下游。另一部分水量经洪泽湖大堤北端的高良闸,循苏北灌溉总渠，从扁担港注入黄海。古淮水和今淮河已经大不相同了。

颍阴刘陶为县长①，政化大行，道不拾遗。以病去官，童谣歌曰：悒然不乐②，思我刘君，何时复来，安此下民。见思如此。

这一段《注》文也是表彰一位好官，而官位不过是一个"县长"。郦道元仍然采用他惯用的方法，选用"童谣歌曰"。一位好官连童稚也有讴歌，说明这是真正的好官。

【注释】

① 颍阴：古县名。秦置，治今河南许昌。刘陶：字子奇，一名伟，颍川颍阴人。县长：县里的行政长官。秦汉时人口万户以上的称县令，万户以下的称县长。

② 悒（yì）然：忧愁不安的样子。

【译文】

颍阴刘陶当县令时，大力推行政治教化，因而道不拾遗。后来刘陶因病辞官，童谣唱道：悒然不乐，思我刘君，何时复来，安此下民。他是如此受到人民的怀念。

慎水又东流，积为燋陂；陂水又东南流为上慎陂；又东为中慎陂；又东南为下慎陂，皆与鸿郤陂水散流①。其陂首受淮川②，左结鸿陂。汉成帝时，翟方进奏毁之③。建武中，汝南太守邓晨欲修复之④，知许伟君晓知水脉⑤，召与议之。伟君言：成帝用方进言毁之，寻而梦上天，天帝怒曰：何敢败我濯龙渊？是后民失其利。时有童谣曰：败我陂，翟子威，反乎覆，陂当复，明府兴⑥，复废业。童谣之言，将有征矣⑦。遂署都水掾⑧，起塘四百余里，百姓得其利。

　　这个地区与古代鸿沟水系邻近，是一个湖陂河川很多的水网地带。郦道元当然对此关心，所以对于翟方进的毁陂极为不满。前面已经提到过郦道元引书："神道茫昧，不宜为法。"说明他是不信鬼神和梦寐的，此处却说"寻而梦上天"，这是他借此说明湖陂的不可毁。与前面一段相同，《注》文还是引用了童谣。"童谣之言，将有征矣"，童谣与做梦不同，这是群众拥戴的真凭实据。

【注释】

①鸿郤（xì）陂：在今河南正阳、息县境，汝、淮两水之间。

②淮川：即淮河。

③翟方进：字子威，汝南上蔡（在今河南上蔡）人。

④邓晨：字伟卿，南阳新野（在今河南新野）人。

⑤许伟君：许杨，字伟君，汝南平舆（在今河南）人。《后汉书·方术列传》中有记载。水脉：水的运动变化规律。

⑥明府：汉魏以来对郡守牧尹的尊称。

⑦征：应验。

⑧署：任命。都水掾（yuàn）：官名。职掌治水。

【译文】

　　慎水又东流，汇聚成燋陂；陂水东南流，就是上慎陂；又东流，是中慎陂；又东南流，是下慎陂，都同鸿郤陂的水散流。这片陂塘上口由淮河给水，左边连接鸿陂。汉成帝时，翟方进上奏朝廷毁堤。建武年间（25—56），汝南太守邓晨立意修复，知道许伟君熟悉水脉，就请他来商议。许伟君说：成帝采纳翟方进的建议毁堤后，不久就梦见自己上天，天帝发怒道：你怎敢毁坏我的洗龙潭？从此老百姓就失却水利之益了。当时童谣说：败我陂，翟子威，反乎覆，陂当复，明府兴，复废业。童谣里的话就要应验了。于是任命许伟君为都水掾，筑塘四百多里，百姓都受到水利之益。

昔吴将伐齐，北霸中国，自广陵城东南筑邗城①，城下掘深沟，谓之韩江②，亦曰邗溟沟，自江东北通射阳湖③，《地理志》所谓渠水也④。西北至末口入淮⑤。

这一段也是记叙中国见于正式历史记载的第一条运河邗沟。郦道元没有说明这种记载的最早出处《左传》哀公九年。

【注释】
①邗（hán）城：故址在今江苏扬州。
②韩江：同下文的"邗溟（míng）沟"，即今之邗沟，古运河名。
③射阳湖：古湖名。在今江苏北部里运河和串场河之间。
④渠水：在今江苏扬州。

⑤末口：在今江苏淮安北。

【译文】

从前吴将伐齐，在北方称霸中国，就从广陵城东南筑邗城，在城下掘深沟，称为韩江，又叫邗溟沟，从大江往东北通射阳湖，这就是《地理志》所说的渠水。此沟西北流向末口，注入淮水。

东北海中有大洲，谓之郁洲①。《山海经》所谓郁山在海中者也。言是山自苍梧徙此云②。山上犹有南方草木，今郁州治。故崔季珪之叙《述初赋》③，言郁洲者，故苍梧之山也。心悦而怪之，闻其上有仙士石室也，乃往观焉。见一道人独处，休休然不谈不对，顾非已及也④。即其赋所云：吾夕济于郁洲者也。

《注》文引《山海经》，因为洲上"有南方草木"，所以认为此洲是从苍梧徙来的。此处今已与大陆相连，在苏北连云港一带。"有南方草木"的记叙不假，但"苍梧徙来"当然是因为南方草木而引起的讹传。其实，由于沿海的海洋性气候，所以其植物与同纬度的内陆不同。这是植物地理学的普通知识，古人当然不懂，因而引出这个神话。

【注释】

①郁洲：在今江苏连云港东北云台山一带。

②苍梧：山名。亦称九嶷（yí）山，在今湖南宁远南部。

③崔季珪（guī）：崔琰（yǎn），字季珪，清河东武城

（在今河北清河）人。

④顾：乃。

【译文】

东北海中有个大岛，称为郁洲。《山海经》说郁山坐落在大海之中，说此山是从苍梧移来的。山上还有南方的草木，现在是郁州的治所。所以崔季珪在《述初赋》序中，说郁洲从前是苍梧的山峰。心里喜欢它又感到好奇，听说山上有修仙者的石室，于是就前往参观。看到有个道人悠然独处，不开口，也不答话，这不是我所能达到的境界。这就是赋中所说的：晚间我渡海到郁洲。

卷三十一

滍水、淯水、灈水、漹水、潕水、涢水

　　这一卷立篇的共有七条河流，除了淯水与涢水以外，都是淮河水系的河流，古今当然已有很大变迁。滍水今称沙河，是颍河的支流，发源于河南伏牛山与外方山之间，东流经漯河注入颍河，称为沙颍河，全长达三百多公里。淯水今称白河，是唐白河支流，发源于河南伏牛山，南流入湖北，在襄阳汇合唐河，全长约三百公里，最后汇入汉江。瀙水是颍水的支流，在古代，它实际上是颍水的正源。灈水属于汝河水系，是漹水的北支，原在灈阳（在今河南遂平以东）与漹水汇合。但现在这里建有宿鸭湖水库，河道已发生很大变化，一般地图上已不绘此河。漹水原是汝水的支流，现在已成为汝河的正源。今一般地图虽仍绘有此河水道，却已不标注河流名称。潕水是汝河支流，现在称为洪河，是淮河的支流之一，在河南新蔡附近与南汝河会合，全长达三百六十公里。涢水今仍称涢水，发源于湖北北部大洪山，在刘家隔附近汇合北河，在新沟注入汉江。《水经》说它"又东南入于夏"，并不直接入汉水。这个地区的河湖，古今存在很大变化，《水经》所说的夏水到底是什么河流，现在也已无法考证了。

张衡《南都赋》曰：其川渎则滍、澧、𣶫、淯①，发源岩穴，布濩漫汗，漰沆洋溢，总括急趣，箭驰风疾者也。滍水又历太和川②，东迳小和川，又东，温泉水注之③。水出北山阜，七源奇发④，炎热特甚。阚骃曰：县有汤水，可以疗疾。汤侧又有寒泉焉，地势不殊，而炎凉异致，虽隆火盛日，肃若冰谷矣。浑流同溪⑤，南注滍水。

这一段《注》文描述滍水发源处的状况，支流众多，说明在地貌上的复杂性。但文字简练，写得很好，并且还记叙了支流中的温泉水（汤水），"炎热特甚"，按现代的温泉分类属于过热泉。从下文引杜彦达所说的"可以熟米"一句，此处的温泉水温确是很高的。

【注释】

①滍（zhì）：古水名。今称沙河，颍河的支流，发源于河南伏牛山与外方山之间，东流经漯河注入颍河，称为沙颍河。澧（lǐ）：即澧水，源出河南桐柏西南，入唐河。𣶫（yào）：古水名。在今河南泌（bì）阳境内。淯（jìn）：古水名。在今湖北枣阳境内。

②太和川：及下句的"小和川"，在今河南鲁山境。

③温泉水：在今河南鲁山西。

④奇发：异发，在不同的地方发源。

⑤浑流：交汇的河流。同：汇合。

【译文】

张衡《南都赋》说：那地方的水有滍、澧、𣶫、淯，发源于岩穴之间，分布地区很广，河阔水盛，汇成巨流，湍急奔腾，势如疾风飞箭。滋水又流过太和川，东经小和川，又东流，有温泉水注入。温泉水出自北山阜，七道山泉在不同的地方发源，热不可挡。阚骃说：县里有温泉，可以治病。温泉旁边又有寒泉，地势并无不同，而一热一冷却迥然各异，虽然在赤日炎炎的酷暑，却寒气森然，有如冰谷一般。二泉混合同流于一溪，南流注入滋水。

水南有汉中常侍长乐太仆吉成侯州苞冢①，冢前有碑，基西枕冈城，开四门，门有两石兽，坟倾墓毁，碑兽沦移。人有掘出一兽，犹全不破，甚高壮，头去地减一丈许②，作制甚工，左膊上刻作"辟邪"字，门表堑上起石桥③，历时不毁。其碑云：六帝四后，是谘是诹④。盖仕自安帝，没于桓后⑤。于时阉阖擅权⑥，五侯暴世⑦，割剥公私⑧，以事生死。夫封者表有德，碑者颂有功，自非此徒⑨，何用许为？石至千春，不若速朽，苞墓万古，只彰诮辱⑩。呜呼，愚亦甚矣！

这又是一个贪官污吏的厚葬的例子，是郦道元所深痛恶疾的。《注》文最后从"石至千春"起的几句，实在是郦氏对此人的痛诋。在《水经注》全书中，郦道元以第一人称斥责坏人的话，这一段或许是最严厉的了。但《注》文所称的"州苞"，按《后汉书》应作"州辅"，或许是郦氏的偶误，也或许是后来传抄的错误。

【注释】

①中常侍：秦置，汉因之，兼用士人，无常员，多以为加官，得出入禁中。长乐太仆：太后宫官，主驭宦者为之，秩二千石。州苞：人名。《后汉书》作"州辅"。

②减：大约。

③堑（qiàn）：同"堑"，坑，壕沟。

④谘（zī）：同"咨"，跟别人商量。诹（zōu）：商量，咨询。

⑤桓后：东汉皇帝刘志。后，皇帝。

⑥阍阉（hūnyān）：宦官。

⑦五侯：汉桓帝时同时封侯的五人，新丰侯单超、武原侯徐璜、上蔡侯左悺（guàn）、东武阳侯具瑗、汝阳侯唐衡。

⑧割剥：侵夺，残害。

⑨自非：如果不是。

⑩诮（qiào）辱：嘲讽耻辱。

【译文】

水南有汉中常侍长乐太仆吉成侯州苞墓，墓前还留有墓碑的基座，西边靠着冈城，开了四座门，门口有两头石兽，墓已坍毁，墓碑和石兽也已沉埋或移动了。有人曾掘出一头石兽，还完好无损，样子十分高大，头部离地大约一丈，雕得十分精致。石兽左前腿上刻了"辟邪"字样。墓门外壕堑上建了石桥，历久未曾毁坏。墓碑上说：六位皇帝、四位皇后，都来咨询，听取意见。从安帝时开始任职，到桓后时亡故。当时宦官专权，五侯凌虐百姓，掠夺公私财物来满足生前或死后的贪欲。封侯为的是表彰有德，立碑是颂扬有功，如果不是这样的人，又哪里用得着这样做？这样的墓碑与其千载长存，倒不如早点毁掉的好。州苞墓保存到千秋万代，只不过更显得可笑可耻罢了。啊，真也太愚蠢了！

朝水又东南分为二水①，一水枝分东北，为樊氏陂②。陂东西十里，南北五里，俗谓之凡亭陂。陂东有樊氏故宅，樊氏既灭，庾氏取其陂③。故谚曰：陂汪汪④，下田良，樊子失业庾公昌⑤。昔在晋世，杜预继信臣之业，复六门陂⑥，遏六门之水，下结二十九陂，诸陂散流，咸入朝水。事见《六门碑》。六门既陂，诸陂遂断。

这段《注》文记叙的地区，在南阳盆地境域之中，是一个河湖密集的地方，郦道元当然是重视的。所以他又引当地谚语："陂汪汪，下田良。"说明水利与农业发展的关系。后来晋杜预恢复六门陂，效益扩大，水利事业有了进一步的发展，所以"六门既陂，诸陂遂断"。这是当地农田水利事业的进步，原来诸陂的功能，都由六门陂取代了。

【注释】

①朝水：今名刁河，源出河南内乡西北，流经邓州、新野入于白河。

②樊氏陂：在今河南新野西北。

③庚氏：当时南阳望族。

④汪汪：水深广的样子。

⑤失业：失去产业。

⑥六门陂：故址在今河南邓州西。

【译文】

朝水又向东南流，分成两条，一条向东北分流，成为樊氏陂。这片陂塘东西长十里，南北宽五里，民间称为凡亭陂。陂东有樊氏故居，樊氏灭绝后，庚氏取得他们的陂塘。所以民谚说：陂汪汪，下田良，樊子失业庚公昌。从前在晋时，杜预继承了信臣的产业，恢复了六门陂，他堵住六门的水，在下游积潴成二十九个陂塘，这些陂塘的水分散流泄，都注入朝水。此事见于《六门碑》的记载。六门筑塘之后，诸陂就都断水了。

涢水出县东南大洪山①。山在随郡之西南、竟陵之东北②，盘基所跨③，广圆百余里。峰曰悬钩，处平原众阜之中，为诸岭之秀。山下有石门，夹鄣层峻，岩高皆数百许仞。入石门，又得钟乳穴，穴上素崖壁立④，非人迹所及。穴中多钟乳，凝膏下垂⑤，望齐冰雪，微津细液，滴沥不断。幽穴潜远，行者不极穷深，以穴内常有风热，无能经久故也。

这一段《注》文记叙大洪山的一处石灰岩溶洞，在"穴中多钟乳"下几句，把溶洞景致写得简练生动，是篇好文章。

【注释】

①涢（yún）水：今仍称涢水，发源于湖北北部大洪山，在刘家隔附近汇合北河，在新沟注入汉江。大洪山：在今湖北随州西南，接京山界。

②随郡：古郡名。南朝齐置，治今湖北随州。竟陵：古郡名。西晋置，治今湖北钟祥。

③盘基：盘踞的山基。

④素崖：无草木覆被的山崖。

⑤凝膏：凝固的石膏。

【译文】

涢水发源于蔡阳县东南的大洪山。大洪山在随郡的西南、竟陵的东北，山脚盘踞的地面，方圆一百多里。有一座高峰叫悬钩峰，在平原上众多的丘陵之中，显得分外挺拔突出。山下有石门，两边山崖层沓，极其险峻，崖高都有数百仞。进了石门，又有个钟乳石山洞，山洞上方，草木不生的断崖峭峻如壁，是人迹不到之处。洞中钟乳石很多，由膏汁凝结而成，自洞顶下垂，看来就如同雪白的冰锥一样，岩中渗出一丝丝极细的水，滴滴答答地滴个不停。洞穴极深邃，没有人曾走到尽头，因为洞里常有热风，人是不能久留的。

卷三十二

澪水、蕲水、决水、沘水、泄水、肥水、施水、沮水、漳水、夏水、羌水、涪水、梓潼水、涔水

　　此卷是《水经注》全书立题河流最多的一卷。多数都是支流小河，分属长江和淮河两个水系。澪水是涢水的支流，发源于湖北、河南边界上的桐柏山。上游今已建成先觉庙水库，下流在今随州以南的浙河注入涢水。一般地图上已经不标出此河名称。蕲水今仍称蕲水，又名蕲河，是长江支流，发源于湖北、安徽边境英山大浮山，西南流在蕲春附近注入长江，全长仅一百多公里。决水今称史河，发源于安徽和湖北边境的大别山，上游在安徽金寨建有梅山水库，北流进入河南，在固始以北与灌河汇合，称为史灌河，北流注入淮河，全长约一百二十公里。沘水又称淠河，发源于大别山，北流在正阳关附近注入淮河，全长约二百五十公里。泄水今称汲河，发源于安徽金寨东南，东流至霍邱注入城东湖与淮河汇合，全长一百一十公里。肥水今称东肥河，发源于肥西北大潜山，北流至寿县注入瓦埠湖，在八公山附近注入淮河。历史上著名的"肥水之战"就发生在这里。施水发源于今合肥以西，上游今已建成董铺水库，东流经合肥而南折注入巢湖。由于巢湖通过裕溪口与长江沟通，所以施水也是长江的支流。沮水今称沮河，是长江的支流，发源于湖北保康西南，南流在当阳南与漳河汇合，称为沮漳河，在江陵附近注入长江，全长二百多公里。漳水今仍称漳水，也名漳河，发源于湖北南漳西南，南流至当阳南与沮河汇合，称为沮漳河，注入长江。夏水按《水经》也是沔水支流，

但现在地图上可以与夏水相当的河流有大富水和溾水两条，都是北河支流，北河东流与涢水汇合，然后注入汉江。但郦道元的说法与《水经》不同，他说："夫夏之为名，始于分江，冬竭夏流，故纳厥称，既有中夏之目，亦苞大夏之名矣，当其决入之所，谓之堵口焉。"又说："自堵口下，沔水兼通夏目，而会于江，谓之夏汭也。"所以郦氏之意，夏水只不过是沔水的若干汊道中的一条而已。羌水今称白龙江，是嘉陵江上游支流之一，发源于四川、甘肃边境，上游在甘肃，到四川广元注入嘉陵江，全长达五百七十公里。涪水今称涪江，是嘉陵江的南支，发源于松潘雪宝顶，南流到合川注入嘉陵江，全长约七百公里。梓潼水今称梓潼江，是涪江支流，发源于川北江油龙门山，南流至射洪注入涪江，全长三百多公里。涔水在卷二十七《沔水》中已见于《经》文："（沔水）又东过成固县南，又东过魏兴安阳县南，涔水出自旱山北注之。"在这条《经》文之下，《注》文长达一千五百多字。但对于涔水，郦道元除"涔水出西南而东北入汉"一句外，没有其他任何解释。现在涔水在此卷单独立题设篇，《经》文仍说："涔水出汉中南郑县东南旱山，北至安阳县，南入于沔。"郦道元对此水的《注》文稍多，如"涔水即黄水也"，"（成固）城北水旧有桁，北渡涔水"，"黄水右岸有悦归馆，涔水历其北"等。按魏晋的安阳县在今陕西石泉南，在这一带找不到可以和涔水或黄水相当的河流。郦道元在《沔水》和《涔水》此篇中，只字不提《水经》两度指出的涔水发源地旱山。熊会贞在《水经注疏》的《沔水》篇中作了一条按语："郦氏置旱山不论，隐有不从《经》文之意，正其矜慎处。"现在的地图上，在西乡、石泉两地间，汉江的较大支流有牧马河和泾洋河，是否是《水经》涔水，无法论证。

俗谓之浍口。非也，斯决、灌之口矣①。余往因公，至于淮津，舟车所届，次于决水②，访其民宰③，与古名全违，脉水寻《经》，方知决口。盖灌、浍声相伦④，习俗害真耳。

这一段是郦道元因其亲身查勘访问，纠正了历来俗称的"浍口"，实为"决口"之误。《注》文说"余往因公"，这个"因公"当然不是为查访这个地名而去的，但他能利用这个"因公"的机会做他的学问，当前有许多人的"因公"相对于此，是应该感到惭愧的。

【注释】

①决：即决水，今称史河，发源于安徽和湖北边境的大别山，北流进入河南，在固始以北与灌河汇合，称为史灌河，北流注入淮河。灌：即灌河，出河南商城南黄柏山，东北经固始西南，北注史河。

②次：临时驻扎。

③民宰：百姓和官员。

④相伦：相似。

【译文】

决水入淮处，民间称为浍口。不对，这是决水、灌水的入口。从前我曾因公到过淮津，舟车到后，就在决水边歇宿，我走访老百姓和地方官，地名与古名全不一致，探究水脉，查考《水经》，才知道这是决口。只因灌、浍读音相似，民间沿用惯了，反而把真名埋没罢了。

　　肥水自黎浆北迳寿春县故城东为长濑津①。津侧有谢堂北亭，迎送所薄②，水陆舟车是焉萃止③。又西北，右合东溪。溪水引渎北出，西南流迳导公寺西。寺侧因溪建刹五层④，屋宇闲敞，崇虚携觉也⑤。又西南流注于肥。肥水又西迳东台下，台即寿春外郭东北隅阿之榭也⑥。东侧有一湖，三春九夏⑦，红荷覆水。引渎城隍⑧，水积成潭，谓之东台湖，亦肥南播也⑨。肥水西迳寿春县故城北，右合北溪，水导北山，泉源下注，漱石颓隍⑩。水上长林插天，高柯负日。出于山林，精舍右，山渊寺左，道俗嬉游，多萃其下，内外引汲，泉同七净⑪。溪水沿注，西南迳陆道士解南精庐，临侧川溪，大不为广，小足闲居，亦胜境也。溪水西南注于肥水。

　　这是《经》文"又北过寿春县东"下的全篇《注》文，描写的是肥水在这个地区的自然景观和人文景观。全篇不到三百字，都写得如行云流水，清畅可诵。虽然文体是文言文，但这种手法也值得现在写语体文学习。

【注释】

①肥水：今称东肥河，发源于肥西北大潜山，北流至寿春注入瓦埠湖，然后在八公山附近注入淮河。黎浆：在今安徽寿县。寿春县：古县名。秦置，治今安徽寿县。长濑津：在今安徽寿县境内。

②薄：迫近，止。

③萃（cuì）止：聚集。

④刹（chà）：佛教的寺庙。

⑤崇虚：高耸。携觉：一作"嶕峣（jiāoyáo）"，峻峭，高耸。

⑥隅阿之榭：楼台亭榭。

⑦三春：暮春。九夏：夏日。

⑧城隍：护城河。

⑨播：扩散，流散。

⑩漱：冲刷。颓：水向下流。

⑪七净：佛教词语。佛教中本指不染白净，以花比喻七种净德，又称七净花。这里取清净之义。

【译文】

肥水从黎浆北流，经寿春县老城东，就到长濑津。旁边有谢堂北亭，迎宾送友都要来到这里，无论是水路陆路，过往舟车都要聚集在这里歇息。又西北流，在右边汇合了东溪。溪水引了一条水渠北出，往西南流经导公寺西。寺旁临溪建塔，高五层，寺院屋宇闲静宽敞。又西南流，注入肥水。肥水又西流，经东台下，此台就是寿春外城东北角的水榭。东边有湖，暮春夏日里红艳艳的荷花盖满湖面。流水经沟渠引入城河，积成水潭，叫东台湖，也是肥水南流形成的。肥水西流经寿春县老城北，在右边汇合了北溪。溪水发源于北山，泉水奔泻而下，冲刷着溪石，流泻于山涧中。山涧头上，密林插天，高高的树上挂着太阳。涧水流出山林，僧舍的右边，山渊寺的左边，僧道和世俗男女常聚集在那边嬉游，寺内寺外的人都从溪里汲水，泉水十分清净。溪水西南流，陆道士解南精庐就建在溪旁，庐舍大的不显空旷，小的也足够安居，也是一处胜境。溪水西南流，注入肥水。

昔在晋世，谢玄北御苻坚^①，祈八公山^②，及置阵于肥水之滨^③，坚望山上草木，咸为人状，此即坚战败处。非八公之灵有助，盖苻氏将亡之惑也。

"肥水之战"是一场以少胜多的著名战争，而战争发生的年代，距《水经注》撰写为时不久，在当时必然还流传着不少战争传说，但郦道元却很少在《注》文中对此一段可以写大文章的事件作过细叙。对于"草木皆兵"之事，也只以"苻氏将亡之惑也"一语匆匆带过。郦氏其人其书，一直尊奉南朝（例如书中常用南朝年号），但是对东晋的这场大胜与苻坚的惨败，却很少记叙，他对谢玄和苻坚等人物与这场战争，所抱的心态如何，还很可研究。

【注释】

①谢玄：字幼度。苻坚入侵，谢玄以前锋都督，率精锐八千，大破苻坚百万兵于肥水。

②八公山：在今安徽寿县城北。八公，相传为西汉淮南王刘安所见的八位仙人，皆有驻衰之术。

③肥水：今称东肥河，发源于肥西北大潜山，北流至寿县注入瓦埠湖，然后在八公山附近注入淮河。历史上著名的"肥水之战"就发生在这里。

【译文】

从前晋时，谢玄抗御苻坚南侵，在八公山祈祷，在肥水之滨布置战阵，苻坚遥望山上草木，好像都是人的模样，这里就是苻坚战败的地方。这不是什么八公的神灵在保佑晋军，实际上是苻氏将亡，所以神志迷乱之故。

昔岑彭与臧宫自江州从涪水上①，公孙述令延岑盛兵于沈水②，宫左步右骑，夹船而进，势动山谷，大破岑军，斩首、溺水者万余人，水为浊流。

岑彭与臧宫之战，确是历史上的一场蜀中大战，所以《注》文作了较完整的记叙。但此战发生在后汉，而且是一场地方性战争。与肥水之战相比，后者距郦氏所在时代甚近，而且是一场决定南北双方存亡的全国性战争，所以《水经注》不在肥水之战中详细记叙，确实是个可以研究的问题。

【注释】

① 岑彭：字君然，南阳棘阳（在今河南南阳）人，光武帝时奉命击蜀，公孙述震惊。臧宫：字君翁，颍川郏（jiá，在今河南郏县）人，光武帝时封期思侯。江州：古县名。秦置，治今重庆嘉陵江北岸。涪（fú）水：今称涪江，嘉陵江的南支，发源于四川松潘雪宝顶，流至合川入嘉陵江。

② 公孙述：字子阳，扶风茂陵（在今陕西兴平）人，公元25年自立为蜀王，定都成都。延岑（cén）：字叔牙，南阳筑阳县（在今湖北谷城）人，公孙述以为大司马。盛兵：集结重兵。沈水：水出今四川广汉，入涪水。

【译文】

　　从前岑彭和臧宫从江州出发，循涪水而上，公孙述命令延岑在沈水部署强大的兵力，臧宫左翼为步兵，右翼为骑兵，在两边拥着船只前进，声势震动整个山谷，大败延岑军，斩首和落水淹死的有一万多人，把整条江水都弄浑浊了。

卷三十三

江水

卷三十三、三十四、三十五这三卷是《江水》，因为长江是全国著名大河，在前面《河水》篇中已经说明，在古代，"河"是黄河的专名，"江"是长江的专名。江水是古代对长江的正规名称，简称就作"江"。《水经注》全书中有近二十篇提及"江"，指的就是长江。另外，如同黄河被称为"大河"一样，长江也常被称为"大江"。《水经注》中也有十多个卷篇提到"大江"这个名称。但包括《经》文和《注》文，《水经注》全书中没有出现"长江"这个名称。不过从现存的古籍查索，"长江"一名在三国时代已经出现。《三国志·吴书·周瑜传》："且将军大势可以拒操者，长江也。"又《鲁肃传》："竟长江所及，据而有之。"但大概由于这种称谓当时尚未广泛流行，所以《水经》和《水经注》中均未使用。

岷山①，即渎山也，水曰渎水矣；又谓之汶阜山，在徼外②，江水所导也。《益州记》曰③：大江泉源，即今所闻，始发羊膊岭下④，缘崖散漫⑤，小水百数，殆未滥觞矣。东南下百余里至白马岭⑥，而历天彭阙，亦谓之为天彭谷也。秦昭王以李冰为蜀守⑦，冰见氐道县有天彭山⑧，两山相对，其形如阙，谓之天彭门，亦曰天彭阙。江水自此已上至微弱，所谓发源滥觞者也⑨。汉元延中，岷山崩，壅江水，三日不流。扬雄《反离骚》云⑩：自岷山投诸江流，以吊屈原，名曰《反骚》也。江水自天彭阙东迳汶关，而历氐道县北。汉武帝元鼎六年，分蜀郡北部置汶山郡以统之⑪。县，本秦始皇置，后为升迁县也⑫。《益州记》曰：自白马岭回行二十余里至龙涸⑬；又八十里至蚕陵县⑭；又南下六十里至石镜；又六十余里而至北部⑮，始百许步；又西百二十余里至汶山故郡，乃广二百余步；又西南百八十里至湿坂，江稍大矣。

这一段《注》文是写长江的发源。因为《禹贡》说："岷山导江，东别为沱。"《水经》和《水经注》当然尊奉。《经》文说岷山是"大江所出"，《注》文随和："江水所导也。"其实，郦道元明明知道长江上游的情况，他在卷三十六《若水》篇中引《山海经》："巴遂之山，渑水出焉。东南流，分为二水，其一水枝流东出，迳广柔县，东流注于江。"若水即今雅砻江，若水与渑水会合，其下流仍称渑水，这条渑水当然就是今金沙江。他在《若水》篇特别提出："若水至僰道，又谓之马湖江。"僰道即今宜宾，也正是岷江注入长江之处，所以他举出僰道这个地名，是他既必须宗奉《禹贡》，又不愿舍弃他所知道的实际情况的原因。当前人们认为古人中首先说出江源不是岷山的是徐霞客，其实徐霞客的情况与郦道元相似，因为他虽然指出了岷山不是江源，但他并不说经书"错了"，而只是利用了在当时已经相对清楚的黄河河源的例子，把"导河积石"而河源实非始于积石的事实引用于"岷山导江"之中，用以反证江源亦非始于岷山。而对于夏禹跑到积石去"导河"和跑到岷山去"导江"的神话，他并无异议。所以虽然《水经注》在《江水》篇中把岷山作为江源，而其实郦道元对于江源，实在是心中有数的。这一段的特色是，《注》文对岷江上游写得很详细，对发源以后的每一处河段在河床和水文等方面，都作了一些记叙，并且兼及里程。一直到汶山郡的湿坂，岷江才"江稍大矣"。

【注释】

①岷（mín）山：山名。古称汶山。自四川、甘肃边境绵延到四川境内，主体部分在四川北部。即下文的"渎山"、"汶阜山"。

②徼（jiào）外：塞外。

③《益州记》：书名。著者不详。

④羊膊岭：在四川松潘西北岷山之麓，岷江发源于此。古人以为岷江是长江的主源，因而有大江发源于此岭的说法。

⑤缘崖：沿着山崖。散漫：分散漫溢。

⑥白马岭：在今四川松潘西北。

⑦李冰：战国秦昭王时为蜀郡太守，凿离堆以灌溉诸郡，沃野千里，而无水患，号为陆海。

⑧氐（dī）道县：古县名。即湔（jiān）氐道，本湔氐地，秦置，治今四川松潘北。

⑨发源滥觞（shāng）：语出《荀子·子道篇》："昔者江出于岷山，其始出也，其源可以滥觞。"滥觞，江河发源的地方，水少只能浮起酒杯，比喻事物的起源。

⑩扬雄：一作杨雄，西汉文学家，字子云，蜀郡成都（在今四川成都）人。

⑪蜀郡：古郡名。战国秦置，治今四川成都。汶山郡：古郡名。西汉置，治今四川茂县。

⑫升迁县：古县名。西晋置，治今四川松潘西北。

⑬回行：迂回奔流。龙涸：故址在今四川松潘。

⑭蚕陵县：古县名。西汉置，因在蚕陵山下得名，治今四川茂县北叠溪。

⑮北部：即北部都尉治。南朝齐置，治今四川茂县西北。

【译文】

岷山就是渎山，水叫渎水；又叫汶阜山，远在塞外，江水就发源在那里。《益州记》说：大江的源泉，按现今所知，开头是从羊膊岭下流出，水沿山崖散开，涓涓细流多以百计，浅得几乎连酒杯也浮不起来。水向东南流泻一百多里，到达白马岭，经过天彭阙，又叫天彭谷。秦昭王派李冰当蜀郡太守，李冰见氐道县有天彭山，两山相对，形状如门，称为天彭门，又叫天彭阙。江水从这里起，上流十分细弱，所谓发源时只能浮起酒杯，就是指此。汉元延年间（前12—9），岷山崩塌，堵塞了江水，以致三日不流。扬雄作赋，在《反离骚》中说：从岷山投入江流之中，以吊屈原，名为《反骚》。江水从天彭阙东经汶关，又流过氐道县北。汉武帝元鼎六年（前111），划蜀郡北部设置汶山郡，以管辖该县。氐道县原是秦始皇所置，后来改为升迁县。《益州记》说：江水从白马岭萦纡流奔二十多里，到龙涸；又八十里，到蚕陵县；又南下六十里，到石镜；又六十多里到北部，江宽才有一百多步。江水又西流一百二十多里，到达旧汶山郡时，宽度才有两百多步；又向西南奔流了一百八十里，到湿坂，江才稍大了一点。

李冰作大堰于此①，壅江作堋②，堋有左右口，谓之湔堋。江入郫江、捡江以行舟③。《益州记》曰：江至都安④，堰其右，捡其左，其正流遂东，郫江之右也。因山颓水⑤，坐致竹木⑥，以溉诸郡。又穿羊摩江⑦，灌江西。于玉女房下白沙邮⑧，作三石人立水中，刻要江神⑨：水竭不至足，盛不没肩。是以蜀人旱则藉以为溉，雨则不遏其流。故《记》曰：水旱从人，不知饥馑⑩，沃野千里，世号陆海⑪，谓之天府也。邮在堰上，俗谓之都安大堰，亦曰湔堰，又谓之金堤。左思《蜀都赋》云：西逾金堤者也。诸葛亮北征，以此堰农本，国之所资，以征丁千二百人主护之，有堰官。

　　这一段《注》文所记叙的就是都江堰水利工程。这个在秦代由李冰所设计修建的水利工程，至今仍然存在，而且依然发挥作用。成都平原能如此富庶，这个水利工程起了重要作用。郦道元重视河川水利，虽然足迹未能到达此处，但《注》文还能把工程全貌和盘托出。可惜现在流行的各种本子，都漏了李冰所订有关岁修的六字要领。即在"李冰作大堰于此"下，尚有："立碑六字曰：深淘潭，浅包湃。"《元史·河渠志》提及此事，但未曾说明出于《水经注》。明曹学佺所编《大明舆地名胜志》（简称《名胜志》），在四川册下卷六、成都府六、灌县引《水经注》，有上述六字碑文。这六字对于岁修十分重要，也是李冰预见的重要指示。因为淘潭（滩）比包湃（筑堰）费力。后来的岁修者为了省工省事，往往以高作堰交差。这样，堰高而河床随着升高，结果堰坍水漫，工程败坏。所以《名胜志》所见版本虽已无法觅得，但这条佚文实在是至关重要。

【注释】

①大堰：即今都江堰，我国古代著名的水利工程之一，在今四川都江堰西北岷江中游。

②堋（péng）：分水的堤坝。《太平寰宇记》记载，蜀人谓堰为堋。

③郫（pí）江：任乃强认为即今之毗河。在四川境内，自都江堰分岷江东流，经郫县至成都，与锦江合。

　捡江：在四川境内。任乃强认为，今叫走马河，自宝瓶口外，分水东南流，至成都东南，与郫江合。

④都安：古县名。三国蜀置，治今四川都江堰东。

⑤颓水：颓落江水。

⑥坐致竹木：把竹木从山上滑落入江水中，随流漂致，不需搬运，故曰"坐致"。

⑦羊摩江：即今羊马河，是分外江（岷江正流）水以灌溉外江以西农田的一条干渠，故云"灌江西"。与岷江平行南流，至新津复入岷江。

⑧玉女房：在今白沙街西龙溪山崖上。白沙邮：即今四川都江堰西八里的白沙街。邮，古代传递文书的驿站。白沙街当白沙河与岷江汇合处，位于成都至岷江上游地区的出入口，故置邮。

⑨刻：雕刻，刻记。要：约定。

⑩饥馑：古代谷不熟为饥，蔬不熟为馑。泛指灾荒。

⑪陆海：物产富饶之地。陆，高而平的土地。海，万物所出。

【译文】

李冰在这里造了一条大堰，截住汇流，堰坝左右两边都有出水口，称为湔堋。大江流入郫江、捡江以便通航。《益州记》说：大江流到都安，在右边筑堰堵水，在左边造堤控流，江的干流于是就移到东边，位置在郫江右面了。利用山势滑放竹木入江，不费力气就可运到，水还可以灌溉诸郡。李冰又凿穿羊摩江，灌溉江西的田地。在玉女房下的白沙邮，造了三个石人，立在水中，并在石人身上刻记着与水神的约定：枯水时不露脚，涨水时不没肩。因而蜀人天旱时可用来灌溉，多雨时不堵塞水流。所以《益州记》说：水旱都任人安排，饥荒绝迹，沃野千里，因此世人号称陆海，又叫天府。邮亭就在堰上，民间称此堰为都安大堰，也叫湔堰，又称金堤。左思《蜀都赋》说：向西越过金堤，即指此堤。诸葛亮北征时，将此堰视为农业的命脉，国家赖以给养。他征召了一千二百名兵丁负责护堰，并设堰官。

江水又东迳瞿巫滩，即下瞿滩也，又谓之博望滩①。左则汤溪水注之②，水源出县北六百余里上庸界③，南流历县，翼带盐井一百所④，巴、川资以自给⑤。粒大者方寸，中央隆起，形如张伞，故因名之曰伞子盐。有不成者，形亦必方，异于常盐矣。王隐《晋书地道记》曰：入汤口四十三里，有石煮以为盐，石大者如升，小者如拳，煮之水竭盐成。盖蜀火井之伦⑥，水火相得⑦，乃佳矣。

这一段《注》文记叙四川的井盐，也兼及天然气。四川古称"天府之国"，除了有成都平原这样的良田沃野、灌溉便利等以外，食盐不赖外地，也是一项有利条件。《注》文提及的"水火相得"，一般称为"火井"，其实就是天然气。因为井盐的获得，天然气实在起了重大作用，它大大降低了制盐的成本。

【注释】

①博望滩：西汉博望侯张骞出使西域，经此船没，因

以名滩。

②汤溪水：在今重庆云阳。

③上庸：古郡名。东汉置，治今湖北竹山西南。

④翼带：两边连缀。

⑤巴：指四川东部和重庆一带。资：依靠。自给：自己生产满足自己的需要。

⑥火井：出产可燃天然气的井，古代多用来煮盐。伦：类，流。

⑦相得：相配比例恰当。

【译文】

江水又东流，经瞿巫滩，就是下瞿滩，又叫博望滩。左岸有汤溪水注入，汤溪水源出县北六百多里的上庸边界，南流经县境，两岸有盐井一百多处，巴川就靠这些盐井来自给。盐粒大的一寸见方，中央隆起，形状就像一把张开的伞，所以叫伞子盐。有的虽然不呈伞状，但也一定是方形的，和普通的盐不同。王隐《晋书地道记》说：从汤口进去四十三里，有石头可以煮出盐来，石头大的像升，小的像拳头，煮到水都干尽，盐也就结成了。这大概也是蜀地的天然气井一类，水火互相配合，才能煮出好盐来。

江水又东迳广溪峡①，斯乃三峡之首也。其间三十里，颓岩倚木，厥势殆交②。北岸山上有神渊，渊北有白盐崖，高可千余丈，俯临神渊。土人见其高白，故因名之。天旱，燃木岸上，推其灰烬，下秽渊中，寻即降雨。常璩曰③：县有山泽水神，旱时鸣鼓请雨，则必应嘉泽④。《蜀都赋》所谓应鸣鼓而兴雨也。峡中有瞿塘、黄龛二滩，夏水回复⑤，沿溯所忌⑥。瞿塘滩上有神庙，尤至灵验，刺史二千石迳过⑦，皆不得鸣角伐鼓，商旅上水，恐触石有声，乃以布裹篙足。今则不能尔⑧，犹飨荐不辍⑨。此峡多猿⑩，猿不生北岸，非惟一处，或有取之放著北山中，初不闻声⑪，将同貉兽渡汶而不生矣⑫。

郦道元当然知道长江三峡的特异奇丽，但由于南北分朝，他足迹所不能至，不过确实让这位热爱祖国河山者心向往之，所以在卷四《河水》篇记叙黄河砥柱时，《注》文就说了"水流迅急，势同三峡"的话。对于长江三峡，自来有几种不同说法，这里说广溪峡"斯乃三峡之首也"。郦道元当然是参阅了南方人的著作，以广溪峡为第一峡，这是一种说法（《水经注》以广溪峡、巫峡、西陵峡为三峡，但通常以瞿塘峡、巫峡、西陵峡为三峡）。《水经注》对于长江三峡的描述，广溪峡还不算写得最好的，但读了已经令人心旷神怡了。为了写三峡，他是读遍群书的。但"此峡多猿，猿不生北岸"一段不知引自何书。后来唐李白诗"两岸猿声啼不住"说明"不生北岸"之说并不可靠。

【注释】

①广溪峡：杨守敬认为即瞿塘峡，长江三峡之一。西起重庆奉节白帝城，东至巫山大宁河口。

②厥势：其气势。殆交：大概要交接在一起。

③常璩（qú）：东晋史学家，字道将，蜀郡江原（在今四川崇州）人，撰有《华阳国志》，为现存最早的古方志书之一。

④嘉泽：好雨水。

⑤回：回绕。复：形成旋涡。复：即"洑（fú）"之省体，回旋的水流。

⑥沿：顺流而下。溯：逆水而上。

⑦二千石：汉制，郡守俸禄为二千石，即月俸百二十斛，世因称郡守为"二千石"。

⑧不能尔：不必那样。

⑨荐：进献。

⑩猨（yuán）：同"猿"，猿猴。

⑪初不：一点也不。

⑫狢（hé）兽：像狐狸。狢，同"貉"。

【译文】

江水继续东流，经广溪峡，这是三峡的上端。峡长三十里，其间惊险的危岩，斜出的树木，看来几乎两边要互相交接似的。北岸山上有神渊，渊北有白盐崖，高达一千多丈，俯临神渊。当地人看到它又高又白，所以取了这个名字。天旱时在岸上焚烧树木，把灰烬推到深潭中，弄脏潭水，立刻就会下雨。常璩说：县里山泽水神，天旱时击鼓求雨，就一定应验，会有甘霖喜降。这就是《蜀都赋》所说的：一敲鼓就会下雨。峡中有瞿塘、黄龛两处险滩，夏天洪水激起漩涡，上滩下滩都要提心吊胆。瞿塘滩上有个神庙，尤其灵验，刺史二千石一级官员经过这里，都不可吹号打鼓。商旅上水时，怕碰到石头发出声响，就用布包起撑竿的下端。现在虽不必这样做了，但祭祀进献水神还是没有中断过。峡中猿猴很多，但北岸却没有猿猴——这里不是仅指某一处，有人捕捉了猿猴放到北山去，却一点也听不到它的叫声了，也许就像貉那样，过了汶水就不能生存了。

卷三十四

江水

《经》文说"入南郡界"，又说"过巫县南"。秦置南郡时，巴东确隶南郡。但巫县在今四川巫山，所以此卷是从今四川东部开始，江水在峡谷中奔流。《水经注》全书中的几篇绝妙佳文，都在这一卷之中。郦道元虽然没有到过这些地方，但是他博览目击者的记叙，经过他的精心选择、细致加工，写出了让后人百读不厌的千古文章。

　　江水又东迳巫峡①。杜宇所凿②，以通江水也。郭仲产云③：按《地理志》，巫山在县西南，而今县东有巫山，将郡、县居治无恒故也。江水历峡东迳新崩滩。此山，汉和帝永元十二年崩，晋太元二年又崩，当崩之日，水逆流百余里，涌起数十丈。今滩上有石，或圆如箪④，或方似屋，若此者甚众，皆崩崖所陨，致怒湍流，故谓之新崩滩。其颓岩所余，比之诸岭，尚为竦桀⑤。其下十余里有大巫山，非惟三峡所无，乃当抗峰岷、峨⑥，偕岭衡、疑⑦，其翼附群山，并槤青云⑧，更就霄汉，辨其优劣耳。神孟涂所处⑨。《山海经》曰：夏后启之臣孟涂⑩，是司神于巴⑪，巴人讼于孟涂之所，其衣有血者执之⑫，是请生⑬。居山上，在丹山西⑭。郭景纯云：丹山在丹阳⑮，属巴。丹山西即巫山者也。又帝女居焉，宋玉所谓天帝之季女⑯，名曰瑶姬，未行而亡⑰，封于巫山之阳，精魂为草，寔为灵芝。所谓巫山之女，高唐之阻⑱，旦为行云，暮为行雨，朝朝暮暮，阳台之下⑲。旦早视之，果如其言。故为立庙，号朝云焉。其间首尾百六十里，谓之巫峡，盖因山为名也。

　　这一段《注》文记叙巫峡。其中写新崩滩、大巫山等段落，言语不多，但都描述得深切动人。其实，这一段还仅仅是一个开头，大块文章还在后面。

【注释】

①巫峡：长江三峡之一。西起重庆巫山大宁河口，东至湖北巴东官渡口。

②杜宇：传说中古代蜀国国王，号称望帝。

③郭仲产：南朝宋尚书库部郎，撰有《襄阳记》《南雍州记》等。

④箪（dān）：古代盛饭用的圆形竹器。

⑤竦桀（sǒngjié）：高峻。竦，通"耸"。

⑥峨：即峨眉山，在四川境内。

⑦偕：同，等同。衡：即衡山，五岳中的南岳。在湖南境内。

⑧槩（gài）：相摩，连接。

⑨孟涂：夏启的臣子。

⑩夏后：大禹的儿子启，夏朝的国君，建立了我国历史上第一个奴隶制政权。

⑪司神：郭璞："听其狱讼，为之神主。"

⑫其衣有血者执之：郭璞说，不直者则血见于衣。

⑬请生：郭璞说，即好（hào）生。

⑭丹山：即巫山。

⑮丹阳：在今湖北秭归东南。

⑯宋玉：战国楚辞赋家。季女：小女。

⑰行：出嫁。

⑱高唐之阻：一作"高唐之姬"。

⑲阳台：在今重庆巫山北阳台山上。

【译文】

　　江水继续东流，穿过巫峡。巫峡是杜宇所凿，以疏通江水。郭仲产说：按《地理志》，巫山在巫县县城西南，但现在县城东却有巫山，或许这是郡县治所地址常有迁移变动的缘故吧。江水穿过山峡东流，经过新崩滩。汉和帝永元十二年（100），此处山崩，晋太元二年（367）再次山崩。山崩那天江水倒流一百多里，水涌高达数十丈。现在滩上有很多巨石，圆的如饭箩，方的如房屋，都是从山崖上塌下的，致使急流奔腾怒吼，所以叫新崩滩。崩塌后留下的石峰，与许多别的山岭相比起来，显得还是相当高峻的。下流十多里有大巫山，这座山的高峻不但是三峡所没有的，而且可以与岷山和峨眉山一争上下，与衡山和九疑山互比高低，周围相连的群山，都是高入青云，只有攀登到天上，才分辨得出它们的高下。大巫山是司法之神孟涂的居处。《山海经》说：夏启的臣子孟涂，在巴做了司法之神，巴人到孟涂的住所来告状，他只把衣服上有血迹的人抓住，决不滥杀无辜，而有好生之德。他住在山上，在丹山西面。郭景纯说：丹山在丹阳，属巴郡。丹山西就是巫山。此外，赤帝的女儿也住在这里，就是宋玉所说的天帝的小女儿，名叫瑶姬，她还没有出嫁就死了，葬在巫山的南面，精魂化成草，结成灵芝。这就是所谓居于高唐险阻处的巫山神女，早上她是飘荡的云，向晚她是游移的雨，每天早晚，都在阳台下面。次日一早，楚王起来一看，果然像神女所说的一样，于是就为她修建庙宇，称为朝云。山峡从起点到终点长一百六十里，称为巫峡，大概就是因山而得名的。

自三峡七百里中①，两岸连山，略无阙处②。重岩迭嶂，隐天蔽日，自非停午夜分③，不见曦月④。至于夏水襄陵⑤，沿溯阻绝，或王命急宣⑥，有时朝发白帝⑦，暮到江陵⑧，其间千二百里，虽乘奔御风⑨，不以疾也⑩。春冬之时，则素湍绿潭，回清倒影，绝巘多生怪柏⑪，悬泉瀑布，飞漱其间⑫，清荣峻茂，良多趣味。每至晴初霜旦⑬，林寒涧肃，常有高猿长啸，属引凄异⑭，空谷传响，哀转久绝。故渔者歌曰：巴东三峡巫峡长⑮，猿鸣三声泪沾裳。

　　这是《水经注》描写三峡的一篇千古佳文，全文不到一百五十字，但真是字字精炼，句句动人，反复吟诵，百读不厌。过去的语文教科书上，也常常选入这篇文章。诵读这样的文章，确实值得咬文嚼字，自有一番沁人心脾之感。

【注释】

①自：在。三峡："长江三峡"的简称，其说不一，一般指瞿塘峡、巫峡和西陵峡，但《水经注》以广溪峡、巫峡、西陵峡为三峡。

②略无：全无，没有一点。阙处：空隙，缺口。

③自非：除非。停午：正午。

④曦（xī）月：日月。

⑤襄陵：水漫上山陵。

⑥或：有时候。

⑦白帝：古城名。在今重庆奉节东白帝山上。

⑧江陵：在今湖北荆州。

⑨虽：即使。乘奔：骑着快马。御风：驾御急风。

⑩不以疾：也算不上疾速。

⑪绝巘（yǎn）：极高的山顶。

⑫飞漱（shù）：疾速地冲荡。

⑬晴初：雨后刚放晴。霜旦：秋季的早晨。

⑭属引：连缀和鸣。

⑮巴东：古郡名。在今重庆东部云阳、奉节、巫山一带。

【译文】

三峡七百里的水路间，两岸山脉连绵不绝，其间没有一点空缺之处。层沓的岩石和峰峦，遮住天空，掩住阳光，不到中午和夜里，看不到太阳和月亮。到了夏天，大水升涨，淹没了丘陵，不论上水还是下水就都阻断了。如果朝廷颁发诏令火急传达，有时早上从白帝城出发，晚间就可到江陵，其间行程一千二百里，虽然骑着快马，乘着疾风，也没有这般迅速。春天和冬天时节，又另是一番景象：白浪轻扬，澄潭泛绿，清波间映着倒影，陡峻的峰峦上长满奇诡的柏树，悬崖上的瀑布飞奔直下，这种林泉山石的奇秀风光，真是引人入胜。每逢初晴的日子和凝霜的清晨，山林寒寂，涧水无声，高处却常常传来猿猴一声声不断的长啸，声音十分凄楚，空谷里回荡着袅袅的余音，久久方才消失。所以渔夫唱道：巴东三峡巫峡长，猿鸣三声泪沾裳。

江水又东迳黄牛山①，下有滩，名曰黄牛滩，南岸重岭迭起，最外高崖间有石，色如人负刀牵牛②，人黑牛黄，成就分明③，既人迹所绝，莫得究焉。

此岩既高，加以江湍纡回④，虽途迳信宿⑤，犹望见此物，故行者谣曰：朝发黄牛，暮宿黄牛，三朝三暮，黄牛如故。言水路纡深，回望如一矣。

这一段描写黄牛山和黄牛滩。除了生动真实的记叙外，其所引用的"行者谣曰"，短短四句，确实达到了他所总结的"言水路纡深，回望如一矣"。他所谓的"行者谣"，"行者"显然指的是驾舟行驶的船工。郦道元广采各类歌谣方谚，使他的行文得心应手。现代的写作者，也是应该学习的。

【注释】

①黄牛山：与下文的"黄牛滩"，均在今湖北宜昌境内。

②色：形状。

③成就：形成。分明：清晰逼真。

④纡（yū）回：回旋，环绕。

⑤信宿：两三日。

【译文】

江水继续东流，经过黄牛山，山下有滩，叫黄牛滩。南岸峰岭层叠而起，最外重的高崖间有一块岩石，形状像一个人背着刀，牵着牛；人色黑，牛色黄，完全是天然形成，形象十分清晰，但那是人迹不到的地方，也就无法去看个究竟了。这块岩石很高，又加湍急的江流回环曲折，因而虽经两三天的航程，还能看到这块奇岩。所以行人编了一首歌谣说：朝发黄牛，暮宿黄牛，三朝三暮，黄牛如故。歌谣是说水路迂回深曲，回头眺望时，仿佛总是还在同一个地方。

江水又东迳西陵峡①，《宜都记》曰：自黄牛滩东入西陵界，至峡口百许里，山水纡曲，而两岸高山重障，非日中夜半，不见日月。绝壁或千许丈，其石彩色，形容多所像类②。林木高茂，略尽冬春。猿鸣至清③，山谷传响④，泠泠不绝⑤。所谓三峡，此其一也。山松言⑥：常闻峡中水疾，书记及口传⑦，悉以临惧相戒，曾无称有山水之美也⑧。及余来践跻此境⑨，既至欣然，始信耳闻之不如亲见矣。其迭崿秀峰，奇构异形，固难以辞叙⑩；林木萧森，离离蔚蔚⑪，乃在霞气之表，仰瞩俯映，弥习弥佳⑫，流连信宿，不觉忘返，目所履历⑬，未尝有也。既自欣得此奇观，山水有灵，亦当惊知己于千古矣⑭。

这一段文章，郦道元是引用曾任宜都太守的晋袁山松的《宜都记》（或作《宜都山川记》，已亡佚）加工而成的。《注》文中的"山松言"，即指《宜都记》中的话。文中的"及余来践跻此境"，也是指的袁山松。但整篇文字，显然经过郦道元的精心摘选和细致加工。诵读这样的文章，真是情味无穷。三峡有太守的赞美，当惊知己于千古，袁山松的文章有郦道元这样的一位能人妙笔使之流传，同样也是惊知己于千古。其实，在《经》文"又东过夷陵县南"下，全篇《注》文都是值得流传千古的好文章，选其中一段，只是精益求精而已。

【注释】

①西陵峡：长江三峡之一。西起湖北巴东官渡口，东

至宜昌南津关。为长江三峡中最长的峡谷。

②形容：形状。像类：相像类似。

③至清：极其清越响亮。

④响：回声。

⑤泠（líng）泠：形容声音清越。

⑥山松：即袁山松，名一作崧，东晋文学家，陈郡阳夏（在今河南太康）人，曾任宜都太守。

⑦书记：书中记载。

⑧曾无：全无，没有一个。

⑨践跻：亲自登临。

⑩固：的确。难以辞叙：很难用言辞描叙。

⑪离离蔚蔚：浓密茂盛的样子。

⑫弥习弥佳：越看越美妙。习，反复，屡次。

⑬履历：经历，经过。

⑭惊：惊喜，惊异。

【译文】

江水又东流，经过西陵峡。《宜都记》说：从黄牛滩往东进入西陵境内，到峡口的百里左右航程中，山水环绕曲折。两岸高山峻岭层层叠叠，不到正午或夜半，看不见太阳和月亮。绝壁有的高达千丈，岩石色彩缤纷，形状常常很像某种事物。树高林密，经冬常绿不凋。猿鸣声极其清越，山谷里回声荡漾，久久不绝。所谓三峡，这就是其中之一。袁山松说：常听人们说，峡中水流险急，书中的记载和口头的传闻，都是讲述身临险境时的可怕情景，以此来相告诫，却没有人谈到这里山水之美的。待到我亲身踏上这片土地，一到这里就满怀欣喜，这才相信耳闻总不如亲见了。那层沓的崖壁、秀丽的峰峦，奇形怪状，姿态万千，实在难以用笔墨形容；林木参差，郁郁葱葱，高与云霞相接，仰观山色，俯视倒影，愈看愈感美妙，流连游赏了两天，不觉乐而忘返；平生亲眼所见的景物，没有像这样壮丽的了。我一边为自己能一睹这样的奇观而高兴，一边又想，山水如果有灵，那么千秋万代之中能够得到一个知己，也该感到惊喜了。

卷三十五

江水

　　这一卷是《水经注》记叙长江的最后一卷，但《水经》只写到下雉县（在今湖北阳新一带），而《水经注》也只记到青林山（即青山，在今安徽当涂一带），而且语言寥寥，实在尚未涉及长江下游。戴震为此作了勉强的解释，他在武英殿本此卷末尾作了按语：“《水经》于《沔水》内叙其入江之后所过，盖与江水合沔之后，详略两见。”但全祖望的说法就不同，他在《水经注江水篇跋》中说：“《江水》失去了第四篇，而青林湖以下境无考。”现在我们无法论证，这种情况是否产生于郦道元对南方河流的疏昧，因他在卷二十九《沔水》篇如前面已经说过的“东南地卑”以下的一段话。但也有可能如全祖望所说：“《江水》失去第四篇。”因为此书从宋初缺佚五卷以后，许多问题都难以判断了。

又东，右合油口①；又东迳公安县北②。刘备之奔江陵，使筑而镇之。曹公闻孙权以荆州借备③，临书落笔。杜预克定江南，罢华容置之④，谓之江安县，南郡治⑤。吴以华容之南乡为南郡，晋太康元年，改曰南平也⑥。县有油水，水东有景口，口即武陵郡界⑦。景口东有沧口，沧水南与景水合，又东通澧水及诸陂湖。自此渊潭相接，悉是南蛮府屯也⑧。故侧江有大城⑨，相承云仓储城⑩，即邸阁也。江水左会高口⑪，江浦也⑫。右对黄州⑬，江水又东得故市口⑭，水与高水通也。江水又右迳阳岐山北⑮。山枕大江，山东有城，故华容县尉旧治也⑯。大江又东，左合子夏口，江水左迤北出⑰，通于夏水，故曰子夏也。大江又东，左得侯台水口，江浦也；大江右得龙穴水口，江浦右迤也，北对虎洲，又洲北有龙巢，地名也。

从这一段《注》文的记叙中，说明长江已经进入中游，所以从沿江的地名来说，已从前卷的峡、滩、堆等，转为口、洲、浦等。口指的是大小支流的水口，洲是江中的岛屿，浦的情况较复杂，有的属于沿江泻湖之类，有的是季节性的支流水口或滩涂。由于《江水》失去第四篇，所以还有一种沿江常见的地名，此卷还较少见，即所谓"矶"（此卷也有白虎矶、黎矶等），著名如采石矶、燕子矶等，都不在此卷中，矶是沿江山丘有部分山体突入江中的。由于这一江段经过古云梦泽，所以地形低注，季节性的支流和浦甚多。卷内《注》中提及的"夏浦"不少,"夏浦"就是夏季水盛时有水的支流或沿口滩涂。读这一段,风味与前卷完全不同了。

【注释】

①油口:在今湖北公安北,为古油水入长江口。

②公安县:即下文的"江安县"。三国吴之公安县,晋改为江安县,故城在今湖北公安。

③荆州:汉武帝所置十三部刺史部之一。辖境约当今湖北、湖南两省及河南、贵州、广东、广西四省区各一部,东汉治今湖南常德东北,东晋时定治今湖北江陵。

④华容:古县名。西汉置,治今湖北潜江西南。一说在监利北。

⑤南郡:古郡名。战国秦置。三国吴移治今湖北公安,西晋又移治今湖北江陵。

⑥南平:古郡名。西晋置,治今湖北公安西北。

⑦武陵郡:古郡名。汉高祖置,东汉治今湖南常德西。

⑧南蛮府:熊会贞按《晋书·职官志》,武帝置南蛮校尉于襄阳(在今湖北襄阳),江左初省,寻又置于江陵(在今湖北江陵)。屯:屯田。

⑨侧:临近,靠近。

⑩相承:相传。仓储城:故址在今湖北公安东北,又叫邸阁。

⑪高口:在今湖北石首西北。

⑫浦(pǔ):小水流入大水的交汇口。

⑬黄州：在今湖北公安南。

⑭得：到达。

⑮阳岐山：在今湖北石首西。

⑯华容县尉：华容县武官。治：官署所在地。

⑰迤（yǐ）：延伸。

【译文】

江水又东流，右边汇合油口；又东流，经公安县北。刘备逃奔到江陵时，派人筑城镇守。曹操正在写信，听说孙权把荆州借给刘备，吃了一惊，不觉把笔掉在地上。杜预平定江南后，撤废华容，另行设县，叫江安县，是南郡的治所。吴把华容南乡设为南郡，晋太康元年（280），改名南平。县里有油水，水东有景口，靠近武陵郡边界。景口东有沦口，沦水南流与景水汇合，又东流与澧水和各湖塘相通。从这里开始，深潭接连不断，岸上全都是南蛮府驻军的地方。旧时江边有大城，相传是仓储城，就是军粮军需仓库。江水左岸汇合高口，是个牛轭湖，右岸与黄州相望。江水又东流，到故市口，这里的水与高水相通。江水右边又流经阳岐山北。阳岐山靠近大江，东边有城，是旧时华容县尉的治所。大江又东流，左边汇合子夏口，江水向左分出支流，奔向北方，与夏水相通，所以叫子夏。大江又东流，左岸有侯台水口，是个牛轭湖；右岸有龙穴水口，也是牛轭湖，右岸有港汊通入，水口北对虎洲，洲北有龙巢，是个地名。

船官浦东即黄鹄山^①，林涧甚美，谯郡戴仲若野服居之②。山下谓之黄鹄岸③，岸下有湾，目之为黄鹄湾。黄鹄山东北对夏口城④，魏黄初二年，孙权所筑也。依山傍江，开势明远⑤，凭墉藉阻，高观枕流⑥。上则游目流川⑦，下则激浪崎岖，寔舟人之所艰也。

此卷内各篇，都在江岸辽阔、两岸湖沿平原的古云梦泽地区，郦道元未曾到过此处，而以前所撰的著述也少。所以全卷除了记叙沿江地名外，很难写出动人文章。但此处船官浦下一段，虽然并无特殊风景，但郦道元还是从自然和人文两方面，写出一篇清畅文章。

【注释】

①船官浦、黄鹄（hè）山：在湖北武汉。鹄，通"鹤"。

②谯郡：古郡名。东汉置，治今安徽亳州。戴仲若：戴颙（yóng），字仲若，谯郡铚（在今安徽濉溪）人。野服：穿上山野村夫的衣服。这里指当平民。

③黄鹄岸：及下文"黄鹄湾"，均在今湖北武汉。

④夏口城：在今湖北武汉。

⑤开势明远：地势开阔辽远。

⑥高观：瞻望高远。枕流：临近水流。

⑦游目：纵目，放眼四望。

【译文】

船官浦东就是黄鹄山，山林溪涧十分优美，谯郡戴仲若当山野村夫的时候就住在这里。山下叫黄鹄岸，岸下有湾，名为黄鹄湾。黄鹄山东北与夏口城相望，此城是魏黄初二年（221）孙权所筑。夏口城倚山临江，视野开阔，有坚城和天险可恃，高高的城楼俯临江流。城楼上可以眺望奔流的大江，城楼下是激浪汹涌的险流，船夫在这里航行，实在是非常困难的。

卷三十六

青衣水、桓水、若水、
沫水、延江水、存水、温水

　　此卷立篇的河流共达七条，都是我国西南的河流。清陈澧所撰《水经注西南诸水考》卷首《序》中说："郦道元身处北朝，其注《水经》，北方诸水，大致精确，至西南诸水，则几乎无一不误。"这种议论是不错的。但是对于一部古籍名著，不能单纯地从这个方面进行评价，何况北方诸水之中，也有错误的，乾隆皇帝不就特地派人实勘，写了《滦源考》等几篇文章纠正《水经注》的错误吗？这个道理恐怕研究古籍名著的人都清楚，不必我在此多说。在此卷七水之中，青衣水今称青衣江，发源于四川邛崃山，东南流在乐山以西与大渡河会合，注入岷江，全长近三百公里。桓水是嘉陵江上游白龙江的支流，卷三十二《羌水》篇中已有记叙。若水即今雅砻江，但《经》文和《注》文都说若水至僰道入江。僰道即今宜宾，所以《注》文若水，实包括雅砻江以及雅砻江注入金沙江以直至宜宾的这一段金沙江在内。沫水今称大渡河，是岷江支流，发源于青海，南流东折，在乐山附近注入岷江。延江水今称乌江，发源于贵州西境乌蒙山，东流贯穿贵州全境，北折在四川涪陵注入长江，全长约一千公里。存水为今贵州境内北盘江的一段，但《经》文和《注》文记载的此水都存在错误。《经》文说："东南至郁林定周县，为周水。"《注》文说："存水又东迳郁林定周县为周水，盖水变名也。"其实，存水与周水并非一水，周水是贵州独山附近的龙江，今称打狗河，是柳江的支流。此河在柳州注入柳江，到来宾以后才与红水河（北盘江下流）汇合，同入西口。温水按《水经注》当是今南盘江，但《经》文和《注》文都提及郁水。《经》文"东北入于郁"下，《注》文长达六千多字，是全书中的一个长篇，按郁水当今西江上源右江，但其下流包括今西江，《注》文也常称郁水。其间错误甚多，河流混杂，名称参差，不一而足。陈澧所说"几乎无一不错"，仅仅从河川水道一端而论，情况确实如此。

郡西南二百里得所绾堂琅县①，西北行，上高山，羊肠绳屈八十余里②，或攀木而升，或绳索相牵而上，缘陟者若将阶天③。故袁休明《巴蜀志》云④：高山嵯峨，岩石磊落⑤；倾侧萦回⑥，下临峭壑；行者扳缘⑦，牵援绳索。三蜀之人⑧，及南中诸郡⑨，以为至险。

朱提（shūshí）郡在今四川宜宾到与云南交界一带。这一段《注》文描写这个地区的道路险峻："缘陟者若将阶天。"记载这个地区的文献很少，现在当然亡佚殆尽。郦道元虽然没到过这里，但为后世留下了不少亡佚文献的记叙，让今天这种交通畅达的时代，看看当年的行路多么艰难。

【注释】
①得：到。绾（wǎn）：管辖。堂琅（láng）县：古县名。汉置，在今云南巧家东。
②羊肠绳屈：像羊肠和弯曲的绳子一样。
③缘陟：攀登。阶天：登天。
④袁休明：晋人，撰《巴蜀志》。
⑤磊落：壮大众多的样子。
⑥倾侧：倾斜。萦回：回绕，环绕。
⑦扳（pān）缘：攀缘。扳，同"攀"。
⑧三蜀：古时称蜀郡、犍为、广汉为"三蜀"。
⑨南中：古地区名。三国以后指今四川南部及云南、贵州地区。因在蜀汉以南，故名。

【译文】

郡城西南二百里有该郡所辖的堂琅县，往西北走，羊肠小道弯弯曲曲地爬上高山，路程八十多里，有的地方要攀着树木上登，有的地方要用绳索互相牵挽着爬上去，登山真是有如登天。所以袁休明《巴蜀志》说：高山险峻巍峨，岩石参差错落；山径曲折斜行，下临陡峭绝壑；行人攀援登山，还须牵挽绳索。三蜀以及南中诸郡的人，都认为这是一条极其险恶的路途。

自朱提至僰道有水步道①，水道有黑水、羊官水②，至险难。三津之阻，行者苦之。故俗为之语曰：楢溪、赤水③，盘蛇七曲④。盘羊乌栊⑤，气与天通⑥。看都滩泚⑦，住柱呼伊⑧。庲降贾子⑨，左担七里。又有牛叩头、马搏颊坂⑩，其艰险如此也。

这一段《注》文记叙的仍是从今云南东北境进入四川宜宾一带的水道和陆道艰险情况。"庲降贾子，左担七里"。"庲降"在今云南镇雄附近。由此走山道去宜宾，要"左担七里"，这就是说所谓"左担道"。负重者挑担在缘山险路上行走，换肩是一种休息的方法，所谓"左担道"，指的是山险路窄，挑担者连换肩的可能也不存在，一直要用一个肩膀挑重担。"左担七里"，就是说这种不能换肩的山路有七里之长。交通困难，可见一斑。

【注释】

①朱提（shūshí）：古县名。西汉置，治今云南昭通。

僰（bó）道：古县名。西汉置，治今四川宜宾。水步道：水路和步行的陆路。

②黑水：任乃强认为，即云南盐津之普耳渡。羊官水：任乃强认为，即云南大关之大渡。

③楢（yóu）溪：长满楢树的溪流。赤水：一作赤木。

④盘蛇：像盘踞的大蛇。七曲：指很多弯曲。

⑤盘羊乌栊（lóng）：任乃强认为是二山名，乌栊即乌蒙山，在朱提、堂琅界上。

⑥气与天通：言山势极高峻。

⑦看都濩泚（huòcǐ）：看着都会大汗淋漓。都，甚至。濩，水泉涌流不绝的样子。泚，汗水。

⑧住柱：肩负者用丁拐支撑所负而休息。呼伊：语气词，表示疲劳痛苦的叹息声。

⑨康（lái）降：在今云南镇雄附近。贾子：这里指贩贸于南中的商贾。

⑩牛叩头、马搏颊：任乃强认为，形容牛马负重经过时，竭力引首向下，以长脊力，至于额颊抵地，而后能进，艰苦之至也。头直下，则额抵地，直下至于顿颡，犹不能进，则偏其首，以颊抵地，较叩头又进一步之形容语也。

【译文】

从朱提到僰道有水路和步行小路，水路有黑水、羊官水，极其艰险难行。要过三处险渡，行人深以为苦。所以民间谚语说：楢溪、赤水，盘蛇七曲。盘羊乌栊，气与天通。看都濩泚，住柱呼伊。康降贾子，左担七里。又有牛叩头坂和马搏颊坂，道路是这样艰险难行！

区粟建八尺表^①，日影度南八寸。自此影以南在日之南，故以名郡。望北辰星^②，落在天际。日在北，故开北户以向日。此其大较也^③。范泰《古今善言》曰^④：日南张重^⑤，举计入洛^⑥，正旦大会^⑦。明帝问：日南郡北向视日邪？重曰：今郡有云中、金城者，不必皆有其实，日亦俱出于东耳。

日南郡是汉武帝所建的，其位置在今中南半岛的越南，大概就是秦始皇所建的象郡，是中国历史上曾经到达的最南疆域。区粟在越南中部，所谓"八尺表"，当是日晷一类的东西。这段《注》文所说"日在北，故开北户以向日"，并不完全正确。按日南郡的位置大约在北纬 17° 南北，因此，在每年夏至前后，约有五十天时间太阳在北。所以一年之中，"开此户以向日"的时间还不到两个月。《注》文引范泰《古今善言》中那个到洛阳去出席"正旦大会"的张重，显然是个与当地有关系的人物，或许就是当地的一个高官子弟，能说会道却不学无术。这样的人古今都有，现在也还时有所闻。

【注释】

①区粟（ōusù）：古林邑国名。故址在今越南境内。
   八尺表：当是日晷一类的东西。即古代用来观测日影以定时刻的仪器。
②北辰星：北极星。

③大较：大略，大概。

④范泰：字伯伦，南朝宋车骑将军，撰《古今善言》
三十卷。

⑤日南：古郡名。西汉置，治今越南广治。张重：《太
平御览》卷四引《后汉书》：字仲笃，汉明帝时举
孝廉。

⑥举计：即上计。汉时地方官于年终将户口、赋税等
编造计簿，遣吏逐级上报，奏呈朝廷，谓之上计。

⑦正旦：正月初一。

【译文】

区粟立了一支高达八尺的标竿，日影移到南边八寸。
因为此影以南都在太阳的南边了，所以就以日南为郡名。
在这里望北斗星，已从上空低低地沉落到天际了。太阳在
北，所以房屋都开北窗面向太阳。这是大略情况。范泰
《古今善言》说：日南张重去洛阳向宫廷进献记录当地财政
收支的账簿，在元旦朝会时，明帝问道：日南郡是不是朝
北望太阳的？张重说：现在郡中有云中、金城，不一定都
是名如其实，太阳也都是从东方升起的。

豫章俞益期①，性气刚直，不下曲俗，容身无
所，远适在南，《与韩康伯书》曰②：惟槟榔树，最
南游之可观，但性不耐霜，不得北植，不遇长者之
目，令人恨深。尝对飞鸟恋土，增思寄意，谓此鸟
其背青，其腹赤，丹心外露，鸣情未达，终日归
飞，飞不十千，路余万里，何由归哉？

《水经注》引用的文献中有不少书信，郦道元不知从何处得来。俞益期的信，说了不少南方的自然和人文情况，在当时来说，确很难得。俞益期其人，《水经注》只说了他"性气刚直"等四句，不知究是何等人。但收信者韩康伯是东晋的知名人士，《世说新语》中有多处记及他，曾做过太常卿的官。《隋书·经籍志》中有晋太常卿《韩康伯集》十六卷，可惜此书也已亡佚，否则或许可以从中看到他给俞益期的复信，就可以了解俞是何许人了。

【注释】
①豫章：在今江西南昌。俞益期：东晋时人，具体不详。
②韩康伯：即韩伯，字康伯，颍川长社（在今河南长葛）人，东晋名士，官至太常卿，撰《周易注》传世。

【译文】
豫章俞益期性情刚直，不肯迎合流俗，因而弄得无处可以容身，于是远去南方，他在《与韩康伯书》中说：南游中最值得观赏的是槟榔树，但性不耐霜，不能移植到北方，故而也不能让您老人家看看，这是非常令人抱憾的。看到飞鸟留恋乡土，更增添了一份怀乡之情，并在此寄意，我要说，这种鸟背青腹红，一片丹心都流露在外面，啼鸣表达不出它的感情，一天到晚只是叫着归飞，可是却飞不了几千里，而路途却是万里迢迢，又怎能归去呢？

九真太守任延①，始教耕犁，俗化交土②，风行象林③。知耕以来，六百余年，火耨耕艺④，法与华同⑤。名白田，种白谷，七月火作⑥，十月登熟⑦；

名赤田，种赤谷，十二月作，四月登熟，所谓两熟之稻也。至于草甲萌芽⑧，谷月代种⑨，穜稑早晚⑩，无月不秀⑪，耕耘功重⑫，收获利轻，熟速故也。米不外散，恒为丰国。桑蚕年八熟茧，《三都赋》所谓八蚕之绵者矣⑬。

　　任延（3—67），字长孙，南阳宛（在今河南南阳）人，年幼而聪慧，在后汉任过不少官职，而在其任九真（在今越南清化）太守时，对这些以渔猎采集为业的落后百姓，以中原的农业进行教化。而当地的自然环境在这方面显然优于中原，一年之中，两季稻谷，八育蚕桑，地方生产当然极大改观，而土著在文化上也获得空前提高。所以在历史上，今中南半岛各地的发展，与汉族文化确实大有关系。

【注释】

①九真：古郡名。公元前3世纪末，南越赵佗置，在今越南清化。

②俗化：风俗化导。交土：即古交州之地，包括今广东、广西的大部，及越南承天以北诸省。

③风行：风化流行。象林：古县名。治今越南广南。

④火耨（nòu）：用火烧锄草。

⑤华：中国。

⑥火作：火耕。

⑦登：成熟。

⑧甲：浮壳。这里代指种子。

⑨代种：交替种植。

⑩穜稑（tónglù）：泛指稻谷。穜，早种晚熟的谷。稑，晚种早熟的谷。早晚：有早有晚。

⑪秀：谷类作物抽穗开花。

⑫功：劳作。重：繁重。

⑬八蚕之绵：出自《吴都赋》："国税再熟之稻，乡贡八蚕之绵。"

【译文】

九真太守任延开始教百姓耕犁，在交州已历久成俗，并风行到象林。自从人民知道耕田以来，六百多年间，刀耕火种的方法，都和中国相同。叫白田的都种白谷，七月间火种，十月成熟；叫赤田的都种赤谷，十二月间耕作，次年四月成熟——这就是所谓双季稻。至于种子萌芽，稻谷每月交替耕种，稻谷下种和成熟的早晚各有不同，但每月都有作物抽穗开花的，耕耘所费的劳力大，收获所得的利益小，这是因为成熟快的缘故。稻米从不外流，国家经常丰足。养蚕一年收茧八次，就是《三都赋》所说的八蚕之绵。

王氏《交广春秋》曰：朱崖、儋耳二郡①，与交州俱开②，皆汉武帝所置。大海中，南极之外③，对合浦徐闻县④。清朗无风之日，迳望朱崖州，如囷廪大⑤，从徐闻对渡⑥，北风举帆，一日一夜而至。周回二千余里，径度八百里⑦，人民可十万余家，皆殊种异类，被发雕身⑧，而女多姣好，白皙、长发、美鬓，犬羊相聚，不服德教。儋耳先废，朱崖数叛，元帝以贾捐之议罢郡^⑨。杨氏《南裔异物志》曰^⑩：儋耳、朱崖，俱在海中，分为东蕃。故《山海经》曰：在郁水南也。

这一段《注》文引王氏《交广春秋》（按《新唐书·艺文志》著录有"王范《交广二州记》一卷"，或许就是此书，则"王氏"应名"王范"，但书早已亡佚），这或许是我国古籍中记叙今海南最详细的文献，幸亏郦道元的引用，把这本佚书的这一段重要记载保留了下来。

【注释】

①朱崖：一作"珠崖"，古郡名。汉置，治今海南海口。儋（dān）耳：古郡名。汉设，治今海南儋州西北。

②交州：今广东、广西的大部，及越南承天以北诸省。

③南极：大陆最南边。

④合浦：古郡名。汉置，治今广西合浦东北。徐闻县：古县名。汉置，治今广东徐闻。

⑤囷廪（qūnlǐn）：圆形的大粮仓。

⑥对渡：渡海到对岸。

⑦径度：直径。

⑧雕身：纹身。

⑨贾捐之：字君房，贾谊之曾孙，汉元帝采纳他的意见撤除朱崖郡。

⑩杨氏：杨孚，字孝元，南海（在今广东广州）人，东汉章帝、和帝时人，撰《南裔异物志》。

【译文】

王氏《交广春秋》说：朱崖、儋耳两郡，和交州一同开拓，都是汉武帝所设置的。两郡都在大海中，在大陆南端的海外，与合浦、徐闻隔海相望。在晴朗无风的日子，遥望朱崖州，大如粮仓，从徐闻渡海到对岸，刮北风一昼夜可到。周围两千多里，直径八百里，人民十万多家，都是异族，他们披散着头发，身上刺着花纹，但女的俊俏秀丽的颇多，她们肤色白净，鬓发又长又美，人们像牲口一样群居在一起，不遵从什么伦理教化。儋耳先被撤废，朱崖则多次反叛，元帝采用贾捐之的建议，废除郡制。杨氏《南裔异物志》说：儋耳、朱崖都在海中，处于东部藩属的地位。所以《山海经》说：在郁水以南。

《俞益期笺》曰：马文渊立两铜柱于林邑岸北①，有遗兵十余家不反，居寿泠岸南而对铜柱②。悉姓马，自婚姻③，今有二百户。交州以其流寓，号曰马流④，言语饮食，尚与华同。

这一段又引《俞益期笺》，想必又是他写给韩康伯的信。可惜《韩康伯集》早已亡佚，否则通过他们之间的往来信件，我们还可更多地了解一些当时中南半岛和其他南方地区的自然和人文概况。不过《俞益期笺》所说的"号曰马流"一语，后来有人认为把这个名称解释为马援所留，实在牵强，"马流"应该是"马来"的别译，马来人到此甚便，在这些地方聚居很有可能，所以这些人必然是马来人，这种说法也很有道理。

【译文】

《俞益期笺》说：马文渊在林邑岸北立了两根铜柱，有
十多家兵士留下不回去，定居在寿泠岸南与铜柱对面的地
方。他们全都姓马，娶妻成家，现在已有两百多户。交州
因为他们是流寓在这里的，所以称他们为马流，言语饮食
也还和中国相同。

卷三十七

淹水、叶榆河、夷水、
油水、澧水、沅水、浪水

淹水是长江水系河流，但《经》文与《注》文记载的淹水并非同一条河流，所以郑德坤《水经注图·总图部分》绘有两条淹水，即"《经》淹水"、"《注》淹水"，"《经》淹水"为今金沙江，是长江的上源，"《注》淹水"为今普渡河，此河源出洱海，北流在禄劝以北注入金沙江。《叶榆河》篇，篇名就不同一般，在《水经》全文中，凡河流均称水，称"河"的只有两条，即卷十四《沽河》和卷三十七《叶榆河》。但在《水经注》中，"沽河"一名在卷十四《湿余水》、《沽河》、《鲍丘水》三篇之中，均出现过一次。所以虽然郦道元极少用"河"字简称河流，但"沽河"之名至少是他认可的。至于"叶榆河"，郦道元在此篇《注》文和相关的其他篇中，均称"叶榆水"，绝未使用"叶榆河"之名。前面已经指出，在古代，"河"是黄河的专名，"江"是长江的专名。以后这两个专名作为通名使用，因此北方的河流多称"河"，如海河、淮河、泾河、渭河等等，而南方的河流多称"江"，如珠江、湘江、赣江、钱塘江等等。当然，把这专名用于通名的习惯，是后来慢慢形成的，所以沽河一名，由于沽河在北方，这或许是一种特例，而叶榆河一名，由于叶榆河在南方，这很可能是《水经》的错误。《汉书·地理志》益州叶榆县说："叶榆泽在东。"叶榆县在今云南大理以北洱海沿岸的喜洲附近，所以汉叶榆泽就是今洱海。但《水经注》叶榆水，其一部分流程似乎与今元江和越南的红河相合，却又和滇池、温水等相纠缠，所以错误极多。陈澧在《水经注西南诸水考》中已有论及。夷水今称清江，是长江支流，发源于湖北利川以西，东流在宜都附近注入长江，全长四百多公里，流域面积一万六千多平方公里。油水在《经》文和《注》文中都相当明确，记及它流经孱陵县。三国吴孱陵县在今湖北松滋南，这一带河湖错杂，水道变化甚大。今松滋以西，古代油水或即今界溪河。但松滋以东，由于水道纷歧，已经无法考实。澧水今仍称澧水，为注入洞庭湖的四大水之一，发源于湘、鄂两省边境，下流从津市进入河湖水网区，在安乡附近汇合沅江，注入洞庭湖，全长近四百公里，流域面积达一万八千多平方公里。沅水今称沅江，是洞庭湖四大水之一。发源于贵州苗岭，在天柱以东流入湖南，东北流注入洞庭湖。干流全长一千多公里，流域面积约八万九千多平方公里。《浪水》一篇，《经》文和《注》文都有许多错误。从《水经注》内容来看，可以发现整篇是由许多的资料拼凑起来的。按《注》文，此水上流指今广西东北部的洛清江，中下流则接柳江、黔江和西江。最后有一段即在《经》文"其一又东过县东，南入于海"之下，比较详细地记述了今珠江三角洲。

　　郡有叶榆县①，县西北八十里，有吊鸟山②，众鸟千百为群，其会，鸣呼啁哳③，每岁七八月至，十六七日则止，一岁六至。雉雀来吊，夜燃火伺取之，其无嗉不食④，似特悲者，以为义则不取也。俗言，凤凰死于此山，故众鸟来吊，因名"吊鸟"。

　　这段《注》文记叙的是特异的鸟类现象。不过郦道元足迹未到南方，《水经注》对南方各地的记载，郦道元都是根据当时流行的资料，这项记载，《注》文虽未说明来源，其实是引自《续汉书·郡国志》所引的《广志》。郦氏时代，《广志》尚未亡佚，所以他也可能直接引自《广志》，不过文字小有不同而已。在郦道元以后的一千年，著名旅行家徐霞客来到这个地方，他在《滇游日记》八，己卯（崇祯十二年，1639）三月初二的日记中记载了邓川州凤翔（在今云南洱源南）所听到的这种特异的鸟类现象。所记只是地名与《水经注》稍有不同，郦氏作"吊鸟山"，而徐氏作"鸟吊山"。《游记》说："从土主庙更西上十五里，即关坪，为凤羽绝顶。其南白王庙后，其山更高，望之皆雪光皑皑而不及登。凤羽，一名鸟吊山，每岁九月，鸟千万为群，来集坪间，皆此地所无者，土人举火，鸟辄投之。"这说明郦道元在一千年前记载的鸟类现象，徐霞客在一千年后再次得到证实。不过徐霞客到达这里的时节正在三月，而这种奇异的"鸟会"要到九月（郦道元说七八月）才出现，所以徐霞客虽然亲历其地，但并未亲见其事。根据现代研究，"鸟会"的鸟，大部分是从青海鸟岛中飞来，其中如一种称为"领鹬"的鸟，只有青海湖才有。这些都是候鸟，每年冬天都要飞到孟加拉湾一带过冬，到次年春天返回，吊鸟山正好是候鸟南迁的中途站，所以就会出现这种"鸟会"的现象。现在政府已经规定了对这些鸟类的保护措施，当地人民也知道了不能随意捕杀，"鸟会"不再受到干扰了。

【注释】

①叶榆县：古县名。西汉置，治今云南大理北。

②吊鸟山：在今云南大理。

③呜呼：鸟鸣声。啁哳（zhāozhā）：鸟鸣声。

④嗉（sù）：鸟喉下盛食物的囊。

【译文】

郡里有叶榆县，叶榆县西北八十里有吊鸟山，成百上千的鸟聚集成一群，会集时唧唧啾啾地叫成一片。鸟群每年七八月来到，十六七日就停止，一年来六次。当雉雀来吊时，夜间点火守候捕捉，有的嗉囊里空空的，却不肯吃东西，好像特别悲哀似的，人们以为这是义鸟，就不捉它。民间相传，凤凰死在这山上，所以百鸟都来吊丧，因此叫"吊鸟"。

夷水又迳宜都北①，东入大江，有泾、渭之比。亦谓之佷山北溪②。水所经皆石山，略无土岸。其水虚映③，俯视游鱼，如乘空也④。浅处多五色石，冬夏激素飞清⑤；傍多茂木空岫⑥，静夜听之，恒有清响⑦，百鸟翔禽，哀鸣相和。巡颓浪者⑧，不觉疲而忘归矣。

夷水今称清江，显然与其水清澈有关，希望它在当前工业化过程中，能够避免污染。此处《注》文说此水与长江"有泾、渭之比"。当时的长江，当然比现在要清，但与夷水相比，已经如泾、渭，足见此水的清澈："其水虚映，俯视游鱼，如乘空也。"以后唐宋八大家之一的柳宗元撰《永州八记》著名于世，《八记》中有一篇《至小丘西小石潭记》中，柳宗元的佳句："潭中鱼可百许头，皆若空游而无所依。"其实就是摹仿了郦道元的文句。所以明末人张岱在他的《跋寓水注二则》（《琅嬛文集》卷五）中说："古人记山水，太上郦道元，其次柳子厚，近时则袁中郎。"他将郦奉为"太上"，而柳屈居"其次"，从这个例子来看，说明其评议是公道的。

【注释】

①夷水：古水名。即今湖北西部长江支流清江及其上游小河。宜都：古县名。三国蜀置，在今湖北宜都西北。

②佷（héng）山：在今湖北长阳西北。

③虚映：因清澈见底而显得空虚无物。

④乘空：在虚空中浮游。

⑤激素：激起洁白的水花。飞清：飞流的清泉。

⑥空岫（xiù）：空寂的山谷。

⑦响：回声。

⑧巡：追逐，追寻。颓浪：倾泻的水流。

【译文】

夷水又经宜都北，东流注入大江，二水一清一浊，泾渭分明。夷水也叫㾞山北溪。水流所经都是石山，基本上没有土岸。溪水澄清，仿佛虚空无物，俯视游鱼，就像在空中浮动似的。浅处多五色石子，不论冬夏，清流奔泻，飞溅起白雪似的浪花；溪旁是茂密的林木，空寂的山谷，静夜谛听，常常传来清脆的水声，各种鸟类婉转优美的鸣叫声相互唱和。人们逐浪畅游，不但不感到疲惫，而且还乐而忘归了。

　　沅水又东历临沅县西①，为明月池、白璧湾②。湾状半月，清潭镜澈，上则风籁空传③，下则泉响不断。行者莫不拥楫嬉游④，徘回爱玩。沅水又东历三石涧，鼎足均跱，秀若削成。其侧茂竹便娟⑤，致可玩也。又东带绿萝山⑥，绿萝蒙幂⑦，颓岩临水，寔钓渚渔咏之胜地，其迭响若钟音，信为神仙之所居。

　　这一段描述临沅县一带的沅水风景。其中并写到绿萝山："信为神仙之所居。"现在的湘西风景，包括著名的张家界一带，或许也在他的这篇《注》文之内，真被他的这支妙笔写得惟妙惟肖，引人入胜，让人百读不厌。郦道元足迹未到之地，按前人文字加工而写到如此境地，确实让人钦佩不已。

【注释】

① 沅（yuán）水：即沅江，发源于贵州，流入湖南。临沅县：古县名。汉置，故城在今湖南常德西。

②明月池：在湖南沅陵东二百里。白璧湾：在今湖南
　　桃源西南。

③风籁（lài）：风声。空传：在空中传荡。

④楫：船桨。

⑤便娟：修长而美好的样子。

⑥带：环绕。绿萝山：在今湖南桃源南。

⑦蒙羃（mì）：蒙覆遍布的样子。

【译文】

　　沅水又东流，经临沅县西，就到明月池、白璧湾。湾呈半月形，澄清的潭水明彻如镜，头上风声在空中回荡，脚下流泉淙淙不绝。经过这里的人无不来荡桨嬉游，留连忘返。沅水又东流，经三石涧，涧中有三石鼎足而立，距离匀称，其高耸仿佛是斧削而成。旁边翠竹袅袅亭亭，引人玩赏。沅水又东流，绕过绿萝山，绿油油的松萝如纱帐垂披，危耸的山岩凭依着水边，真是垂钓吟咏的好地方，回音荡漾，有如钟声一般，真是神仙居住的地方了。

　　建安中，吴遣步骘为交州①。骘到南海②，见土地形势，观尉佗旧治处③，负山带海，博敞渺目，高则桑土，下则沃衍④，林麓鸟兽，于何不有。海怪鱼鳖，鼋鼍鲜鳄⑤，珍怪异物，千种万类，不可胜记。佗因冈作台，北面朝汉，圆基千步，直峭百丈，顶上三亩，复道回环，逶迤曲折，朔望升拜⑥，名曰朝台。前后刺史郡守，迁除新至⑦，未尝不乘车升履，于焉逍遥。骘登高远望，睹巨海之浩茫，

观原薮之殷阜，乃曰：斯诚海岛膏腴之地，宜为都邑。

　　这一段《注》文描述的是今珠江三角洲。郦道元当然是引用了几种当时尚存的文献而写成此篇的，由于这些文献多已亡佚，所以这一篇《注》文中这短短一段，或许是现存描述珠江三角洲的最早资料。这里有一句说"鼋鼍鲜鳄"，鼍和鳄两字同见，这是因为步骘没有见过鳄的缘故。在他家乡一带，鼍或许是常见的，这就是前面已提及的扬子鳄，是一种体型很小的爬行动物，而鳄则是体躯庞大并且非常凶猛的马来鳄。韩愈到潮州当刺史的时候，马来鳄还多，为害甚剧，所以他曾经写过一篇《祭鳄鱼文》，请这些可憎可怕的猛兽离开那里。现在广东沿海也已经没有了这种动物，也算一种稀有动物了。

【注释】

①步骘（zhì）：字子山，临淮淮阴（在今江苏淮安）人，三国吴将军。曾任交州刺史。

②南海：古郡名。秦始皇置，治今广东广州。

③尉佗：即赵佗，刘邦立为南越王，真定（在今河北正定）人。

④沃衍（yǎn）：肥美平坦的土地。

⑤鼋（yuán）：大鳖。鼍（tuó）：扬子鳄。鳄（è）：体躯庞大并且非常凶猛的马来鳄。

⑥朔：夏历每月的最初一天。望：夏历每月十五。

⑦迁：调动官职。除：任命官职。

【译文】

　　建安年间（196—220），孙吴派遣步骘去当交州刺史。步骘到了南海，纵览那个地区的形势，观看尉佗旧时的治所，那地方依山面海，平旷开阔，一望无际，高处是桑园，下面是沃野，山麓林莽间的鸟兽应有尽有。还有海怪鱼鳖、鼋、鼍、鳄鱼、珍宝异物，千奇百怪，种类万千，不胜枚举。尉佗凭倚山冈修建高台，高台朝北，面向汉土，圈出地基，方圆千步，陡峭高百丈，顶上面积约三亩，在四周建了回旋曲折的复道，每逢初一、十五，就登台遥拜，名为朝台。前后各任刺史、郡守，新来上任时，无不乘车而来，登台畅游。步骘登高远望，看到大海一片茫茫，俯视原野湖泽，殷富丰盛，于是说道：这里真是海岛上的肥沃之地，是宜于建立都城的地方。

卷三十八

资水、涟水、湘水、漓水、溱水

　　此卷五水，包括了长江和珠江两个水系。资水今仍称资水，发源于广西西北越城岭，从资源以北流入湖南，东北流在益阳附近注入洞庭湖，为洞庭湖四大水之一，全长达六百七十公里。涟水今仍称涟水，是湘江支流，发源于邵阳附近，在湘潭境注入湘江，全长二百多公里。湘水今称湘江，为洞庭湖四大水中的最大河流，发源于广西海洋山，在全州东北流入湖南，到湘阴附近注入洞庭湖，全长八百多公里。漓水今称漓江，发源于广西兴安猫儿山，是桂江的上流，从桂林到阳朔一段，长八十二公里，以风景绝胜著名。溱水是珠江水系河流，《注》文所说上源的武溪，现在仍称武水，溱水的下流是珠江三大枝中的北江。《经》文说："南入于海。"《注》文说："溱水又南注于郁而入于海。"今河道与《注》文一致，北江是汇合西江而注于海的。

东入衡阳湘乡县^①，历石鱼山下^②，多玄石，山高八十余丈，广十里，石色黑而理若云母。开发一重，辄有鱼形，鳞鬐首尾^③，宛若刻画，长数寸，鱼形备足。烧之作鱼膏腥，因以名之。

这一段《注》文记叙石鱼山，从现代地质学看，说明此处很可能在第四纪有过一次海进（侵），石鱼山即以海进时期的鱼化石而命名。但"烧之作鱼膏腥"，或许是原著文献中的一种传讹，也或许是作者的臆想。

【注释】

①衡阳：古郡名。三国吴置，治今湖南湘潭西。湘乡县：古县名。东汉置，治今湖南湘乡。

②石鱼山：在今湖南湘乡西。

③鬐（qí）：鱼脊鳍。

【译文】

东流入衡阳湘乡县，经过石鱼山下，山上多黑石，山高八十多丈，方圆十里，岩石呈黑色，纹理好像云母。开采出一层，就有鱼形出现，有鳞有鳍，头尾齐全，仿佛雕刻描绘出来的一般，鱼长数寸，形态完备。用火来烧，就发出鱼膏的腥气，因此名为石鱼山。

湘、漓同源^①，分为二水。南为漓水，北则湘川，东北流。罗君章《湘中记》曰^②：湘水之出于阳朔^③，则舸为之舟；至洞庭^④，日月若出入于其中也^⑤。

《注》文所说的"湘、漓同源",也可以认为是正确的,因为二水都发源于海阳山(南岭山系)。但两者的沟通,则是由于在源头上开凿了一条灵渠,后来又称湘桂运河。这是秦始皇三十三年(前214),秦始皇因南征军运之需命史禄征调数十万人开凿而成的,全长约三十三公里。这条《注》文又记叙了长期以来保持全国第一大淡水湖的洞庭湖:"日月若出入于其中也。"可惜由于围垦,近半个多世纪以来,湖面迅速缩小,已经今非昔比了。

【注释】

①湘:今称湘江,为洞庭湖四大水中的最大河流。漓(lí):今称漓江,以风景绝胜著名。

②罗君章:即罗含,晋耒阳(在今湖南耒阳)人,字君章,累迁廷尉,长沙相,著有《湘中记》。

③阳朔:地名。在广西,以风景秀丽驰名中外。

④洞庭:即洞庭湖,在湖南境内,为湖南众水之总汇,我国第一大淡水湖。

⑤日月若出入于其中:语出曹操《观沧海》:"日月之行,若出其中。"

【译文】

湘水、漓水一同发源,却分流成为二水。南边的一支是漓水,北边的一支是湘水,东北流。罗君章《湘中记》说:湘水发源于阳朔时,小得酒杯可以当船,但流到洞庭时,却一片汪洋,连太阳、月亮都好像从水中升起似的。

湘水又北迳衡山县东①。山在西南,有三峰:

一名紫盖，一名石囷，一名芙容。芙容峰最为竦杰，自远望之，苍苍隐天。故罗含云：望若阵云②，非清霁素朝③，不见其峰。丹水涌其左④，澧泉流其右⑤。《山经》谓之岣嵝⑥，为南岳也。山下有舜庙，南有祝融冢⑦。楚灵王之世，山崩毁其坟，得《营丘九头图》。禹治洪水，血马祭山⑧，得《金简玉字之书》。芙容峰之东有仙人石室，学者经过，往往闻讽诵之音矣。衡山东南二面临映湘川；自长沙至此，江湘七百里中，有九向九背。故渔者歌曰：帆随湘转，望衡九面。山上有飞泉下注，下映青林，直注山下，望之若幅练在山矣。

　　这是一段写景生动的《注》文，写的是南岳衡山，而且除了山以外，又以湘水作为陪衬，所以山水之奇，尽入文中。因为"江湘七百里中，有九向九背"，所以《注》文引用渔歌："帆随湘转，望衡九面。""九面"，这当然是一种夸大的描述，但是这出于渔人之歌，如同《江水》篇的舟人描述黄牛山一样。郦道元善于引用这类歌谣谚语，是其写作成功的重要手法。

【注释】

①衡山县：古县名。西晋置，治今湖南衡山南。

②阵云：浓密如战阵的云层。

③清霁（jì）：雨后或雪后天晴。素朝：早晨天亮的时光。

④丹水：水名。不详。

⑤澧（lǐ）泉：不详。

⑥《山经》：即《山海经》。岣嵝（gǒulǒu）：山名。
在今湖南衡山西。

⑦祝融：帝喾（kù）时的火官，后尊为火神。祝融冢：
在今湖南衡山西北。

⑧血马：杀马取血，以为祭祀之用。

【译文】

湘水又北流，经衡山县东。山在西南，共有三座高峰：
一座叫紫盖，一座叫石囷，一座名芙容。芙容峰最高峻，
从远处望去，苍茫的山影隐没于天际。所以罗含说：遥望
衡岳有如阵云，不是雨后放晴，或清晨射出日光的时候，
就看不见山峰。丹水在左边腾涌，澧泉在右边流奔。衡山，
《山经》称为岣嵝，就是南岳。山下有舜庙，南边有祝融
墓。楚灵王时，山崩墓毁，却得到《营丘九头图》。禹治洪
水时，杀马祭山，得到《金简玉字之书》。芙容峰东有仙人
石室，读书人经过时，常常可以听到朗朗的读书声。衡山
东南两面濒水，倒映于湘江中；从长沙到这里，沿湘水的
七百里航程中，有九次面山，九次背山。所以渔歌说：帆
随湘转，望衡九面。山上有飞瀑下泻，与下面的青林相映，
直向山麓倾泻而下，望去宛如挂在山间的白绢。

武溪水又南入重山①，山名蓝豪，广圆五百里，
悉曲江县界②。崖峻险阻，岩岭干天，交柯云蔚③，
霾天晦景④，谓之泷中。悬湍回注，崩浪震山，名
之泷水。

这段《注》文是对北江上源的山水素描，北江上源在南岭南麓，《注》文写了"蓝豪"与"泷（中）水"一山一水，言简而词美，清畅可诵，稍读数遍，全文就能熟背如流。真是好文章。

【注释】

①武溪水：亦名泷水，源出湖南临武，经乐昌至广东曲江，南流为北江。

②曲江县：古县名。西汉置，治今广东韶关。

③交柯（kē）：树枝交错。

④霾（mái）：遮掩，覆盖。晦（huì）景：使日色昏暗。

【译文】

武溪水又南流进入重山，山名蓝豪，方圆五百里，都在曲江县境内。山上悬崖削壁，险阻难行，山岭的巨岩高入云天，密林繁枝交错，绿荫如云，荫天蔽日，称为泷中。瀑布萦纡流泻，激起崩裂的浪头，声震山谷，称为泷水。

林水自源西注于泷水①。又与云水合，水出县北汤泉，泉源沸涌，浩气云浮，以腥物投之，俄顷即热。

这段《注》文记叙的是云水温泉，"泉源沸涌，浩气云浮"，说明用现在温泉等级区分，这是一处过热泉。郦道元的这段文字，显然是用南人著作《幽明录》的记载。因此《注》文的最后两句"腥物投之，俄顷即热"，大概是后来传抄者的笔误，因《幽明录》此二句作"生物投之，须臾便熟"。两者对比，"腥"是"生"的音讹，而"热"是"熟"的形讹。因为《注》文的这两句，对于这处过热泉，无疑是不妥当的。

【注释】

①林水：及下文的"云水"，都在今广东韶关北。

【译文】

林水从源头西流，注入泷水。泷水又与云水汇合。云水发源于县北的温泉，温泉水源沸腾汹涌，上面飘浮着一股浓厚的云气，如果投下生的东西，一会儿就会熟的。

卷三十九

洭水、深水、钟水、耒水、洣水、漉水、浏水、渌水、赣水、庐江水

此卷立篇的共达十水。但十水之中除赣水较大外，其余都是小水。洭水即今广东北部的连江，是珠江水系河流，发源于连州以北的南岭山麓，在英德以南的连江口注入北江，全长二百七十多公里。深水即今潇水，是湘江支流，发源于湖南南境蓝山南九嶷山，不过是条三十六公里的小支流，在永州附近注入湘江，但声名却很大，古人作文，常常潇湘并称。钟水今称舂陵水，也是湘江支流，发源于湖南南境蓝山南的南岭北麓，北流在常宁附近注入湘江，全长约三百公里。耒水今仍称耒水，湘江支流，发源于湖南桂东，北流在衡阳附近注入湘江，全长四百五十公里。洣水今仍称洣水，湘江支流，发源于湖南桂东与酃县的分水岭，北流在衡东注入湘江，全长三百公里。漉水今称渌水，湘江支流，发源于江西万载，北流入湖南浏阳境，至株洲渌口注入湘江，全长仅一百六十公里。浏水今称浏阳河，湘江支流，发源于浏阳东湘、赣二省边界，北流至长沙流入湘江，全长二百多公里。渌水也是湘江支流，但究系今何水，其事尚可研究，按《经》文所叙，此水很可能是汨罗江。但按《注》文琢磨，渌水很可能就是汨罗江注入湘江时的一条汊道，现在由于洞庭湖和湘江下游的水道变迁，汨罗江已经注洞庭，不再注湘江了。

洲西，即蔡伦故宅①，傍有蔡子池。伦，汉黄门②，顺帝之世，捣故鱼网为纸，用代简素③，自其始也。

这段《注》文所记叙的是蔡伦造纸的故事。按蔡伦（？—121），字敬仲，桂阳（在今湖南郴州）人，是东汉的宦官，却是对中国文化极有贡献的纸的发明人。郦道元其实是看不起宦官的人，但由于用渔网造纸以代简素，在我国文化史上确实是一大跃进，所以"蔡伦故宅"及其造纸之事，也进入了他的《注》文。

【注释】

①蔡伦故宅：故址在今湖南耒阳西南。

②黄门：太监。东汉时黄门令、中黄门诸官，皆由太监充当。

③简素：竹简、木简和帛绢。

【译文】

蔡洲西边就是蔡伦的故居，旁边有蔡子池。蔡伦是汉时一个太监，顺帝时，蔡伦用破渔网捣烂造纸，以代替竹简和帛，造纸术就是蔡伦创造的。

县出燃石①，《异物志》曰②：石色黄白而理疏，以水灌之便热，以鼎著其上，炊足以熟。置之则冷，灌之则热，如此无穷。

这段《注》文记在建城县下，而所谓"燃石"其实就是煤炭。南朝雷次宗撰《豫章记》，其中就提及这个地区出产"石炭"。雷书等已亡佚，但《续汉志·郡国志》有引及："（建城）县有葛乡，有石炭二顷，可燃以炊。"建城在今江西高安，其西部的萍乡，至今还是我国南方的较大煤炭产地。《水经注》是引用过雷次宗《豫章记》的（在《赣水》和《庐江水》二篇中），但此处却不引《豫章记》而引《异物志》。南方的事物郦道元所知含糊，或许他还以为《豫章记》的石炭和《异物志》的燃石是两样东西呢。

【注释】

①燃石：一种遇水可以自热的石头。

②《异物志》：书名。作者不详。

【译文】

该县出产燃石，《异物志》说：燃石黄白色，质地疏松，浇水就会发热，把锅子搁在上面，就可以把东西烧熟。放着就冷，浇水就热，可以无穷无尽地用下去。

卷四十

浙江水、斤江水、江以南至
日南郡二十水、禹贡山水泽地所在

这是《水经注》的最后一卷。内容与别卷相比颇不相同，而其中《浙江水》是一个整篇。其余其实都具有附录的形式。浙江水就是今钱塘江。古称浙江（浙江省名即因此江而得），因为这个地区原是越人居住的地方，通行越语，至今还保留着许多越语地名。《山海经》称此水为浙江，大部分古籍也都称浙江，而《汉书·地理志》、《说文解字》、《水经》则称渐江，《庄子·外物篇》称制河。浙，古音读斩。浙、制均是一音之转，是古代越语的不同汉译。但《水经注》中只称浙江，不称渐江。钱塘江支流众多，其正源为北翼新安江，发源于安徽休宁六股尖，全长六百多公里，在杭州以东经杭州湾注入东海。

浙江又北迳新城县^①，桐溪水注之^②。水出吴兴郡於潜县北天目山^③。山极高峻，崖岭竦迭，西临峻涧。山上有霜木，皆是数百年树，谓之翔凤林。东面有瀑布，下注数亩深沼，名曰浣龙池。池水南流迳县西，为县之西溪。溪水又东南与紫溪合^④，水出县西百丈山^⑤，即潜山也。山水东南流，名为紫溪，中道夹水，有紫色磐石，石长百余丈，望之如朝霞，又名此水为赤濑^⑥，盖以倒影在水故也。紫溪又东南流迳白石山之阴^⑦，山甚峻极，北临紫溪。又东南，连山夹水，两峰交峙，反项对石^⑧，往往相捍。十余里中，积石磊砢^⑨，相挟而上。涧下白沙细石，状若霜雪。水木相映，泉石争晖，名曰楼林。

这一段《注》文描述钱塘江上游进入浙江省境以后的胜景天目山，天目山有西、东、南三处，最高的西天目，也不过海拔一千五百八十多米，但在东南丘陵区，已算是高山了。山上景色秀美，而《注》文提到的"山上有霜木，皆是数百年树，谓之翔凤林"，此山林木确甚丰富，其中以柳杉（Crytomeria fortanei）最为重要，树身高大雅致，树龄甚长，最大的柳杉，胸径超过两米，高达三十多米，树龄最长的已逾千年。而且是一种稀有树种，除天目山外，目前所知仅庐山尚有存在。而在此山则大量成长，《注》文所谓"翔凤林"，或即指此。

【注释】

①浙江：即钱塘江，上游指新安江。新城县：古县名。三国吴置，治所在今浙江杭州。

②桐溪水：在今浙江桐庐东北，发源于於（wū）潜北的天目山，入桐庐为桐溪。

③吴兴郡：古郡名。三国吴置，治今浙江湖州。於潜县：古县名。汉置，治今浙江临安於潜。天目山：在今浙江临安境内。

④紫溪：熊会贞按，紫溪自昌化县（在今浙江临安昌化）西东流，至於潜县南，入桐溪。

⑤百丈山：即潜山，在今浙江临安境内。

⑥赤濑（lài）：即紫溪。濑，沙石上流过的水。

⑦白石山：在今浙江临安於潜南。

⑧反项：背对。项，脖颈。

⑨磊砢（luǒ）：壮大的样子。

【译文】

浙江又北流经过新城县，桐溪水在此注入。桐溪水发源于吴兴郡於潜县北的天目山。此山十分高峻，悬崖绝岭，重重叠叠，其西陡峭，下有深涧。山上有霜木，都有几百年的树龄，称为翔凤林。东面有瀑布，注入广达数亩的深沼，称为浣龙池。池水南流经过於潜县西，成为县的西溪。西溪水又东南流，与紫溪汇合，紫溪发源于县西的百丈山，即潜山。山水东南流，就是紫溪，溪两岸有紫色磐石，石长百余丈，望去像朝霞一般，又称此水为赤濑，因为倒影映入水中。紫溪又东南流，经过白石山北，山势十分高峻，

卷四十

三三一

北临紫溪。又东南流，两岸山岳连绵，在双峰夹水耸峙之处，往往是岩崖石壁，项背相对。在十多里的溪流中，礁石累累，相互扶持。溪底是白沙细石，好像霜雪一样。溪水与林木相映，泉流与山石争晖，这一段溪流称为楼林。

浙江又东迳乌伤县北①，王莽改曰乌孝，《郡国志》谓之乌伤。《异苑》曰②：东阳颜乌③，以淳孝著闻，后有群乌助衔土块为坟，乌口皆伤。一境以为颜乌至孝，故致慈乌④，欲令孝声远闻，又名其县曰乌伤矣。

钱塘江流域地区，原是古代越族聚居之地，南为于越，此为句吴，是一族两国，其语言均为越语，至今仍留下许多越语地名，乌伤即是一例。由于越人只有语言，没有文字，所以当年就引入汉族文化，以汉字音译越语，同是一个"越"，《史记》等许多古籍译"越"，但《汉书》就译"粤"。秦始皇征服江南，驱走越人，但大量地名都保留了下来，汉人移入后，就按汉译猜度臆想，编造出许多故事。《异苑》所编的关于"乌伤"的故事即是其例。由于这个故事的内容是劝人为孝，所以流传甚久，尽管事出无稽，但也不失为一种读助。

【注释】

①乌伤县：古县名。汉置，在今浙江义乌。乌伤为古越语地名。

②《异苑》：《隋书·经籍志》收录，十卷，南朝宋给

事刘敬叔撰。

③东阳：古郡名。三国吴置，治今浙江金华。颜乌：
汉乌伤（在今浙江义乌）人，以纯孝闻名。

④慈乌：乌鸦的一种，相传此鸟能反哺其母，故称。

【译文】

浙江又东北经过乌伤县北，王莽把县改为乌孝，《郡国志》称为乌伤。《异苑》说：东阳有个名叫颜乌的人，他的纯洁的孝心，闻名于乡里，后来有大群乌鸦，衔了泥土帮助他修坟墓，以致乌鸦的口都受了伤。乡里以为这是由于颜乌的无上孝心，所以才能招来慈祥的乌鸦，为了使他的孝声远闻，所以把县名称为乌伤。

其水分纳众流①，混波东逝②，迳定阳县③。夹岸缘溪，悉生支竹，及芳枳、木连④，杂以霜菊、金橙。白沙细石，状如凝雪⑤。石溜湍波⑥，浮响无辍，山水之趣，尤深人情⑦。

这一段《注》文描写钱塘江南枝上源的定阳溪水。短短数语，把这条小河写得如入画境，我在六十多年前尚经过此处，当时目击，风景确实秀丽，但近二十多来，由于种种原因，已经与当年不可同日而语了。

【注释】

①分纳：分别接纳。

②混波：汇合的波浪。

③定阳县：古县名。汉置，治今浙江常山。

④芳枳（zhǐ）：木名。落叶灌木或小乔木，也叫枸橘
（gōujú）。木连：即薜荔。

⑤凝雪：固体雪粒。

⑥石溜：从石上流淌的水流。湍波：急流。

⑦尤深人情：非常深入人心。这里指很受人们喜爱。

【译文】

定阳溪水接纳许多支流，汇合东流经过定阳县。沿溪两岸，都生长着支竹、香枳、薜荔，并且夹杂着白色的菊花和黄色的橙桔。溪滩上则是白沙和细石，看去宛如积雪。急流刷石，潺潺不息。游山玩水的乐趣，非常深入人心。

《钱唐记》曰：防海大塘在县东一里许①，郡议曹华信家议立此塘②，以防海水。始开募有能致一斛土者③，即与钱一千。旬月之间④，来者云集，塘未成而不复取，于是载土石者，皆弃而去，塘以之成，故改名钱塘焉。

这段《注》文记叙了防海大塘，但也穿插了一个所谓"千钱诳众"的无稽传说。《水经注》时代，中国人对海的概念还很淡薄，除了沿海的盐业以外，对海的记叙甚少。《水经注》记载河流，最后也总以"入海"了结，对海洋可以说一无所知。所以除了"千钱诳众"的这个无稽故事外，防海大塘的记叙是很重要的，因为这是有史以来第一次在文献中出现的海塘。之所以出现于钱塘江，或许与这条河流的河口涌潮有关。既然南朝初年的《钱唐记》（刘宋钱唐

县令刘道真所撰，已亡佚）已经记入，是此塘的重要性已为当局所重视。

【注释】

①塘：堤。

②议曹：郡守的属吏，掌言职。华信家：人名。不详。

③斛（hú）：旧量器，方形，口小，底大，容量本为十斗，后来改为五斗。

④旬月：一个月。

【译文】

《钱唐记》说，防海大塘约在县东一里，郡的议曹华信家，建议建造此塘以防御海水。于是开始征募土石，凡挑来一斛土的，给钱一千。一月之间，挑土的人云集而来，因为塘没有修筑而不给钱，人们只好抛掉土石回去，土石成堆，塘因而修成，所以改名为钱塘。

浙江又东与兰溪合①，湖南有天柱山②，湖口有亭，号曰兰亭③，亦曰兰上里。太守王羲之④、谢安兄弟⑤，数往造焉。吴郡太守谢勖封兰亭侯⑥，盖取此亭以为封号也。太守王廙之，移亭在水中。晋司空何无忌之临郡也⑦，起亭于山椒⑧，极高尽眺矣。亭宇虽坏，基陛尚存⑨。

这段《注》文记叙了山阴县的兰亭，以后成为这个地区的重要名胜。兰亭的闻名于此，其实并不是因为它的"丛山峻岭，茂林修竹"，而是由于东晋永和九年（353）

三月上巳，由王羲之、谢安、谢万等全国名流在此举行所谓"兰亭修禊"。因为北方沦陷，北人大批南迁，而浙东山青水秀，吸引了许多文人学士的寓居，所以这一天能聚集全国级的名流四十二人，而王羲之即席书写了《兰亭集序》（此文以后名称甚多，但比较流行的是《集序》与《诗序》）。王是一位书法家，但《水经注》并不记及于此，说明对于王书写的《诗序》成为历史上至高无上的书法珍品，包括王在书法上的"书圣"地位，是在唐初特别是因唐太宗的爱好而身价突增的。从此以后，兰亭有双重意义，一是作为风景名胜的兰亭，二是作为书法珍宝的《兰亭》。前者以后数经播迁，王谢等的修禊在天柱山下的鉴湖湖口，也就是在会稽山丘陵的北麓，以后一再迁移，今兰亭是明代修建的，已在会稽山丘陵的南麓。所以今兰亭与东晋兰亭，据清全祖望所计，相去三十里。至于作为书圣墨宝而为唐太宗极度酷爱的《兰亭》，除了流传的许多唐人摹本以外，原物早已失传。按理既然唐太宗如此珍重，此物应在昭陵之中，但昭陵早经盗掘，却未见此物流入人间。也有认为当时武则天已经擅权，则《兰亭》应陪葬于唐高宗与武氏的乾陵中，乾陵是西安汉唐皇陵唯一未被盗掘过的陵墓。则《兰亭》的存亡还是一个谜。但《集序》有两"揽"字，为《说文解字》所无，历来也从未有人把"览"字异书作"揽"，显然是为王避其祖之讳。

【注释】

①兰溪：在今浙江绍兴西。

②天柱山：在浙江绍兴境内。

③兰亭：亦名兰上里，在今浙江绍兴西南兰渚山下。

④王羲之：东晋书法家、文学家，字逸少，琅邪临沂（在今山东临沂）人，其书法"飘若浮云，矫若惊龙"，号为"书圣"。

⑤谢安：字安石。东晋时著名的能臣。

⑥吴郡：古郡名。东汉置，治今江苏苏州。谢勖（xù）：人名。具体不详。

⑦何无忌：晋东海郯（在今山东郯城）人。

⑧山椒：山顶。

⑨基陛：地基和台阶。

【译文】

浙江又东流与兰溪会合，湖以南有天柱山，湖口有亭，称为兰亭，也叫兰上里。太守王羲之和谢安兄弟曾多次到那里。吴郡太守谢勖被封为兰亭侯，即以此亭作为封号。太守王廙之把亭移到湖中。晋朝的司空何无忌到此郡做官，把亭修在天柱山山顶，登亭远眺，一望无余了。现在亭宇虽已塌废，但基础仍然存在。

浙江又东北得长湖口①，湖广五里，东西百三十里。沿湖开水门六十九所，下溉田万顷，北泻长江。

这一段《注》文记叙的其实是后来称为鉴湖的这个水利工程，郦道元所写，很可能从孔灵符的《会稽记》引来，因《会稽记》早已亡佚，今流传辑本所辑甚少。郦引说明，此湖初成时名叫长湖。因唐代起称为镜湖，宋代起称为鉴湖，现在仍多作鉴湖，但鉴湖其实不是最初名称。我曾按古代文字，在一比五万地形图上计算初创时的此湖面积超过两百平方公里。宋代起，湖水向北部转，使山阴北部九千顷土地也成为一片良田沃地、水乡泽国。宋代曾有好几位地方官撰文申斥鉴湖的围垦，但事实上围垦主要是由于水体向北转移而引起的。从此以后平原南北连成一体，所以是历史上农田水利发展的过程。但近半个多世纪以来，情况已有变化，过度围垦与污染，已经造成了这片水乡泽国的极大隐患。

【注释】

①长湖口：即后来的镜湖、鉴湖，在今浙江绍兴西南。

【译文】

浙江东北流，和长湖口会合，此湖宽五里，东西长一百三十里。沿湖开水门六十九处，可以灌溉湖下万顷农田，向北注入长江。

昔大禹即位十年，东巡狩①，崩于会稽，因而葬之。有鸟来，为之耘，春拔草根，秋啄其秽②。是以县官禁民，不得妄害此鸟，犯则刑无赦。

这一段《注》文，其开端关于禹的传说，当然虚妄无稽，可置不论。但以下的几句，属于除了《水经注》以外在其他古籍中也有记叙的所谓"苍梧象耕，会稽鸟耘"的故事。对此，王充在其《论衡》的《偶会》、《书虚》二篇作了科学而令人信服的解释。现象是存在的，却与舜、禹

无关。但最后的几句:"是以县官禁民,不得妄害此鸟,犯
则刑无赦。"假使属实,那么这或许是我国有关动物保护的
最早记录。

【注释】

①巡狩:天子出行视察邦国。

②秽:杂草。

【译文】

从前,大禹即帝位十年,到东方巡视邦国,死于会稽,
就葬在这里。从此就有鸟飞来耕耘,春天拔除草根,秋天
又啄除杂草。因此,县官禁止百姓捕杀此鸟,否则就判刑
不赦。

江水导源乌伤县,东迳诸暨县①,与泄溪合②。
溪广数丈,中道有两高山夹溪,造云壁立③,凡有
五泄④。下泄悬三十余丈,广十丈;中三泄不可得
至,登山远望,乃得见之,悬百余丈,水势高急,
声震水外;上泄悬二百余丈,望若云垂。此是瀑
布,土人号为泄也。

这一段记叙的是至今仍是诸暨最著名的风景旅游地五
泄瀑布。虽然郦道元足迹未到南方,但《水经注》是现存
古籍中最早记及五泄的文献。"此是瀑布,土人号为泄也",
则"泄"是至今存留的古代越语。

【注释】

①诸暨县:古县名。秦置,治今浙江诸暨。